離歌且莫翻新闋
一曲能教腸寸結
直須看盡洛城花
始共春風容易別

行书古词

黄介民手稿选集

黄志良◎编著

華中科技大學出版社
http://press.hust.edu.cn
中国·武汉

内容简介

黄介民（1883—1956），江西省清江县（今樟树市）人，同盟会成员，辛亥革命先驱。《黄介民手稿选集》主要包括四部分，即“黄介民回忆录：《三十七年游戏梦》”“黄介民信稿选”“黄介民文稿选”“黄介民诗词录”。其中，“黄介民回忆录：《三十七年游戏梦》”曾于2010年在中国社会科学院近代史研究所编辑出版的正式出版物《近代史资料》总122号刊载发表，受到了学者的关注。“信稿选”“文稿选”“诗词录”这三部分，则记录了黄介民在醉心于革命事业之外与好友之间的彼此问候，以及对日常生活的感悟。本书的出版，可为辛亥革命历史和中国共产党早期历史研究提供珍贵史料。

图书在版编目（CIP）数据

黄介民手稿选集/黄志良编著. —武汉：华中科技大学出版社，2023.8
ISBN 978-7-5680-9887-8

Ⅰ.①黄… Ⅱ.①黄… Ⅲ.①黄介民（1883—1956）-手稿-汇编 Ⅳ.①K827=7

中国国家版本馆CIP数据核字（2023）第135858号

黄介民手稿选集

Huangjiemin Shougao Xuanji

黄志良　编著

总 策 划：姜新祺
策划编辑：张馨芳
责任编辑：唐梦琦
封面设计：廖亚萍
版式设计：赵慧萍
责任校对：张汇娟
责任监印：周治超
出版发行：华中科技大学出版社（中国·武汉）　电话：（027）81321913
武汉市东湖新技术开发区华工科技园　邮编：430223
录　　排：华中科技大学出版社美编室
印　　刷：湖北金港彩印有限公司
开　　本：710mm×1000mm　1/16
印　　张：21　插页：6
字　　数：192千字
版　　次：2023年8月第1版第1次印刷
定　　价：128.00元

黄介民（1883—1956）

作者简介

黄志良，男，1934年生，江西樟树人。华中理工大学（现华中科技大学）退休教授，系黄介民先生的儿子。1950年进入中国人民解放军汉口通信技术学校学习，1952年毕业后分配到中国人民解放军北京军区工作；1957年入学中国人民解放军通信学院（1966年更名为西北电讯工程学院），1963年分配到中国人民解放军武汉军区司令部任参谋，1969年转业到工厂；1975年调入华中工学院（现华中科技大学）无线电系任教，1984年调任美育课部副主任，1993年任华中理工大学艺术系主任，并担任多门艺术类课程教学，多次荣获教学优秀成果奖；1995年退休后，仍从事大学艺术类选修课及中国古典诗词选修课教学工作，并在校老年大学任教。有多篇论文、美术作品及古典诗词发表，在国内外举办过多次个人画展。

前　言

黄介民生长于何时何地：积贫积弱满目疮痍苦难深重的旧中国。当时的“秀才”们欲图觉醒，要把地狱变成天堂。凭血性、寻挥处。“我辈轻躯壳，精神独往还。相期百年后，遐想动人寰。”他匆匆度过七十三岁，比孔夫子多活一岁，朝闻道而夕死，可谓死得其时。他一生坐言起行，行迹坦荡。对近代史有兴趣者，或可对他所创建的大同党研究一二。但在我看来，他是一位理想主义者，毕生两袖清风，爱憎分明，与古人神交，与挚友精神往还，多以诗词为媒介，他就是一位诗人，一位性情中人，一位性情中的诗人。诗人之子，亦欲以诗为序，故打油曰：

夫子何为者？栖栖一诗翁。[①] 半生游戏梦，大同在梦中。信念永不舍，求索不知终。伟哉共产党，奋斗百年功！神州今如何？国强民不穷。环视天下事，列强尚汹汹。大同仍是梦，挽狂不敢松。再期百年后，庶几见大同。

黄志良写于华中科技大学喻园

2021 年 3 月 25 日

[①] 唐玄宗五言律诗《经鲁祭孔子而叹之》首句为：“夫子何为者？栖栖一代中。”

目　录

黄介民生平简介

黄介民谱名碧谟，号介民、界民。清光绪九年（1883 年）生于江西省清江县（今樟树市）枨湖乡东里村。幼从名师，广读经史子集，二十一岁时考中秀才。废科举后，一度随父经营木业。1909 年，入南京两江师范肄业，期间阅读新书籍，接触新思想，并与校内外及学界、军界革命人士结交，积极参加反清民主革命活动。后加入同盟会，与诸多同学潜商革命事宜。民国成立后，黄介民则自认学识不够难任大事，决定东渡日本留学。

1913 年春，黄介民赴日本东京，入日语学校数月后，考入明治大学政治经济科。后袁世凯窃国，孙中山流亡日本，复倡革命，另组中华革命党。由徐药群辈介绍，黄介民面见孙中山入党，并与彭素民等效奔走之劳。在此期间，除学习政法经济外，还入军校研究新军事学和锻炼体魄，同时阅读社会主义著作。1915 年夏，与留日学生总会的易梅园、仇亦山等发起并约集李大钊、马鹤天、林伯渠等数十人组织乙卯学会，以“切磋学术，拥护共和”为宗旨，后该学会与宗旨略同的中华学会合并为神州学会，会友达一百数十人，于是交游益广。此时留日学生总会创办《民彝》杂志，他与李大钊、高一涵、马鹤天、邓初民、易梅园等先后参与筹办和编纂工作，极力反对袁世凯称帝，鼓吹倒袁。袁氏死后，黄介民认为中国虽暂可不亡，但必须联合各民族争取独立，相互援助，方能稳定亚洲大局，维持世界和平。于是，他提倡实行上述宗旨的“新亚主义”，具体方略为：国内主张平民革命，工农商学一律参政；国际主张联韩反日，联印反英，联越反法，联菲反美。

1916 年初夏，他与邓席云、黄霖生、陈其尤、王光伯、余揆之等及朝鲜友人何相衍、张德秀、尹显振等反复研讨多日，于7月8日在东京中华楼聚会，郑重宣布成立新亚同盟党，并公推黄介民为临时主席。此后半年间，加入该党的中、朝等各方人士约有五十多人。随后，公共议决谋设本部于上海，并由黄介民、余揆之及朝鲜同志何相衍密从日本经朝鲜入中国。12月下旬，黄介民抵达汉城，日警甚众，稽查甚严。在严峻的形势下，他联络会晤了安在鸿、赵素昂、孙贞道、申翼熙、金明洙、尹弘爕、朴珥堂、李相天等多位朝鲜志士。

1917年初，黄介民由朝鲜返国，先到北京，访晤旧友李大钊、张泽民、高一涵等，均欣然加入新亚事业。事后黄介民奔走于北京、保定、天津、江西、上海、南京、汉口、广东、香港等地，或访晤旧友，或由同志辗转介绍会见新交，致力于新亚事业的联络和发展组织活动。这一时期加入新亚同盟党的重要人物，还有彭素民、黎虞天（越南人）、仇亦山、周翔宇（恩来）、陈绍仙（绍先）、黄日葵、李石石（伊朗人）、黄国臣（越南人）、阮海臣（越南人）、林伯渠、龚石云、吕运亨（韩国人）、邹绍庭等。1917年12月，新亚同盟党上海本部组成，下设八部，统理各部的总务部成员中有中国人、朝鲜人、越南人、伊朗人等，此时各地党员人数已逾百人。此后，党的宗旨明确表述为“民族平等，国家平等，人类平等”，简称“三平主义”。

1918年，留日归国学生在上海组办《救国日报》，主编马鹤天特约黄介民为编辑，到任后随即发表长诗《粤游百韵》；后徐世昌就任非法总统，黄介民急草《救国的方法》一文，以白话文逐日连载，达数万言，认定农工商学应为国家之主体，并以取消徐世昌非法总统为当务之急，同时鼓吹新亚主义与大同思想。在任编辑的两年多时间里，黄介民发表多篇激昂慷慨的文章，均以提倡民主政治、反对军阀统治、反对帝国主义、声援被压迫民族的独立运动为主旨。五四运动时期，他更以《救国日报》为阵地，草文鼓助，同声相应。

1920年1月30日，根据各方同志意旨，决定将新亚同盟党改名为大同党，以便扩充范围，容纳欧美人士，而宗旨不变。在此期间，共产国际派到中国做工作的博达博夫，与黄介民和大同党人士晤商多次，所见概同，并欣然加入大同党。后决定由博达博夫将大同党历史郑重电知列宁政府，同时计划派大同党人赴俄，后因故此计划暂作停顿。其后，大同党人姚作宾准备以全国学生会代表名义前往海参崴，最后也因种种阻碍而返沪。

1920 年 3 月，在中华工业协会驻会理事黄申芗的约请和推荐下，黄介民辞去《救国日报》编辑工作，转而担任该协会的总务部主任兼对外代表，全面主持协会活动，并约请刘清扬、张国焘、孙镜亚、康白情、彭素民等加入协会工作，分头助理。后俄国劳农政府通告中国国民，放弃前俄一切掠夺中国之权利，黄介民代表中华工业协会积极参与全国学生会发起的各届联合大会，致电答谢列宁政府主持世界公理。4 月间，黄介民认为上海工人最多，应当极力提倡纪念“五一”劳动节，于是，由中华工业协会邀集上海工界各团体发起劳动节纪念大会，并先期散发传单，筹备进行。此间，戴天仇等主办的《星期评论》杂志，陈独秀和李大钊主办的《新青年》杂志，均推出劳动专刊，上海各报亦大相唱和。5 月 1 日当天，租界各处军警密布，侦探四出，如临大敌。转移几处会场，均有军警枪炮包围，无门可入。为避免流血冲突，于是移至空地草草开会。这是中国首次纪念“五一”国际劳动节。

1920 年夏，黄介民应李石曾之邀，到北京参加中法协进会，住老友李大钊家中，并互叙新亚大同计划进展情势。事后，拟取道天津与李大钊介绍的某俄友晤商，并探晤在狱中的新亚同志周翔宇（恩来），但因途中身心不适而直赴上海，惊悉当时唯一的儿子十九岁的黄道梁在沪病故，悲痛不已。后因家人函促返乡，于是将中华工业协会托付给陈独秀和黄鼎奇等人照料。回到清江家中后正值水患，于是在伤痛之余，一面协办水利堤务，一面动笔起草《三十七年游戏梦》一文。历时数月，全文约四万五千字，该文或详或略地记述了截至 1920 年末之前黄介民的经历及社会政治革命活动，并记载了由他本人亲自晤叙后加入新亚同盟党及其后的大同党的人士两百多人，其中许多人是中国、朝鲜革命史上重要的风云人物。还值得一提的是，该文中录下了黄介民诗词七十多首，展现了一个革命者兼诗人的胸襟和情怀。

1921 年初，上海彭素民、易梅园、姚作宾等人频致函电促其外出，于是黄介民携妻女到上海，方知中华工业协会已解散，陈独秀也已离沪。于是，他专致于大同主义运动。后得知俄国召开共产国际会议，大同党推派李东辉和姚作宾为代表前往，后因种种周折未能以正式代表资格出席。此后的数年间，黄介民在上海继续进行大同党的活动，同时从哲学方面研究儒、释、道、回、耶各教的要义，总结出“回耶孔老佛，都是好朋友”的理念，与他一贯的大同思想相契合。后国共合作北伐时期，他在上海与诸同仁组织江西革命同志会，与北伐军相呼应。

1926 年，北伐军至江西，他应老友林伯渠和萧炳章之邀到南昌，任江西省水利局局长兼赈务处处长，同时被选为国民党江西省党部监察委员。在此期间，他的工作极为认真清廉，并曾当面向蒋介石质询北伐军中有贩卖烟土以筹措军饷之事，蒋无言以对。

1927 年，国共分裂后，黄介民毅然辞去国民党内外一切职务，其后又托病拒绝国民党中央委派的江西临时省党部执行委员及江西省典试委员之职。此后的七八年时间，黄介民仍居上海，并无固定的职业和收入，但并未停止大同党的活动，并有印度沙素吹（甘地派）等参加大同党。其间，黄介民与上海文化界进步人士田汉等亦有亲密交往，后田汉被捕，黄介民曾大力营救其出狱。黄介民书法精湛，别具高格，在沪期间曾以卖字所得聊补生活和活动所需。

1934 年，由大同知友司法院副院长覃振提请院长居正同意，向国民政府主席林森推荐，任命黄介民为中央公务员惩戒委员会委员，三年后调任司法院简任秘书。年近五十时，因膝下无子，黄介民娶徐裕民①为次室，生

① 徐裕民自述，其家为河南灾民，幼时父亲将其用箩筐挑着逃往广东，被黄克强夫人徐宗汉家中收养。

子黄志梁（志良）和黄元梁。抗日战争时期，他举家随国民政府迁往重庆。1945 年，抗日胜利后，黄介民回到南京。其后，国民党政府腐败不堪，政权风雨飘摇。1947 年，六十五岁的黄介民自请退休回乡，领了一大袋的退休金（金元券），却不足以支付全家的回乡路费。回到故乡后，一家老小，生活无着，他以为村童教授古文诗词等获取薄酬为生近两年。

新中国成立后，1950 年，经老友林伯渠和陈绍先主动推介，黄介民被江西省人民政府邵式平主席特邀为江西省各界人民代表会议代表，后担任江西省政协常委、江西省人民政府参事室副主任、民革中央团结委员等多项职务。1951 年黄介民前往汉口就任中南军政委员会参事近两年，1953 年因年迈自请调回南昌工作，1954 年普选时被选为江西省第一届人民代表大会代表，并由国务院总理周恩来签署任命为江西省人民政府监察厅副厅长。1956 年 1 月 15 日，黄介民因患脑溢血在江西医院病逝，享年七十三岁，骨灰葬于南昌市革命烈士陵园。

黄介民回忆录：《三十七年游戏梦》

予乃平民之子也。父亲名会轩，业木商于黔、鄂、赣、宁，世居江西清江东里。母族氏张，世居清江荷湖。祖父徕山、外祖父岐山均以木商为业。予于前清光绪△[①]年（应为光绪九年，即公元1883年——编者注）生于东里枫木湖畔祖堂左首祖宅。七龄前顽然罔觉，嬉戏外，对于父母劬劳之恩，依稀仿佛犹存一二于脑海。七龄，父命就族老芗龄在祖堂受读《三字经》，续读《百家姓》《论语》《中庸》《孟子》《幼学句解》等书计四载，已十龄矣。虽读，不求甚解，犹童孩也，无所谓思想。不幸是岁母亲病故，父亲复时外出经商，一姊二弟均在幼稚，渐解骨肉哀痛，姊弟间常相向而泣。十一龄，父命就荷湖表兄子融课读二载，继仍在荷湖就表姊丈熊仲豪课读二载。四载中先后计读《诗经》、《书经》、《易经》、唐诗等书。时年已十四，无异常儿，尚不知有甚思想也。年十五，父命罢读习商，乃随父往赣城学营木业，复随至南京常州等处一行，归家已历二载，年十六矣。其时思想间见颇欲在商界有所树立。父亲深察予之性质终宜读书，乃忽复命往玉湖养性书屋就读于杜师仪甫，讲授春秋经传并八股文，试作破承启讲文字。于时同学年皆相若，多在府县道应童子试，观感之下，于是予之秀才思想更日见发达，乃大发愤，将四书五经备旨日夜研求，颇有一二心得，间或达旦不寐。至此则又非尽由科第之念使然，实渐发见一二朱程思想在内。是岁十七与张氏结婚，不数日便返学校，是时好学良不亚于好色，外貌复拘谨异常，故同学有戏呼予为理学先生者，私心亦颇以此自负也。翌年十八，秋季仪师因公事辞教职，转嘱往枨湖就杜师玉方受课，翌年复随玉师至养性书屋与

① 全书“△”处或为手稿不清，或为有脱漏，或为文中简省之处。

诸同学就读，共受春秋经传并古文、时文等课，复自涉猎经史子集。时康有为、梁启超辈提倡变法，全局鼎沸，而废八股改策论已见之施行，玉师亦遂以策论相授受。是年予便尊［遵］[1]师命以策论初应府县试，而玉师亦以是秋应殿试辞教职，继由沈师信敷主讲养性书屋二年，均以经史策论授课，继信师主讲者为徐师曙荪，授课亦略相同。予时二十二岁，经学院王经隆取录，竟为秀才矣。时予父适在家，早娶继母氏罗，姊适王氏亦顺适，二弟亦渐长成，内人且生子道梁、女苏纬。家庭幸福，世俗荣华。予毕生当以此时为最乐，所谓少年游戏梦者，当告一段落也。

此时予之思想果何如？将为秀才以终身乎？抑以天下为己任乎？范仲淹予所素慕者，狂者胸次实由伏居养性书屋计六载，历经列师陶熔已就，雅不愿以一矜自画也。且阅新出书报日广，科举是年亦停，于是举人翰林之梦告终，而学士博士之梦旋始。思想界固不免瑕瑜互见，而革命动机亦实伏于此时。曾读石达开致曾国藩诗云：扬鞭慷慨莅中原，不为仇雠不为恩。只觉苍天方聩聩［愦愦］，莫凭赤手拯元元。三年揽辔悲羸马，万众梯山似病猿。我志未售人亦苦，东南到处有啼痕。更为感动，深愿以圣贤豪杰自期许，以外出为第一步。乃请于父，父亦慨然允之，时年二十三岁也。于是约定邻友黄筱帆同往上海入学校。距行期不过半月，父亲忽犯寒热症病故于家，不能成行。后筱帆独往，不久亦病故于沪。予居丧在家，顿陷悲境，雄心壮志几成槁木死灰矣。至中秋百无聊奈［赖］，曾草一诗以志恨云：

> 去年中秋节，旷怀看月魄。今年中秋节，秋声顿萧瑟。沧桑胡太急，事变不可测。陟岵伤厥心，幽明杳相隔。承欢今已矣，肝肠长断绝。凄冷素帏风，惨淡浮云色。江流有时息，此恨难休歇。

心绪恶劣已极。厥后叔父约三奔丧返家，予父同胞弟也，时同经营木业，并未分居，乃商议家政一切。因二弟尚未谙练木业，助理缺人，予乃安葬

---

① 全书“［ ］”处是以今通行说法为准而进行订正修改。

父亲于祖茔文笔山后。翌年二十四，遂复承先业，追随约叔于赣宁间，中怀实多悲苦。到赣城曾偶游杨公墓并清水塘，不胜感慨。是塘为明末吾乡先生兵部尚书杨廷龄殉难处，杨公墓即其遗骸所在。其友生黄介中、黄尚宝、黄尚实等皆相从殉难，系予族先祖，因此，比时予族并遭清兵抄洗，庐舍荡然，流离以死者，不知其数。故予触景伤怀更有异于寻常者。此时曾草一诗云：

> 侧闻先生风，敬造先生墓。复寻清水塘，先生殉节处。波光带余愁，千秋蒙雾露。丰碑表塘畔，于今犹古慕。言念我先祖，从师征战苦。一旦并捐躯，忠诚同肺腑。嗟我飘零子，庭帏变迭起。慈母早骖鸾，髫龄悲陟屺。去年我严父，跨鹤复西去。承志到江湖，托游悲陟岵。抚此感伊人，丹心照千古。愧我凉薄儿，思亲呼负负。

复游八境台题壁云：

> 八境高台接大荒，凭栏俯仰动愁肠。欧风动地英才乱，亚雨迷天烈士伤。宋室苏公肝胆在，明廷杨子性灵芳。今古沧桑多感慨，无情流水羡双江。

此处为章贡二水合流处，故名双江，即赣江是也。后乘木筏下皇恐滩，想到文文山“皇恐滩头说皇恐，零丁洋里叹零丁”之句，不觉窃又引为有同病相怜之感。后乘筏到荷湖口，与家人话别，复南行，是时心绪如麻，曾纪一诗云：

> 浮生若梦家何处，我今又往江南去。达观默默了无愁，无奈狂风折江树。风声雨声波浪声，振夜秋声不暂停。梦冷庄生蝴蝶化，中怀顿起惨离情。哀思展转天难晓，睡魔不到愁魔绕。红尘不解世难居，蓬壶不见松乔渺。

无非愁苦生涯。筏到吴城复题有一诗云：

> 愁情黯淡秋愁重，万里彤云密无缝。两岸凄风飒飒鸣，叶落江心起寒冻。天涯孤子太伤神，郁极无聊转忘痛。君不见，纷纷

世事滚波涛，转眼皆空何所用。千蝶飞帆带雨来，且把庄生来入梦。

后乘筏过鄱阳湖望庐山复题句云：

乡愁无限渡鄱湖，一望庐峰意暂舒。巍巍落落迷高下，郁郁苍苍失有无。藏书传世怀朱子，解袒游仙慕吕师。安得脱身尘俗外，白云深处结茅庐。

乘筏复经姑塘出湖口，过彭泽县，想到陶渊明不为五斗米折腰，深慕其为人。后筏行皖江中浅搁，更增烦恼。卒乃振拔以自矢志，曾有诗云：

风狂雪猛波涛壮，天地为愁弥跌荡。一年一年又一年，岁月催人乃凄怆。频将醉眼睹乾坤，欧云亚雨闹纷纷。英雄满地干戈热，山崩海立逞鲸鲲。西方哲学差堪耳，千秋正派在东鲁。蚍蜉撼树何代无，终焉出入定生死。虚掷驹光深受害，东隅已逝桑榆在。梅花节里誓寒毫，除却诗书无足爱。

予时思想盖尚偏重儒家也。后乘筏到南京，经理商业之暇，辄骑驴游览莫愁湖、秦淮河、台城、鸡鸣寺、雨花台、弘武湖、半山寺、孝陵卫、紫禁城、血迹碑诸胜迹，历想古来仙佛贤豪美人名士之流风遗韵，往往欷歔感叹而不能自胜。间或与木业诸友操竹雀戏以消遣，或看书写字，随意挥洒，而以天下为己任之抱负实常隐约于脑海。忆曾将石达开致曾国藩诗写挂筏篷内，时尚在宣统年间，予亦不知忌讳之为忌讳，有友人戒［诫］予，予终一笑置之。曾有诗以见志云：

有客抚焦桐，杂出阳关道。素弦一挥手，划然离世好。衰草偏关头，专盼春风到。势利陷人心，狂夫添笑傲。松柏立危崖，别有冰霜操。

后复展转赣宁之间者共计三载。此予遭家不造浪迹江湖罢读从商之梦又当作一段落也。

父服满后，时二弟亦渐能助理商业，且予素性多拙，不熟商情，终不若二弟之足以承先业也，乃复以养志自任。时年廿七，尚在老泉发愤之期，于是复罢商，投考南京两江师范，插入中学班肄业。时同班多未冠者，予因奋志而来，不以为耻也。时同学中以熊琢如、张与偕、张伯鸥、徐药群、邹绍庭、陈少仙[①]诸子过从尤密。予昔名时，斯时改名觉，有友戏予曰："时为秀才，何更名为？"予曰："此正予生平小污点，奚足恋。"予答意有二，一以革命成普通思想，一以予族先人有特别痛史故也。于时在校补习科学外，或阅老庄韩管孙吴诸子书，或阅巴古宁[②]、苏菲雅、托尔斯泰、克鲁泡特金诸社会学家汉译小册，犹［尤］慕苏菲雅为人，尝模绘其像，时自展对，引为神交。是时日本幸德秋水辈适因在青山练兵场谋炸明治天皇失败，被收捕共十数人。沪报腾载，欧美社会党纷电营救无效，卒被枪毙，报载其在狱中二诗，予时暗诵不已，亦曾引为神交。其诗云：载酒江湖已十春，囚衣今日又因缘。个中滋味有谁识，狱里禅兼病里禅。鸠鸟唤晴烟树昏，愁听点滴欲销魂。风风雨雨家山夕，七十阿娘泣倚门。

是后中国革命风潮亦复日甚一日，继以三月廿九广州之役，黄花冈[③]七十二烈士就义。予之脑海更大震动，革命思想更大发达。但将从事于社会革命欤抑从事于政治革命欤？则殊闪铄［烁］不定，莫知所先后也，惟知革命二字是天识。至此则学士博士之梦渐终而革命革命之梦复始，且已渐入魔境。乃与两江同学徐药群、邹绍庭、周养浩、张伯鸥、熊琢如等或暗相运动校外军学界人士，或在校内明倡兵式体操。时李瑞清为校长，颇负物望。意欲从诸多士后，以两江师范为革命大机关，儒文侠武固所愿也。迄以李老志在闲散，未得畅所欲行。乃复与校外俞子厚、彭亚侠辈时相过从，广通声气，以俟时机。后武汉起义，全国澒洞，两江学友奔走星散，惟子厚、亚侠密相约以手枪炸蛋［弹］谋响应，予心甚壮之，密往城内机关部

---

① 后文中，陈绍先、陈劭先、陈绍仙等皆为同一人。

② 即巴枯宁。

③ 今称黄花岗。

数次，迄不得要领，深以革命资格尚浅，不得与闻全局机要为恨。于时宁城风声鹤唳草木皆兵。子厚复奔走军界甚力，不能时会，予乃向亚侠说明，不得要领而牺牲，我不为也，乃约返赣向［相］机行事。离宁甫二日，得闻南京光复，轮过安庆亦已光复，到九江亦已光复，到南昌亦已光复。乃返清江草堂一行，友黄绰然过访曰：闲时提倡革命，急时何不与闻？意谓予何不在宁举义，予答以不肯轻易牺牲，将有待也。时全省正扰攘间，洪江会人士良莠不齐亦复纷起，乃与徐药群、邹绍庭、陈绍仙、陈秀庐、陈香南、黄寿山、敖文山、刘友生辈往来南昌临江间，谋办临江国民军。甫就绪，南北和议告成。予乃太息，知来日大难，非大学识难任大事。又自问非洞明全局不愿牺牲。时同事诸友或入报界，或入政界，或办党务（国民党），或办选举，予则决计东渡日本留学，以为他日之用。时年廿九，民国二年也，春月，由草堂行，过漳江，曾题句以志慨云：

风雨冷江城，浮云嗟世变。短发走东岛，千金买孤剑。

便道过宁访诸旧友，仅与陈爱吾等一叙。校舍半遭兵燹，为之慨然。后由沪乘海舶到长崎，改乘火车至东京，寓荣龙馆，入日语学校受课数月，考入明治大学政治经济科。予时视中国大局先须从事政治经济改造着手，故暂研究政科。于时新交、旧友往还尤密者为邓席云、王光伯、李栋臣、宁翼丰、聂啸安、张伯鸥、雷子布、金仲哲等。学识品格之切磋，酒食游戏之征逐兼而有之，庄谐杂出，极乐时也。

不料宋案（宋教仁被暗杀）发生，赣宁举义，留东学友奔走骇汗，相率而归谋左袒者不少。予亦正在备行中。袁世凯得胜，孙中山、黄克强二老出亡东渡，旧友徐药群、陈绍仙、彭素民等亦先后亡命到东。予固恶袁氏之以紫冒朱也，私心引为大愤。孙中山复倡革命，另组中华革命党。予以徐药群辈绍介，见孙入党。旋与徐药群、彭素民、陈绍仙、邓国垣、江和风、张慧九等互相接络，稍效奔走之劳，究亦无甚补救。继以孙黄意见相左，民党于是分裂，袁氏遂更横行无忌矣。予大为闷损，继念兴亡匹夫有责，遂欲以讨袁为己任。乃弃明治政科，密结日本某军人为友，并住其家研究新军事学。一面复访幸德秋水同党，并借阅其所著社会主义一书。数月后复与张田民、邓焕章、朱群均、陈冬青等互相约合二三十人，参加品川东亚体育会内附设东亚军士学校，酷暑且不罢课，意志殊壮。间外出野操，或习剑法枪法。一日与诸友往泰森习步枪，惟予与黄霖生得中红标。霖生则在泰森军士学校与予初订交，颇以为生平一大快事。后军校以种种障碍约经半年便停办，大有学书学剑两不成之感，颇为苦恼。乃复与陈冬青、朱群均等每日往青山习马，尚欲锻炼成一军人。彼时曾题一诗云：

挽强压境浑常事，磨练精神亦等闲。

匪日书生能尚武，怕听胡马度阴山。

不料数日后忽失马落地，折断左手腕骨一枝，遂改车赴长谷医院施治，车中曾口占数语云：

良医三折肱，良将三折肱。今方一折肱，还有二折肱。

倔强之态并未稍减。随在医院卧治，半月后出院与冬青、群均同寓，深得照料。予饮食起居概不得自如，数月后方完全治愈，运用如故。后医师长谷氏颇以予有壮气，赠其祖传古剑[①]一柄以志别。彼本为武士道世家，予亦以汉文书赠一纸，大意以彼比华陀，以老关自况，时民国三年也。所志所事不成，百无聊奈［赖］。惩愤窒欲之余，乃复深思远虑，任天下事终以多得人才为本，遂欲广为联络各派革命党，乃复入政法学校上课，因该校为日本民党特设以收容中国亡命之士者。又欲直接联络朝鲜革命党，乃一面移居上野馆，与王光伯同寓，因该馆甚大，常有朝鲜人士居住故也。

一夜忽梦宋渔父死状甚惨，遗尸狼藉，其母在旁痛哭。醒而思之，予与渔父并无一面之缘，岂以义相感召欤？姑志之以占朕兆。

时仇亦山、易梅园等主办留东学生总会，争救日本政府向袁氏所提

① 此剑后在上海被友人田汉“借去演戏”，未归还。

二十一条要求，予忽遗书亦山、梅园论当世事，亦不自知其所以然而然者。随后亦山过访乃得相识，梅园尚未谋面也。夏际陈冬青忽绍介何季武相访，谈论甚快，彼以排日故弃高师官费，将赴美洲留学，约予往千叶一宫海岸消遣一二月，并以海浴锻炼身体，予乃慨允。于是并分约刘季闾、聂啸安等同往。彼时张秉文、李风亭、曾松乔等并在一宫海岸另居一室，互相往来。每日入海水浴一次后，或弄小艇，或吹箫笛，或写字看书论文，并轮流烧菜煮酒，谈笑风生，此数十日无异神仙境界。一日，易梅园到一宫海浴，由刘季闾、张秉文等绍介相会后，谈到中国学说当以周秦百家并出为最盛，实退化于汉武之专尊儒术，以为中国学术集中宋儒者误也，所见略同。复与煮酒联诗，予得“听涛惊逐客”之句，梅园等甚许之。予和梅园诗复有“涛声到处非人世，踏破芒鞋首不回”一联，亦颇自赏也。后何季武复绍介吴尘来会，彼固深信克鲁泡特金学说者，予亦深以巴古宁为然，喻以马克斯[①]为桥梁，巴古宁则为彼岸也。后返东京，季武复绍介徐祖正、洪云瑞、张义民等时相过从，彼乃赴美留学。

于时予与梅园同在政法校听课，相见日久，一日梅园忽谓予曰，我辈可联络各省优秀同志组一学会，一面以学术相切磋，一面以拥护共和为特别精神。予大表同情，乃展转分约李守常、马鹤天、容伯挺、仇亦山、刘相无、林伯渠、申月庐、刘季闾、葛仰樵、张泽民、黄贞元、荆植薪、李凤亭、邓国垣、徐镜寰、张自雄、熊羆士、宾日钦、李墨卿等数十人组织乙卯学会。后张秉文、彭一湖、周子贡等同时在中华学会，宗旨略同，乃将二会合组，名神州学会，会友共约百数十人。予固素好交游，声气因之益广，奔走于学会有日矣。

是时留东学生总会复创刊《民彝》杂志，予与李守常、高一涵、易梅园、马鹤天、邓初民、刘相无等皆先后参与编纂，极力鼓吹倒袁。时民国四年，洪宪皇帝已出世也。后学生总会开三周年纪念大会，追悼宋渔父。先夕仇亦山忽函嘱草一公祭文，予因外出，归已中宵，仓卒握管，一挥而就，自疑若有神助。祭文云：

---

① 即马克思。

> 呜呼先生，言念怆然。屋梁月落，于今三年。沧波凭吊，感为泪涟。听涛铁血，遗恨绵绵。先生怀抱，四海括囊。元首不道，变为国殇。赣宁激变，义薄云霄。申讨中折，狼虎添骄。民命草菅，天地闭矣。戮余贤俊，流离失所。呜呼吁嘘，咄咄怪事。媚外丧权，神人共怒。操莽弥厉，独夫称帝。缅怀先生，兴亡攸系。精诚所诏，雄风四起。爰有滇黔，义师重举。粤西粤东，洞庭彭蠡。川鄂同气，相求未已。泾渭终分，谁甘贼子。江河南北，贮看同轨。共和再造，一瓣心香。先生之风，山高水长。断头台迩，天子何处？鸡凤同栖，仿如旦暮。是非虚实，具存信史。项城宫殿月轮高，黄浦滩头一抔土，流芳遗臭同千古。吁嗟乎！流芳遗臭同千古。

后此文随载入《民彝》杂志以为表彰之意。予忽悟日前者渔父身后梦兆，殆为是欤？不觉将疑将信矣，自为警讶者久之。

旋以国内风潮日紧，神州会友先后奔走回国，或由军界、或由政界、或由报界从事革命者十之七八。梅园行时有句别予云：“顾鞍一笑先君去，两载蓬莱好自闲。闻道江南春信早，自由花发在人间。”足见当时风味矣。予亦正在回旋整装欲发而复踌躇莫决，因予心别有所图也。乃以百感率成一章，用寄眷怀邦国之意。适程九如有春日哀诗一篇见示，乃即用其原韵，诗云：

> 我无万物空，生死匪哀乐。随在认因缘，因缘非妄托。天地本蘧庐，愁虫乃依橐。超然揽八埌，鸿雁同燕雀。沧海又东风，遥怀旧城郭。白云满关山，低徊倚高阁。人心险于鬼，世道如罗薄。风雨听鸡鸣，舞剑频驱噩。读诗怕蓼莪，庭帏早空寞。霜露感春秋，萍踪叹漂泊。天涯沦落人，忧患似茧缚。抚此解慈悲，余生勉攻错。冰炭可相容，攸往忘柄凿。精诚贯斗牛，功名等糟粕。躯壳莫长留，奚须采灵药。一啸逍遥游，尘寰尽邱壑[①]。

---

① 清廷所定避讳孔丘讳之字，“丘”改作“邱”，后文中“荒邱”亦然。

斯时则读书之时少，会友之时多，所谈大都国事也。时孙中山已回上海，黄克强适由美洲返东京，予乃以孙黄二面友人相约往见克强，问以回国方略。彼答话甚长，大意表示与孙终当和衷共济，以岑云阶[①]终不可靠。予亦代达留东学界多数心理，总以孙黄和好为国幸事，并略说主张迁都武昌之意见。后克强到沪病故，中山曾为引痛发丧，自不免老成凋谢之感。适蔡松坡亦于是时病故日本，留东学生总会并开大会追悼，予曾备一联云："身国不两全，我无急泪悲黄蔡。江山犹有恙，谁把丹心贯古今。"并公祭黄蔡文亦系委予起草。时袁氏固已天诱其衷，自行陨灭。予乃决计暂不返国，草民国前途与迁都问题一文，载入《民彝》。极主迁都武昌。吾友顾铁生拟草文主都南京，黄天行又主都西安，阅予都武昌文均暂停稿，免滋纷议云。卒以和者甚寡，徒托空言，不能发生实效，常为太息。又虑复辟不免发生，乃草辟康[②]一文并载《民彝》，期国人注意。然袁氏既死，中国终可不亡，纵有波折，终属乱之范围内事。予前所谓别有所图者，乃开始计划焉。此后已属奔走无定，辍学任事之时期。时在民国五年，予年三十二矣。

予之思想至此又果如何？乃一一整理而确定之。释也老也孔也耶也，与予性分均有一二夙缘，但终不愿为谁家专门弟子也。孔老之书，固自幼诵读矣。前在宁校时曾宿刘沛然家，其夫人贤且能，信基督教，常为予说教义，予感其意，曾略阅耶书，后东渡留学，刘夫人并函绍马伯援，马时任东京中国青年会干事，因亦常在教会听讲，并曾一受洗礼。后遇邓洁民、谢扶雅等皆纯笃教徒也，复时过从说教旨。是对耶教关系大略也。至于释书，向未曾涉猎，但浪游所至，偶遇佛寺，必低徊流连而不忍去，如赣州之光孝寺、樟树之通慧寺、常州之天宁寺是也。后留东时偶由邓国垣、陈真如绍见桂老伯华，畅谈儒佛关系约二小时。后复与多士听桂老讲《大乘起信论》，至非求世间名利恭敬故，略有领会。后予偶当百感交集之际，曾函寄桂老一偈请正云："我从何处来，我从何处去？如今百感生，欲住如何住？"彼

---

① 岑春煊，字云阶。

② 即康有为。

即回示：人生如梦，刻刻迁流，然其中自有不迁流者在，非深研佛理不能知也云云，并附一偈云："果知身何来，自知何所去。百感亦不生，应住便须住。"后不久桂老竟以病逝，予并在旁送终，敛时曾焚挽诗一首云：

忆昔承诗教，立言示果因。今生成末会，相对一伤神。大地烽烟重，幽眠沧海滨。先生应有感，何日再回轮。

予望其再转人世，其早撰自挽联亦有准备重来之句。后与桂老胞妹圆成亦常过从说佛，圆成亦终身奉佛者故也。申月庐亦好佛学者，后复与予时相晤叙。更渐次涉猎《金刚经》《大悲经》《高僧传》等，及日文佛书数种，间有心得。约而言之：耶之博爱、孔之仁义、老之虚无、佛之慈悲，其教义不无浅深，而救世主旨，实殊途同归也。予概信而奉之，或勉强而行之。至各家之礼节形迹，予概随缘听便，不甚拘执注重。即荡检逾闲之事，有时与风雅朋侪兴会所至，亦所不免。予之终不愿为谁家专门弟子者以此。予之思想大概既如是，而欲发为事业，当以是否符合救世主旨为先决问题。所谓别有所图之计划，果不相刺谬乎？再三审慎，以为不相刺谬也，乃征集诸好友之同意焉。

予所谓别有所图者果维何？即提倡实行新亚主义是也。何为新亚主义？即主张亚洲各民族如朝鲜、台湾、安南、缅甸、印度、暹罗、波斯、日本、中国等，皆当各自独立成一民国，互相援助，主持亚洲大局，维持世界和平是也。惟理想与事实当相辅而行，先后缓急之间当有所斟酌，不能一蹴而至，当以中韩人士联络为第一步为之，又必自留东学界始。此绕室中夜，踌躇满志百无疑虑者也。

乃一面移寓青年会，以便多人出入，一面与邓席云、黄霖生、陈其尤、王光伯、张义民、余揆之、黄济国、徐公侠、邓洁民、金仲哲等商议。特别组△咸有先得我心之概。是时王光伯又适告急：同寓上野馆之朝鲜友人何相衍因密运由沪寄来之《韩国痛史》被泄，日警检查何寓时，幸先时仓卒密移置光伯卧室，须速代设法云。予大喜，即将此书一箱密移置青年会予之卧室，乃无虞矣。予之喜意有二：一为光伯能为相衍解险，实属义侠行为；一为是以证明相衍为真志士也。予之移居上野馆数月，朝鲜人士中仅得识相衍，而又惧其小节不谨，难商机要。首义得人与否，关系极重故也。今得此证，可释疑矣。乃即与相衍切商，彼复大快，深表同意，并允即约朝鲜优秀志士共议一切。旋即绍介张德秀、洪斗杓、洪震义、金缀洙、金良洙、金明植、尹显振等相见甚欢。于是中韩人士互相往返，交换意见，历开大会多次，讨究办法。计经过数十日，迄阳历七月初八日，乃正式开成立大会于中华楼，大展筵宴。诸同志公嘱予为临时主席。持剑行剑誓礼，郑重宣布党名△△△△△（新亚同盟党），党旨△△△△△（原文略），后互行握手礼。旋由何相衍等公推张德秀代表韩国同志演说，洋洋洒洒，矫健昂藏。继以豪饮酣歌，尽欢而散。遂永定是日为第一大纪念日。后诸同志日事奔走运动，日警或有所闻，对于中韩人士往来特别侦察，苦无证据，莫可如何。时旧友易梅园、马鹤天、张慧九、申月庐等均以讨袁之役回国奔劳，袁死后仍返东相会，皆欣然加入。月庐并绍入姚净生，邓洁民并绍入蔡北仑、王希天、张逢贤，张义民并绍入刘宾笙，邓席云并绍入陶因、何汇东、王刚、葛焕枢，马鹤天并绍入李墨卿。是时赛觉苍、熊琢如、胡文卿、李伯芹等亦相继接洽慨然参加。张德秀、何相衍复绍入金渡演、董世显等。何季武亦以养病由美返东加入。于是各面人才日众，大有风云与雨时际会之概。其余知友尚多，因返国相左未与。此民国五年冬月情况，即为新亚纪元之元年是也。

不料旋即发生一大不幸之事焉，即洪斗杓患咯血以死也。斗杓明治大学生，年三十左右，性情真挚，临事急切。自相识以来，热烈异常，每独过予，催促猛进。予慰以兹事体大，总以精进为妥，恐其病也，后不久果以咯血告。大半由于因公过激所致，此予所深知，他友未必尽知之者。临行晚忽告予以归家养病，且谓病若不愈，君之责任更重。予悲梗之下，不能多言，乃援笔书赠二语曰：仓卒闻君去，我心殊怅然。后握别，彼复以日语致意：既荷相知，死且不朽云云。后竟病故于家。每一念及，彻为心悼不已。

厥后与诸同志切商，当各从事国内运动。乃公共决计予与何相衍密从朝鲜入中国，联带进行，余揆之并同行，谋设本部于上海。东京部朝鲜公推张德秀主持一切，中国公推姚净生主持一切。众议已妥，行期在即，乃大会同志于会芳楼，珍重话别，并摄影或交换照片。旋复与梅园游芝园，各写一词志慨，并有序云：东征数载矣，言旋在迩，逐绪添愁，与梅园游芝园后小饮世界楼，酒后耳热，用文山驿中别友韵各写大江东去一阕，以展怀素，并以别留东诸友。词曰：

古今来去，问谁是，潇洒风尘人物。云水苍茫千万顷，频听涛声四壁。起陆龙蛇，凌空鹰隼，病热餐冰雪。少安毋燥［躁］，回天端仗奇杰。　回忆蓬岛栖迟，满怀无限意，驱车西发。拔浪长鲸醒客梦，把剑锄强兴灭。塞马征荒，阴雷走蛰，双鬓惊华发。相期珍重，虞渊同伴寒月。

于是另书数十大纸，遍赠在东诸同志以为纪念。梅园同时写一阕云：

岛东西去，有徐墓，箕陵长埋英物。不恨古人吾不见，愁见龙蛇四壁。阙补长城。船横大海，轮转千山雪。雄心如此，使君真个人杰。　遥指庾岭梅舒，枝南枝北，早冲寒花发。多少王侯新第宅，迅逐轻沤齐灭。剑刮浮云，尘侵净土，一系千钧发。长途珍重，孤怀同证明月。

洵可谓肝胆相照，莫逆于心。后于启行前夕在青年会三楼检点行装，见长谷医师所赠古剑，不禁百感横生，即前此与诸同志行新亚剑誓礼亦系此剑。乃中夜彷徨，摩舞四番后，遂书题剑一序，并尾以诗云：△△△△△（原文缺）。遂于十二月下旬，何相衍另行归汉城先行招待，予乃与余揆之、熊琢如由东京驿乘早车与留东诸友握别。至名古屋下车，访聂啸安深叙加入。翌日复与余揆之乘车至马关换海舶至釜山，复乘车至汉城，寓丽华园，正除夕矣，天复大风雪，酷冷。旋何相衍便来晤叙，并密计划与诸同志接见，颇费苦心，行止诡秘，有如盗贼。因汉城日警甚众，稽查甚严，即丽华园亦时有日警出入。时何相衍、余揆之精神甚壮，不为少缩。尹显振、金明植亦早返汉城布置，乃展转密绍安在鸿、赵苏昂[①]、孙贞道、申翼熙、金明洙、尹弘燮、朴珥堂、李相天等分别相见深叙，各有特别精神，或以日语问答，或以汉文笔谈，饶有无限深情，无限感慨。安在鸿更郑重语予曰："朝鲜凋蔽已极，欲谋恢复，非破坏与建设并筹不可。我当在内日谋培养元气。破坏烈举，愿他友分任。敢谨绍一生平密友相见，此人品学兼优，百折不挠，并可同往中国共筹一切。"予为大快，请即绍见，即赵苏昂也。一见如故，欢若平生。便约随后来中国从长计议。予乃题诗书赠留别汉城诸同志云：

千山踏冰雪，意气何雄哉。愿为牛马走，天地送春来。

后复步月夜密往何相衍家，登堂拜其老母，并见淑贞、义顺二妹。二妹合刺牡丹绣花一横屏赠予，予乃赋谢锦一绝书赠云：

论交四海如兄弟，拜母登堂是一家。
多谢贤能双姊妹，殷勤相赠牡丹花。

实为风尘中一大风雅纪念也。并正书贤母二字赠其老母。后复有日警索书，云系汉城警长，予亦不辨真否，坦然为书朱洪武咏菊诗云："百花发时我不发，我若发时众皆杀。昨夜秋风战一场，满身尽挂黄金甲。"却嫌带天子臭味耳。在汉城约停一星期，亦竟未发生若何枝节。濒行，何相衍、安在鸿、尹显振、金明植等复约予与余揆之会于明月楼饯别，并约名妓某侑觞，予固辞谢，诸友卒以一观风俗劝。该妓风态壮丽，且善抚七弦琴，曾抚一曲，使予大有"泠泠七弦上，静听松风寒"之感。后复唱歌，音甚悲壮，日警便加干涉。闻楼主云，近日凡大声歌者必加干涉。诸同志告予，南音较柔靡，

---

① 即赵素昂。

北音多悲壮，此北音也。予时颇有感触，意者杀伐之音尚存妓界，余可类推。且席间多设红椒白菜，又足占其国民性多好辛辣，终非久屈于人下者，独立之举，当在不远也。翌日密别诸同志，并约定何相衍、赵苏昂速入中国再图一切。便与余揆之乘车离汉城，复大雪纷纷，寒冷殊甚。予此行本欲一拜箕子陵为快，后车至平壤，已属深宵，且风雪不止，因口占一诗云：

我载千秋恨，来拜箕子陵。风雪满天地，彤云千万层。宵征寒彻骨，魂梦失依凭。怀想一何极，回肠如结绳。

后至安东关换车，被日人检查行旅，将高丽参一小盒押存，因日并韩后，高丽参概归总督署专卖，予以韩友合赠，未得专卖证，不能运云，辩论移时，始得投入车站火炉烧却。烧参事小，深足为亡国者致痛也。自釜山经汉城至安东，车行韩境数千里，所阅村庄零落，人民愁苦状况，与夫日人喧宾夺主之蛮横态度，不一而足。复由安东乘车过鸭绿江入山海关抵北京，一路所见日人凶熖［焰］，往往为之发指。随与余揆之往法源寺访陈其尤，因其尤早在京函约也。岂料其尤此时适以事仓卒回粤，幸曾留嘱寺僧招待，乃下榻数日，一览该寺风景，虽冰雪严寒，实饶佳趣，殆数千年古刹也。旋访李守常、张泽民、高一涵诸旧友，告以新亚事业，咸欣然加入焉。遂与揆之移居泽民家，相与计划，于是守常、泽民并绍入白醒亚、霍原璧。旋何相衍亦到京，遂同寓焉。予乃日事奔走于燕市。以马鹤天之绍介访景梅九、邢麟章，以易梅园之绍介访杨浚川，以姚净生之绍介访毕少珊，以陈其尤之绍介访邹海滨，以邓洁民之绍介访常小川，以张滁非之绍介访安如磐，以邓席云之绍介访姜安邦，以张滁非之绍介访吴企云，咸慨然订交为同志。复访旧友张与偕，晤后并绍入童季龄、沈鹏飞、燕复旦、邱大年，商定赴美进行计划。更由旧友彭素民绍入周静斋，复由邹海滨绍入萧懋之、黎虞天，复由虞天绍入张佩公、黄致远，又以安如磐绍入高济岛、徐日甫等。又由旧友金匡一绍入严柱天等，又由严柱天绍见申晥观、申献民。时赵苏昂亦由汉城密行到京，复与申晥观、申献民、何相衍等展转晤叙，概订为同志焉。复访仇亦山晤叙加入，又晤旧友熊罴士、周贯虹、俞子厚皆欣然参与。并何相衍计划为金匡一东渡特别行动事，复以金匡一绍见俞子厚相与筹策，煞费苦心。后毕少珊又绍入门相文、毕吟秋，又旧友张秉文加入。又以邓洁民之绍介加入邓慕斌后，复访慕斌于保定，并绍入刘慕飞、吴静山、李仲阳、胡良弼、王治安等。遂复游莲池书院，偶有触感，怀一道友，乃得句云：

年来湖海漫高歌，赚得蹉跎两鬓皤。虎视鲸吞新世界，云翻雨覆旧山河。寻思百事原无味，怅望千秋可奈何。驻马幽燕怀道友，心随孤鹤出云罗。

复往天津以张滁非、张蓬仙之绍介访常策欧、周翔宇，并订为新亚同志，分担进行。燕京访密友告一结束，遂托李守常主持一切。乃复与李守常、张泽民、高一涵、仇亦山、熊罴士商设北京神州学会支部事，以公开机关容罗各面人才，为进行之一法。旋往参众两院一观联席会议，不甚满意。遂与汤继武[①]一面，彼略述时事大概，予亦略以各派首领当以国家为前提为言。复以易梅园函绍见章秋桐，并商神州学会事。时黎宋卿继洪宪后为总统，其总统府予竟不知果在何方也。厥后或与余揆之、何相衍等小饮酒楼，羊羔牛肉随意大嚼，或游中央公园、文华武英等殿，展览秦汉以来各类工作艺术，数不胜数。犹存脑海未忘者，则为诸葛孔明之铜鼓，苏东坡、黄山谷之墨迹，唐伯虎之农村画，乾隆之马鞍，香妃之浴池，实有耐人生映相者也。余揆之旋返粤，何相衍移居谋入军校，予亦将出都。乃复与金匡一往颐和园作镇日之游。昆明池畔，万寿山巅，清风徐来，夕阳欲下，此时景物尤足宜人。想见西太后当年流连忘返，安解所谓民瘼也。复游万牲园，亦有西太后行宫，并传为康梁变法时袁世凯告密处。复前行，有白碑一块，上书农林总长宋渔父先生之△△字，闻渔父长农林时曾在此小住计划农林事云，不禁感慨系之。乃复访得彭家珍、杨禹昌、黄之萌、△△△[②]四人合墓，彭乃刺良弼

① 即汤济武。后文中，汤季武皆为同一人。

② 应为张先培。后文“某”亦为张先培。

殉难，杨、黄、某三人乃刺袁世凯失败以死者，予均未相识也，见其荒烟蔓草，碑志不完，为太息而题一七律，用魏叔子拜杨机部墓原韵，诗云：

搜首风尘眼不青，独寻野塚拜先生。精诚到处开金石，肝胆输时贯日星。宿草梦生如有恨，孤魂随遇应无声。苍茫伫立堪回首，狐鼠豺狼一律鸣。

后数日，陈其尤复由粤到京，遂并约李守常、张泽民、仇亦山、彭素民至中央公园摄影叙别，予乃乘车至天津，换津汉车至汉口。途中所见村落风景，实较江南为苦寒。下车宿燕台旅馆，便过江登黄鹤楼小饮，曾纪一诗，题为：

丙辰丁巳之交，由东岛江户驱车经韩京汉城入山海关，绕北都过黄河而达汉口，渡扬子江登黄鹤楼感赋。

平生所好非人世，狂荡行踪到此楼。俯仰千秋魂忽忽，纵横万里思悠悠。为知云鹤终归尽，底事波鸥不倦游。默祷洞宾须借剑，早夷荆棘会沧州。

下楼遇卜者某，戏问生平，亦多暗合。随渡江往鹦鹉洲吊祢衡墓，碑书“汉处士祢衡之墓”，乃得句云：

千载共奇气，因时各一鸣。慷慨三挝鼓，光明一片心，汤汤江汉水，犹带骂曹声。

旋到汉阳访伯牙台，时已夕阳西下，一望苍凉，复为古风一篇以为纪念云：

汉阳江边一泓水，水上高台连院起。高山流水感知音，再理冰弦惊变征。上书宰相与荆州，空自无聊叹韩李。怀才不遇古今同，伯牙安得忘知己。吁嗟乎，知己不可忘，子期究何在？一抔寂寂黯无言，黄叶西风泣前辈。瑶琴拍碎天地哀，一曲寒风动千载。吁嗟乎，瑶琴拍碎天地哀，一曲寒风动千载。

翌日访旧友周子贤于汉口，晤告所志。后复同过江游蛇山等名胜，乃告别乘江轮下九江，在旅馆一宿，彷佛梦见桂老伯华，略叙数语。后始闻是时桂柩已运回葬浔地矣。旋乘九南车至南昌，寓晨钟报馆，与邓柏年、张田民、邓焕章诸旧友晤告新亚事业，均乐加入。一日偶由小路访澹台灭明墓，失车伤手骨，乃感行不由径之旨，得诗一首云：

章江返棹意何如，到处随缘认广居。四野荒凉一抔土，千秋歌诵数行书。百花洲畔夭桃怒，万寿宫前古木疏。取径失车应有感，去邪趋正不踌躕。

旋告别诸友，乘小轮抵樟树镇，时已黄昏，乃渡河至薛溪渡姐长家，备悉家庭亲族情况。翌日乃抵家与长幼相见。数年游子一旦归来，念死对生，真有悲喜交集者矣。是时约叔并二弟正民、三弟毅民均适在家，晤叙一切。此予离家去国漫游湖海之梦又当告一段落也。时在民国六年，予年三十四岁也。

此时骨肉团聚，并与诸亲族师友酬应往还者数阅月，或时展旧存书卷浏览一二，往往感慨系之。夏季熊琢如由日本回家，张与偕由北京回家，相距均仅数里，复相与过从，殊形欢洽。后邓席云亦由日本回临江城，予复适以调解亲邻命案往临城，遂寓席云家，并与席云计划倡办临江学会。于是遂邀集黄寿山等十数人先行成立，订定简章，徐图扩展进行。旋返家复与琢如计划新亚事，并绍入范觊俣及商汇明学校一切。时道梁已在该校高小毕业，年已十六岁矣。遂托琢如挈之东渡求学，时在秋初也。遂摄影志别，并将先父遗像复写题百年瞻望四字以志游子哀思。并略教道梁以世界新潮流及以排日为先务，不过先定其少年趣向之意耳。后予偶患寒热病月余，迄重九始愈，曾题句云：

久矣未曾开病眼，西风黄叶满天秋。
中怀自有无穷乐，景物萧条不识愁。

迨初冬，以徐药群、陈绍仙等由沪函电敦促，予乃复别家人外出。时正康有为、张勋辈闹复辟。后与旧友张湘舲话别，乃书赠二语云：“万里河山余鬼蜮，一帘烟雨梦沧桑。”旋乘小轮经南昌，随乘车赴九江，复乘江轮至南京，与约叔一晤，入城与彭素民晤后同游岩山二台洞，题壁云：“牢落风尘两知己，满怀离恨洞天寒。”素民续题云：“销磨未尽英雄气，尚把吴钩照胆肝。”又游三台洞，观音大士前题壁云：“何时了却人间事，来伴神仙住洞天。”又游大钟亭题壁云：“姊妹究何在？钟声空古今。”

旋与素民别，赴常州与二三弟一晤，即乘车赴沪，与药群、绍仙晤商一切，并告以新亚事业，均允同意，并绍入王民辉。旋彭素民复到沪，绍入何无文，毕少珊绍入高亚东。是时孙镜亚、刘养源亦由陈绍仙间接绍介直晤加入。谭佛心早由姚净生在东绍入，时复在沪相晤。张慧九亦到沪，张赞元亦加入。安南黄国臣、阮海臣亦到沪，国臣在东曾晤叙大意，遂与海臣亦并加入新亚事业，与黎虞天等担任安南计划。时申睨观、赵苏昂均先后到沪，姚净生亦由东京到沪报告一切。于是黄国臣、阮海臣、赵苏昂、申睨观、姚净生、徐药群、高亚东、谭佛心、张慧九、张赞元等并予共宴会于杏花楼，互相接洽，各有诗纪事，予亦即席口占云：“十年海上来，秋风满胸臆。同倾一樽酒，聊以写幽意。”

时蔡北仑亦早回台湾进行，约不久到沪，但阮海臣、黄国臣又将有两广之行。赵苏昂复绍入波斯李石石。于是乃根据东京议决案，更斟酌各面同志情形，并对予嘱托之重，遂郑重约集申睨观、赵苏昂、阮海臣、黄国臣、李石石、姚净生并予于阳历十二月廿八日行大誓礼，永定上海为本部，并是日为第二大纪念日。后复宴会岭南楼，各有诗纪事，予之口占云：“四海会风云，同是椎秦者。相期各努力，定国平天下。”

先是东京临时机关内部进行办法，中国朝鲜各定职员数名，另定盟主一人，中国公推予，朝鲜公推张德秀，共同主盟。原订简章本有党领之拟议，至是予与各面同志先后商定，成立本部，采无党领制。内部平列八部，并无部长，统以某部干事名之。以总务部统理各部。总务部与各部干事并无定额，酌量推任，纯属义务而兼牺牲性质。所定八部如左：△△△（原文略）。

时仅据以往事实推定总务部干事，中国三人△△△，朝鲜三人△△△，安南三人△△△，台湾一人△△△，波斯一人△△△。其余同志以种种关系暂听自由进行。此成立上海本部时大概规模也。

随后蔡北仑亦由台湾启行，被日警尾探，遂经日本间关到沪，快晤一切。后黄霖生亦由东京来沪，晤商各面情事，申月庐亦由东京到沪，并冒险携回行剑誓礼之古剑，即前长谷医师所赠者是也。于是蔡北仑、姚净生、黄霖生、申月庐并予共会于寓所，互商本部分任部务一切，并备述东京内部失慎情事。朝鲜同志张德秀等多被检查，并洪震义等数人曾被拘禁，后多方设法方释出。予前青年会之寓所亦被搜索《韩国痛史》等书以去，并失去予之照片一张云。后旧历除夕，顾铁生、申月庐踏雪过我谈玄说佛，翌晨复有所触，乃题一诗云："良友△△△。"后霖生决计回粤再返东进行，予曾书赠《玉楼春》一阕云：

短衣结侠天涯路，每遇知音尽回顾。羊城有子曰霖生，彷佛吾家黄叔度。　此来仙子堕云雾，复入千重云水去。吾侪交谊薄云天，离合风云无定处。

后月庐归湖南进行，以《归剑》为题，复书赠数语云：

当时蓬岛风云会，一剑如同百万军。
其智其愚两难及，低徊沧海应推君。

净生旋复回皖进行，赵苏昂、申睨观、李石石后有东北之行，阮海臣、黄国臣并奔走湘粤桂滇之间，策应安南之大原独立事，旋以力薄失败，损失志士不少。后黎虞天亦以展转关系在天津被警捕解安南，迄今尚不知存亡也。时在民国七年春，予后以事离沪，乃与蔡北仑暂别，并书赠一诗云："君自台湾来，我想台湾去。为问郑成功，孤坟在何处。"

朔自予之第二次离商续学以来，已阅八载矣。对于家事，不惟未负丝毫责任，且历年留学及各处奔走费用，大都取给于家庭，予先父弃养时遗资无几，后专赖约叔与二弟正民、三弟毅民奔劳商界以维持一切，迄此不能稍有所蓄者，大半由我浩用所致，此实内自负疚而不能忘者也。于时家中人数日增，商业复形艰苦，予复不能有所补助，并尚不免牵累，揆之人情物理，实不相合。乃离沪往常州，邀约二三弟赴南京与叔父互商一切。叔父乃主彻底清理商业并家务，拆馔分居，各从节省以为善后之计。商业动产出入仅足两抵，不动产如田与宅亦听叔命，叔侄兄弟作四股平分，各人所得数椽仅足避风雨，田亦各得数亩，食用尚不敷。似此分家，在叔父与二三弟总算仁至义尽，而予实不免负罪邱山。使非叔父与二三弟耐苦赡予，予何得任意狂游，至此终亦△△△△△（原稿缺损）人而已。故以百感交集之余，曾题一诗以志慨云：

百年一梦将何似，负重长途马不停。

骨肉分离由我累，此生何以报家庭。

所有分关一切俱已，叔侄兄弟商定，正拟偕三弟返家一行，邀请族戚父老一为中证，从俗例也。乃忽得熊琢如由日本鹿儿岛来函述道梁忽犯神精病，大倡排日，并曾失踪，为日警拘禁，正拟送往东京医治，并责予素日施教失序云云。予为首肯者再，中夜焦劳悬念不已。既而复思，予生平原以牺牲主义与同志相号召者，岂独私其子乎？果此子因此一念以致死，是善念也，其精魂必不泯。如再入轮回，其智慧必更愈于今世，究又何伤，遂坦然听之。一面函复琢如并训道梁一函，一面仍与三弟毅民乘江轮返家。过芜湖望孙夫人庙，因念彼为至性中人，当有灵感，乃默祷云：道梁如得病愈，回国当为夫人立碑纪念。语云："妻子岂应关大计，男儿无奈是多情。"予斯时诚未能免俗也。并随题感赋一诗以志念云：

昔有刘皇叔，中原劳逐鹿。孙曹割吴魏，鼎足成西蜀。英雄苦磨折，误传遭碎玉。贤淑孙夫人，白衣溯洄哭。奇情一横决，跃身葬鱼腹。夫妇有如此，此乃阳春曲。遥想数千年，娥皇女英续。临流一长叹，徒有慕芳躅。

后过安庆，复深慕徐锡麟之烈举。复经九江换车到南昌，改乘小轮抵樟树，适得道梁由东京来信，述彼病已愈，毋劳悬念云。旋复得邓席云函，详述道梁在东并曾复倡排日，且失踪被日警拘禁后送入医院，与张伯鸥等殷勤看视，已渐平复云云，予心为稍慰。乃随邀请族戚父老正式履行分家手续。后适遇清明节，乃拜扫祖茔与先父母墓，曾题句云："飘零已十春，孤哀徒梦想。总算此清明，焚香到坟上。"复书一联张挂先父遗像侧云："春露秋霜无限恨，飘蓬断梗有余悲。"

熊琢如旋亦由日本归家，并绍入彭泽中为同志。予时在家复与余友三、黄子韶等先后告以所事大意。随复告别家人，与琢如等同至南昌会晤陈绍仙，并绍介欧阳志尹、敖文仙、黄甲、罗士杰等参加新亚事业。时正军情纷扰，乃游东湖得句云：

闲花夹道生，柳絮因风舞。打桨意如何，惆怅苏公圃。明朝发浔阳，离愁散南浦。何时返匡阜，倚石吟梁父。

复与绍仙、琢如等同赴沪，琢如随即东渡，予乃与蔡北仑共寓宝康里某号。北仑并绍入丁兰君，兰君并绍入查听秋等。陈绍仙复绍入曾小岩。先是予在家时陈其尤曾由广州白云山函电促予游粤，同往白云山小息，共计一切。予于是乃与蔡北仑、陈绍仙、曾小岩、张田民共同乘轮赴粤。过黄海时适五月七日，读文文山集感赋一诗云：

茫茫大海挟风来，半世飘零百事哀。
千秋一律兴亡感，开国还须殉国才。

不料陈其尤因予迟迟未到，复以陈竞存[①]之请，时正在汕头佐戎掌机要。予乃与北仑等抵汕，时粤军正纷纷离汕赴前敌，其尤亦定翌早同行。乃匆

① 即陈炯明，字竞存。

匆约宴于酒楼，并绍介龚石云等，并托石云将予行旅移居军官学校，时石云为校长也，冯裕芳为教练，即与裕芳同室。裕芳早经姚净生间接绍介，陈其尤亦曾间接绍介。一见倾谈如故，欣然加入新亚计划，并绍入△△△。后石云亦深谈衷曲并加入焉。时彭素民、何无文正在汕头赣军任秘长，何无文亦在佐戎，陈绍仙、张田民、曾小岩于是并参入赣军任事。时赣军分布汕头潮州之间，予与蔡北仑复往潮州参观。旋过湘子桥，登韩山，拜陆秀夫庙，并游西湖山，复返汕头小住。游湘子桥时适遇大风落帽，遂题句云：

百年一梦刹那间，难得逍遥到处闲。

落帽湘桥风雨里，仙怀孤往异龙山。

后与北仑立韩山风雨中，复曾题句云：

曾读奇文二十年，潮阳驱鳖重先生。

千秋遗爱韩江水，风雨登临一惘然。

并拾一小石归，书“介采韩山石”以为戏念云。时何季武正在大浦之莲池养病，约予会晤。乃乘小轮往访，时满轮载粤军赴前敌，轮中并时戒严，镇夜未睡，坐以达旦。乃念素民、其尤、季武，不禁慨然，因题二咏云：

韩江风雨里，来往一舟轻。结想三同调，行藏共此心。

我辈轻躯壳，精神独往还。相期百年后，遐想动人寰。

后到莲池与季武畅叙一切。时值洪水为灾，相与楼居数日。旋与季武乘小艇穿竹林入莲池左右一游，得句云：

十载飘零类转蓬，又怀同调走西东。

今朝彷佛神仙侣，绿竹红流幽曲通。

正留恋欢乐间，忽阅报得刘建藩死难消息，为之大悼。刘建藩与予不过一面，因系知友张自雄由东回国革命时特别绍介相见者，虽未毕谈衷曲，意将有待，心已许其为可共患难者矣，后彼不久返国，便以零陵镇守使倡独立于湖南，震动大局，常私引以为快。今若此，在死者大义凛然已足千古，复有何恨。予以栖皇无定之余，蒿目时艰，殊不能无戚戚也。旋与季武访陈其尤于三河坝粤军司令部，其尤复绍见陈竞存，略叙世界大势并中国时局。时正军务倥偬，旦夕未遑，旋与其尤话别，告以将赴广州，彼遂绍居黎作球家，遂同返莲池别季武返潮州。而黄冈已失守，赣军亦已外动。潮城司令部仅剩彭素民、何无文等，并时有风鹤之惊，乃与素民等一宿便返汕头，与蔡北仑晤商，北仑暂回上海，予复告别龚石云、冯裕芳乘轮赴香港，由裕芳绍访高少莱并订为同志，旋回旅馆独酌，怀念赵伯先之死事。伯先予不相识，以义相感也。翌日乘车赴广州访黎作球，因移居未遇。乃寓长堤旅馆，以电话致广东《中华新报》旧友容伯挺，彼随过邀寓彼家中，遂告以新亚计划。旋易梅园亦由湖来粤，并展转绍入林伯渠、王吉占、李大年等。时周子贤、张秉文、邓柏年、邓焕章均先后到粤会晤，徐镜寰亦到，晤叙加入。复以冯裕芳之绍介访陈照秋等加入。是时黎作球亦晤叙加入，并绍入△△△，复先后遇周贯虹、陈冬青晤叙一切，又晤邹绍庭、萧云帆、卢弼丞告以各事，得同意焉。景梅九、杨浚川复先后到粤会晤一切。时阮海臣亦在粤督署任事，并晤数次。后黄霖生亦以排日风潮由东归粤，晤叙一切，并绍见黄怡瑞互叙大意，后访陆劳人晤叙，翌日与劳人夫妇并陆精治游宝汉茶寮小饮联句，予云："我生无限风尘感，难得今朝半日闲。"劳人续云："莫作楚囚相对泣，一杯且吊旧江山。"

于时访友事暂告一结束，所居在越王台下，古意动人，乃大恣览景兴会，或与便友或独游，如睡佛楼、菩提树、五羊石、六榕塔、铜壶滴漏、花肄珠江、史坚如墓、金娇墓、黄花冈、红花冈、息鞭亭、白云山诸名胜，与夫先施、大新游戏场，并士敏土厂、元帅府及国会议员公寓之海朱［珠］酒店等，无不任意观览。亦曾参观两院联席会议一次，纷扰不振，复以为忧。后与邹绍庭在海珠酒店狂饮数次，因戏题一诗云：

几回狂醉海珠楼，忘却人寰满眼秋。

难怪当年蠢天子，居然自命曰无愁。

后复与绍庭放小艇游珠江，是夜风月双清，并唤某妓侑酒，不觉顿生感叹，所谓“笑筵歌席反惆怅，明月清风怆别离”。诚不免有此况味也。因得句云：

漫道花前食荔枝，风流难学少年时。

飞红满眼谁为主？深夜凄凉理素衣。

意怜妓多而无主也。一日在长堤闲步，顿生出世之感，并预为想像精神归宿处，随得句云：“我家在何处？我家在沧州。沧州何所有？秋云秋水秋。”复联想到睡佛楼、菩提树，乃更填《青玉案》一阕云：

平生认定牺牲去，凭血性、寻挥处。成败悠悠何所计。白云深际、杜鹃啼月，一例行吾素。　　箫声渺渺穿云雾，剑气纵横舞当路。沧海毒龙知几许！披肝沥胆、从容一战，踢倒菩提树。

予意主信佛而复无佛也。后复与徐镜寰往韶州游览风采楼、风度楼，并访周子贤于滇军幕。晚宿小艇，饮酒玩月，并赋诗云：

我为民灾心胆怯，马走天涯应未歇。

今宵难得故人俱，高咏曲江江上月。

旋回广州，或与诸友并伯挺家人戏竹雀消遣，或稍涉书报，忽忽已数阅月矣。伯挺并曾约各面好友并予大设宴会于荔枝湾，痛饮深宵始散，一大乐事也。旋复与徐镜寰访悟元和尚于白云山，别时赠以句云：

昨日上山来，白云满胸臆。今日下山去，红尘最深处。

旋复予与黄霖生等参与广州国民大会，遇雨遍体为湿。时在八月，陈其尤复电促予至潮共事，正在迟疑，排日风潮愈紧，留东学友为争军事协约归国者已达数千人。马鹤天亦归沪与诸学友倡组《救国日报》，彼被推任主撰，促予返沪计划一切。予以时沪事较潮为重且急也，乃辞其尤并告别伯挺与粤中诸友，即乘轮经香港，以黎作球之绍介访△△△，后遂返沪，会晤鹤天，乃寓《救国日报》，同从事文字生涯矣。

于是遂将粤轮中所草粤游百韵略事推敲，首发表于《救国日报》。诗云：

毒龙起沧海，天翻并地覆。兽欲陷人心，纵横争逐鹿。坦荡一书生，别爱阳春曲。不问知者稀，惟以慰幽独。惯作逍遥游，随缘到南服。高歌宴清夜，良友意优渥。按剑观友生，教战气雍穆。潮阳访同调，相期甚敦笃。探病驻莲池，红流入幽竹。将星陨衡岳，怀想一为哭。三河览形势，将军阵容肃。返棹失黄冈，潮汕风动烛。欲去仍徘徊，相知费催促。一夜越风波，寄居港山麓。英人俨雄飞，华人尽雌伏。雪窖走阴雷，荒邱种寒菽。独酌怀伯先，凄怆泪盈腹。驱车赴羊城，千里江山绿。入境骇奇观，银牌喧赌局。锦绣长堤路，良朋见招嘱。移居在书斋，风景尤清淑。咫尺观音山，越王台在目。停骖感疲困，一药一馆粥。信宿神复完，潇洒理衾幞。手弄团圉扇，纵游称所欲。铜壶固云奇，六榕亦殊俗。参拜睡佛楼，铁船解神卜。更仰菩提树，依稀见金粟。谱翻青玉案，填词志归宿。五羊今不存，空有石蜷跼。缅想史先生，少年怀惨戮。蔓草秀如兰，遗容慕芳躅。言入黄花冈，使我泪堪掬。肝胆照乾坤，乱骸同一幅。更有红花冈，荒塚听樵牧。不如金娇墓，过者惜罗縠。感此伤厥心，矢志修日录。趋向失所尚，亡种先亡育。新交与故交，后先笑相逐。纵谈天下事，互为天下毂。离丧多哀音，穷愁千万斛。欢会荔枝湾，兰桡争往复。妙女恣丰韵，卷衫红映肉。月午河欲斜，豪饮失文缛。珠江罗画舫，有女颜如玉。电火耀明星，莺声满朱幄。杉面多楼台，烟草细如褥。花埭众香国，征衫染芬馥。从戎两豪士，邂逅诉辛碌。把酒登大兴，叹世宁耕劚。或屈羊城院，抚髀空击筑。闲闲过先施，珍玩如云簇。间有景中人，娉婷十五六。几许游冶郎，追欢等桑濮。遥想白云山，爽然若新沐。假道息鞭亭，荷花怒秾郁。山谷埋幽塚，谁某曾赋鹏。一枕清凉梦，尘襟滌飞瀑。去去曲江城，三两遇戎束。果否两将军，召虎与方叔。层峦零乱起,流水势回复。醉倒青梅酒,高咏拟淇隩。
风采又风度,危楼两相矗。展转海珠楼,酩酊歌雒鸽。河南元帅府,
帅去遗空屋。政务七总材,真才究谁属?间关两院会,愿言重民福。
国民大会场,民气等初旭。人定终胜天,沐雨如鸟浴。安得遍中原,
军纛成民纛。燕市狐虎群,不知有羞辱。裙钗新议士,鸡肋忍鞭扑。
东倭幸灾祸,投资施鸩毒。狼子太野心,意我三韩续。何以策兴亡?
兴亡如转轴。中美俄同盟,桑榆罪堪赎。迁都认武昌,一劳听瞻瞩。
民主耻独为,悲悯各民族。新新亚细亚,我华认忠仆。是非判存废,
非者终颠仆。内忧与外患,双眉累攒蹙。劳想惊斑鬓,临风羡黄鹄。
有友顿离群,修真白云谷。怀此再登山,身轻如野鹜。僧朋概贤达,
流霞消暑溽。就中有灵崖,安期藏玉箓。攀援到九龙,清泉若春醁。
夜宿观音堂,参禅把经读。贱子邀神眷,连宵风拔木。慷慨歌大风,
浮生悟焦榖。梦寐见儿女,短刀相接触。自知尘债深,下山赤双足。
短褐摄须眉,腾云骋驿騄。红尘是仙乡,红尘抑地狱?回首一惆怅,
韶光隙驹速。四海多秋期,伫看信黄菊。回轮一何乐,吟哦与枕曲。
三五月明中，百咏漫云熟。行行重行行，浩歌还沪续。

时徐世昌正有就任非法总统之势，乃草一总统赞，斥其寡廉鲜耻远过于冯可道，结语以猿子枯骨精目之。又适得汤季武在美洲被理发匠某刺死，刺客并自杀消息，遂又草一理发匠赞，以比聂政，认为遥遥数千年，大地两奇侠。二赞同时发表于《救国日报》,为予在救报持论之起点。非乐以讦为，直为政治革命潮中尽予能力所及，维持一二正气于不坠耳。是时祸福利害，固予所不当计虑者也。

旋马鹤天绍介黄日葵相识，所见略同，后遂深晤，并加入新亚计划。风雨联床互相砥砺,甚乐也。鹤天旋又绍晤刘泗英,复一见如故。因童季龄、张与偕早曾函绍吴碧柳为志友，彼此通讯数次，尚未晤面，碧柳复转函绍刘泗英,泗英与碧柳亦尚未相见,而予乃先见泗英,所谓中心藏入已久故也。

遂告以新亚计划，无不同意。鹤天复绍入陈愈武，并一面与黄日葵、刘泗英等并予筹商附设上海神州学会支会，联络各面进行。时王宏实、曾慕韩均在报社相识，慕韩见予粤游百韵更为许可，彼固善诗者，时彼正草《中国青年》一文，约数万言，畅论一切，日在救报发表。旋黄日葵亦续发表《日本之危机》一长文，亦约数万言，痛陈日本乱机四伏。张德秀时间关到沪密计一切之余，复与赵榕庭并在救报助理编译。榕庭后由德秀绍为新亚同志。蔡北仑、申月庐亦复在沪时相过从，挚论宏议，时相激荡。予乃文兴大作，遂于双十节徐世昌就非法总统任时草《救国的方法》一文，约数万言。鉴于教育普及为必要，以陈独秀等提倡白话为当然，遂亦用白话文逐日发表，认农工商学为主体，认军政为附属物，大意不外鼓吹新亚主义与大同理想，并以取消徐世昌非法总统为先务之急。复发表正名定罪一文，历论袁世凯、黎元洪、冯国璋、徐世昌、段祺瑞之罪状。凡此皆秉笔直书，尽予言责也。

时梁启超又适作《欧战回顾谈》一文，揭载京沪各报，且责且颂段祺瑞参加欧战之主张，终以主动参战为己一人之功。予乃复草文发表，以驳其谬。盖参战之主动者实为汪精卫，而按以当时国势及因参战而所发生之恶影响，究为功罪参半，实无功也。矧段氏梁氏与乎。恶其欺世惑人，恐垂遗祸，故不得不驳而正之。

时张梦九、周太玄亦由北京李守常早绍为同志，函告后梦九来报社晤叙甚欢，并随绍见周太玄，当然一见如故。复由梦九、太玄并约曾慕韩、王宏实、罗素则先后深叙加入。太玄并绍入李幼椿。时张德秀复绍入吕运亨。于是张德秀、吕运亨、申献民、赵榕庭等共同约集朝鲜旅沪志士男妇约百人，开一大会于某校内，并约予与张德秀往演说新亚主义大意，甚为欢洽。会场中有朝鲜少年王雄者因特访予，请为绍入军校学军事，旋由张德秀亦绍为新亚同志。予乃为访刘刚吾，告以新亚计划，并同意加入，刚吾乃为王雄绍入贵州讲武堂去矣。时蔡北仑已返台湾进行，申睆观则往广东向国会运动朝鲜独立事，赵苏昂则往返东三省与北京间，张德秀则在沪与予计划一切。

后何相衍亦由北京军校来沪养病并商进行，乃感赋《相怜曲》一诗云：

闻道韩亡两人杰，安公重根罗公喆。或为慷慨毙元凶，或为从容自引决。从容慷慨无轩轻，机会不同同殉节。悠悠生死奚足论，遗恨空存铁与血。为奴为婢为牛马，山河破碎金瓯缺。檀君黄帝等兄弟，棠棣花残互幽咽。我从东征返征辔，曾驻京城踏冰雪。悲歌一曲明月楼，相怜同病河梁别。驱车惘惘出安东，满目疮痍倍凄切。人间痛毒有如此，剑气纵横肝胆裂。君不见，楚虽三户必亡秦，同仇更缔同心结。安罗魂魄今犹在，分道扬镳竞芳烈。

时黄日葵因争约归国不再东渡，乃转入北京大学肄业，并物色北大同志。别时惘惘，乃书赠诗以为纪念云：

豺狼逐逐阴霾起，同学三千愤欲死。奔走呼号遍南北，旗帜鲜明存一纸。我时南服逍遥游，声应气求忙到此。不作悲观作乐观，相逢一律风云士。就中抚△读危篇，纵横浩瀚数万言。非侯寻常论郛廓，知己知彼策万全。英姿飒爽年三七，风雨联床为太息。家丧不赴婚不婚，转学京华谋救国。敢云惺惺互相惜，天生我才有天职。临歧莫作儿女悲，分道扬镳各努力。西风黄菊一高歌，转眼前途满春色。

马鹤天是时亦以积劳成疾，咯血数次，且父老多年未见，促归甚切，乃与黄日葵同行，分途返晋，并赠以诗云：

我来君又去，难得为欢处。君今竟咯血，想见中心热。长途愿珍重，免我肝肠结。君去何时来，秋风盈我怀。临歧怕留恋，岁寒重相见。

申月庐旋复绍入罗剑仇、罗端侯为新亚同志，旧友杨少炯、李风亭复先后到沪晤叙加入。又直访周用吾深叙加入。旋金仲文由美洲来沪，张德秀绍见倾谈甚洽，欣然加入新亚计划，并郑重绍介李承晚、朴容万、安昌洪等，李、朴、安时尚在美洲也。仲文旋赴巴黎运动欧洲和会谋朝鲜独立事。时周太玄亦与李石曾、李幼椿赴巴黎筹办巴黎通信社，予乃绍见金仲文同行，并共担任进行新亚计划。一日特约金仲文、张德秀、吕运亨、赵榴庭、周太玄、李幼椿、张梦九、曾慕韩、黄啸崖共宴于岭南楼，互叙一切。王润玙亦由李守常绍为同志，适到沪与会。予曾口占数语以志念云：

> 岁暮冰霜结，奔走无休歇。高会岭南楼，义感中心热。前途万里长，把酒祝兴灭。

旋申献民复约章太炎、汪精卫、张溥泉、金仲文、张德秀、吕运亨、赵榴庭并予宴叙中韩关系，予乃并向章老太炎与精卫、溥泉略述新亚计划，并期互相指助。后周太玄濒行，予复约张梦九、曾慕韩、黄啸崖、周用吾等饯别，并书赠一诗云：

> 张郎告我有周子，好叩玄关听天语。相逢一笑未多言，兰雪清风倾倒已。也随同调事游戏，日日挥毫明国耻。数月褒讥老吏严，三八雄姿少年耳。心纯行洁主慈爱，肝胆相看无间矣。横流沧海浪滔天，离合风云思黯然。学事兼筹走欧土，分担道义在双肩。历落芳踪驻何处，自由花发当头路。愿言采撷愿言归，白发簪花深所慕。尤期十万苦华工，解赋无衣歌五裤。

后太玄语予新亚计划当为过渡方法，予固不言而喻，莫逆于心矣。时李伯芹亦曾过沪一晤，仍旧东渡留学。张伯鸥亦由日本归沪，晤叙加入。张秉文复函绍李剑农访晤加入。谢扶雅亦加入并绍入其弟△眉，复间接绍入谢强么，强么复绍入陈维新。李大年复先后绍入龚心印、朱侣云。后邓子永亦由日本归沪，晤叙加入。而易梅园、林伯渠、荆植薪亦复先后由湘粤到沪，时相过从。时在民国八年春，何相衍在沪患咯血未愈，而洪斗杓早以咯血死，顾铁生又以咯血见告于金陵师范，马鹤天系以咯血回晋，姚净生、易梅园、高亚东俱曾患咯血症，黄国臣又忽报金匡一以咯血死于北京医院。故予有特感二语云:“知友年来多咯血,此身侥幸尚顽强。”心绪殊恶劣。重念匡一以安重根第二为志者，不幸遗恨以死，特为一诗以哭之云：

寒云万叠凭空起，黄郎报到金郎死。漫道交游满天下，如此相知能有几？忆昔相逢在离丧，无谄无骄互相尚。不才一念为怜才，谁知历历皆冤瘴。经营惨淡记申郎，险阻艰难到故乡。为孝为忠辞老父，山长水远路茫茫。京华历落无聊处，我幸停踪复相遇。为君迭作名园游，严子同盟岁云暮。殷勤告我心如箭，何日离弦雪长恨。寒宵急访熊与周，为重英雄谋赠剑。投却毛椎事行伍，转嘱俞△荐东鲁。纷纷事变复归来，郁郁终朝万千苦。我时南赣漫淹留，雁杳鱼沉春复秋。浪迹羊城孕云降，一纸能消万斛愁。因知转徙留燕赵，盘马挥刀耻牛后。相期叱咤走三军，满祝须眉展长啸。我倦南游还歇浦，张郎密计终相许。从违不一何与洪，一律金郎素知己。方期日远聊停顿，未卜英雄动孤愤。忽云咯血忽云亡,死别吞声把天问。浮生如电刹那收,躯壳休论短与修。终期待我沧洲会，云闲天淡日悠悠。

旋复乘车离沪往宁，道过苏州，入城访朱重明。重明本在沪晤叙并加入新亚计划，时在苏城师范任教授，会晤后复绍见其友生数人同游虎邱诸名胜，乃题《苏游感赋》一诗以纪其事云：

自笑飘蓬无定处，驱车又往金陵去。假道姑苏访友生，南国名区今古慕。裘带飘飘美少年，相陪共济胥门渡。临流遐想吹箫人，仿佛秋声起天际。观风问俗行复行，无意相逢五人墓。一番凭吊一低徊，平民敢触权奸怒。沿溪直到虎邱山，远望狮峰隐烟雾。曲径通幽幽复幽，千年古迹不知数。暖香阁畔瘗真娘，白莲池上点头柱。虎邱闻道伯虎书，剑池果否鲁公字。二仙亭下少踌躇，更上层崖瞻佛寺。回栏绕遍望苏台，城堞连云锦花布。姑苏台上扫蛾眉，想见西施昔人妒。浮屠高压吴王坟，神工鬼斧策牢固。工成杀匠满千人，千人一塚传惨事。民权万能君权死，而今岂可道里计。谷口空埋试剑石，憨泉毁败生荆刺。鸳塚鹤塚究何在，人禽一律委风露。生公髯公弥渺矣，俯仰乾坤去来住。归途放浪走阊门，芳草王孙惹春思。车如流水马如龙，笼柳娇花恣豪富。骑驴逐队穿街巷，绿意红情满相遇。长空黯黯起彤云，古寺流连日云暮。吴王宫殿一经过，数点寒鸦着枯树。道山亭并沧浪亭，毕竟高贤异风度。先忧后乐范希文，如此人豪概天赋。有余未尽愿重来，拜墓他时香一炷。寒宵对饮意悠悠，更把襟怀互相诉。探亲访友意悬悬，明朝冒雪取前路。

复赠朱重明一诗云：

时危当道满豺狼，国恨家忧倍感伤。风发鹡原歌急难，梦寒鸳枕痛逃亡。倚闾老母发垂白，负襁婴儿口尚黄。难得蒋姑能慕义，力排流俗嫁朱郎。

翌日乘车赴金陵，值大风雪。入城探顾铁生病状于南京师范。旋出西门，谒见约叔与诸商界旧友，盘桓数日。复入城访刘老沛然夫妇，遂与其长郎伯民晤叙甚洽，并订为志友。复访王民辉并绍入章鉴、赵哀猿。复访桂圆成于金陵刻经处，并会欧阳竞吾，略问佛理。欧阳乃桂老伯华惟一之佛友杨仁山老人之高弟也。旋复游绕台城、鸡鸣寺等名胜返沪。曾有《金陵杂咏》一诗以纪其事云：

千里关山满风雪，零乱须眉寒恻恻。台城俯瞰秦淮河，良朋卧病秦淮侧。积劳咯血应怜念，幸得相逢坐相悦。母校思量百感生，只鸡斗酒话离别。明朝蹈雪过园林，满树梅花散香屑。凌空挺挺岁寒姿，虬干垂青六朝柏。城西迤逦思悠然，览景逍遥陆地仙。亲友相看情切切，飞觞醉月竞开筵。荷花池畔偶游戏，呖呖莺声落管弦。十年旧迹无何有，琴剑飘零牛马走。一番欢笑一伤神，几辈朱颜成皓首。莫愁湖畔一经过，惟见残荷伴衰柳，城南城北更城东，问友寻春类转蓬。风前月下增惆怅，玄言哲理笑谈中。中怀缱绻难忘处，徘徊复往台城路。嶒嶝绕上志公台，高耸云端同泰寺。梁武当年曾舍身，放下屠刀称顿悟。万方多难此登临，狐虎豺狼不知数。危楼兀坐悄凝神，仿佛天仙隐云雾。胭脂井水九华茶，齿颊生香胜甘露。石头城下弘武湖，阵阵渔舟起飞鹭。卧龙跃马终黄土，紫金山压朱明墓。王谢堂前燕未归，佳丽空传桃叶渡。五凤桥头水不流，血迹殷红传往事。雨花台畔万骨枯，扫叶楼寒僧不住。浮生百年殊梦耳，古往今来概如此。斜阳寂寂照疏林，天何言哉我何语。去年曾忆彭郎俱，三台洞壁漫题诗。如流日月真愁绝，渺渺予怀云树低。独自行来独自去，馔罢青蒲日已暮。脑海频回黄浦潮，再谪尘寰了尘务。

时在民国八年春也。抵沪后晤叙李亚先加入新亚计划，并绍入夏慕尧。慕尧复绍入△△△、王雅桥亦晤叙加入，并绍入丁季衡等，旋复与王雅桥、李大年、朱侣云计划一事失败，多生波折。时马育航由粤来沪相见甚洽，亦加入，旋别去，赠以诗云：

久慕真诚士，征途万里长。邦家丁丧乱，肝胆更芬芳。天地多荆棘，风云尚渺茫。相期珍玉体，别意寄河梁。

加巴黎和会《满江红》词一段：△△△△△（原文略）。时张明权亦加入，并绍入陈抱三、尤励民，程天放早由孙镜亚、刘养源绍入。至此亦时过从。陈芷汀亦晤叙加入。丁兰君复绍入谢镜明等，雷听秋复绍入何乃人、董约翰，乃人复绍入罗士安、马宗△。旋以丁兰君葬父于西湖，曾因送葬游湖二日返沪，有余未尽也。

时留东学界中韩同志频有排日举动，并与日警冲突，中国学生受伤且被拘囚者数十人，黄霖生、姚净生、龚次筠等尤为急先锋也。次筠亦早由净生绍入者。后以白旗在东京驿送卖国贼章宗祥回国，皆足震动世人耳目，发挥留学界之精神。韩国同志亦大有跃跃欲试之势，已有独立宣言发表矣。张德秀即告予日事急矣，吾当东渡猛进。予以此时沪事与君身甚重，行且多危，劝稍缓再酌。彼以此时此行非彼不可，乃只得忍痛听其冒险而去，书赠数语以志慨云：

皎皎一寸心，同怀千载恨。大海鼓洪涛，肝胆常相见。

后果由汉城至东京被日警捕解汉城入狱，以种种刑讯逼招，终不吐实，仅认一己为独立运动者，听其生杀。日当道终以名望所系，不敢加害。旋汉城孙秉熙等三十三人亦以宣布独立被捕于明月楼矣。于是韩国人士逃亡来沪者日众。李守常、黄日葵复先后发表新亚主义文字于北京大学国民杂志，予亦在《救国日报》迭为呼应。赵苏昂亦遂由东三省来沪与予计划一切。予乃移居宝康里某号，一面与易梅园、林伯渠、荆植薪、邓子冰等进行神州学会，一面与韩国同志迭为往返相机策应。旋与梅园等细商一切，梅园主张将党旨字句缩短以便记忆，乃按党旨大意改订“民族平等、国家平等、人类平等”，后征集各面同志意见，咸以为可，遂永定焉。时杨少炯并先后绍入罗劲夫、谭理鸣，易梅园复绍入周平卿、陈中孚，荆植薪复绍入△△△，旋复约赵苏昂、易梅园、陈中孚、周平卿、罗劲夫并予会于徐园密计本部一切。于是苏昂乃介绍平卿往吉林教韩国同志学制弹药数十日，甚为辛苦。时韩国志士徒手革命而被囚且毙者不知几千几万人，杀人以救人，平卿此行实侠而仁也。旋赵苏昂复与予切商在沪组织大韩民国临时政府事，予始以先实后名从长计议为妥，后苏昂复征集韩国各面同志意见，终以一致主张从权组织较易号召国内，并更便于外交。予与易梅园、张梦九中国诸同志当然大快赞助进行。遂于三月一日宣布大韩民国成立，大纲首揭载明传播三平主义，党名则仍隐而不显也。

时尹显振亦到沪，并绍孙贞道。何相衍则正患病未愈，张德秀则在汉城狱中。旋发表大韩民国临时政府人数，李承晚为总统，李东辉为总理，赵苏昂为国务院秘书长，金仲文为外交总长，李东宁为内务总长，李始荣为财政部长，东宁、始荣后均由申晲观绍入新亚计划。晲观时为众议院副议长，孙贞道为正议长。后改组，申晲观为司法总长，金仲文改学部总长，朴容万为外交总长，吕运亨为上海民团长，借以想见诸同志辛劳矣。于时中韩同志往来如织。旋赵苏昂赴法复代表进行，予乃绍介何乃人等同行，拟定数语赠别，临歧人事扰扰，以致未便书赠，其诗云：

千辛万苦来，与我结同好。临歧无别语，努力牺牲道。

后吕运宏由美来沪，由吕运亨绍入为同志。乃约吕运亨、李剑农、王宏实、曾慕韩、张梦九、罗季则等话别，并函绍周太玄等互相进行一切，时正春夏之交也。崔馨山亦晤叙加入，陈中孚、周平卿并绍入黄石菴，邓子冰复绍入黄申芗。冯裕芳时亦到沪，并绍入朱隐青。各地排日之风日炽。迨五月四日而北京学界如火如荼，焚曹击章之烈举作矣。予时一面在《救国日报》草文鼓助，一面以神州学会代表名义与上海各界人士提倡组织国民大会，随与大会诸同人质问南北议和代表唐绍虞、朱启铨非法大借款。一切并随多数人后，主张电巴黎和会，争中日军事协约并山东问题等。继以留法学生复厄阻陆征祥、顾维钧、王正廷等，幸以拒签和约告一段落。周太玄等是时在法苦心运动当可想见矣。而北京学界已被非法当道徐世昌、段祺瑞横遭捕辱，不知其数。于是全国风潮大起，京沪以及各地罢学罢市罢工举动日有所闻，互相声应。而北京大学学生五四首义之许德珩、陈宝锷、黄日葵、周枚荪、康白情等始幸脱险而出，复到沪奔走各面。而留东学界亦复选派代表回国号召一切。刘泗英、姚作宾、刘振群等皆代表之一也。而上海复旦大学生程天放、孙镜亚，震旦大学曹德三、马思齐等亦复大为运动，而各地学界亦多派代表来沪。于是全国学生会与上海学生会同时并立于黄浦滩头，全国学潮遂定基于此矣。旋由黄日葵绍见许德珩、陈宝锷、周枚荪、康白情，当然欣若平生，概欣然加入新亚计划，时相策励。时刘振群亦晤叙加入，刘泗英、张梦九复绍入姚作宾，泗英、作宾复同赴四川运动。乃书

《蝶恋花》一阕赠别泗英并致吴碧柳，因碧柳生平志在诗人，其诗本成一派，尚未谋面也。词云：

去岁初逢黄歇浦，默默相看，料到心相许。曾托胆肝相与吐，今来百感堪无语。　　若往西川逢杜甫，为话书生，共把尘寰补。游戏休论飘泊苦，会须谈笑空今古。

复书《卜算子》一阕，赠别姚作宾并序云：

作宾在日本因公入狱半载甫释，而排日问题适起，复与泗英代表同学返沪入川，以谋救国，人道所使也，感赋以赠。

狱卒厄奇男，块垒盈怀抱。话别枭邻百感生，一向非人道。此去入西川，想见哀猿闹。何日重逢大地春，共把金樽倒。

时陈其尤在粤军中来函绍介马思齐访晤甚快，加入新亚计划，并绍入马毓清，思齐旋告别赴法留学，曾书赠《蝶恋花》一阕并序云：

思齐肄业上海震旦大学，毕业仅隔旬日，适山东问题发生，主动罢课奔走呼号，因被校长革出，乃慨然弃校而去，将由粤之法。乃父育航先生时任粤军总参议兼署潮梅督办事，早为同志也。

屈指同人君最少，二八英姿，纯笃如耆旧。一霎狂风惊拂袖，昂藏矫健神明胄。　　若到潮阳修省候，为问高堂，果否三军就？当道虎狼惟决斗，同袍且把中原救。

旋陈芷汀复先后绍入曹德三、李砥中。时许德珩、陈宝锷、周枚荪、康白情、刘振群复奔走无定。黄日葵亦小别回京校，随书《白香词谱》以赠云：

多情如我辈，著意惜残红，残红本鲜艳，兴衰一贯中。河梁满惆怅，遐想逐飞蓬。

程天放旋亦告别回赣一行，持扇嘱书，遂欣然书赠数语云：

沧海正横流，回澜在同调。不为文文山，不为郑思肖。天马各行空，襟怀永相照。

时罗季则亦告别回湘作留法计，晤商一切后，并赠《蝶恋花》一阕云：

> 欲把金樽聊写意，为怕行人，块垒填胸臆。底事匆匆挥手去，予怀渺渺潇湘雨。　等是飘零无定处，南北东西，一律天涯路。休向风前嗟柳絮，相期百载同朝暮。

是时各面同志去来无定。申月庐、李风亭复由湘到沪，熊琢如亦以予嘱托并携道梁返国，改定留法方针，共寓于神州学会事务所。道梁旧病全愈，尚形沉静，予心为一慰。一日予与月庐、风亭及道梁同游半淞园小饮后题句云：

> 尔我经年别，风云变幻多。一樽离乱酒，聊以当悲歌。相期魂魄外，把笔醉婆娑。

予不知何故忽得“相期魂魄外”之句，更不知不详之兆已伏于此矣。归寓后嘱道梁作半淞园游记一文，亦尚闲适可喜。旋即嘱道梁随熊琢如返赣家，予后旬日亦遂暂作离沪计。易梅园乃约陈中孚、周平卿、罗劲夫、罗剑仇、申月庐、杨少炯、李风亭诸同志为予在禅悦斋话别甚快，曾即席书句以为纪念云：

> 坐我禅悦斋，酒醉清风发。相期万载春，何生复何灭。

旋即乘晚车赴宁，张梦九送至车站，叮咛握别。翌日到宁垣，访刘伯明略叙一切，并以梦九绍介访晤左舜生，加入新亚计划。业随乘江轮至浔登庐山，历游牯岭莲谷，出入云雾，真有所谓飘飘欲仙者。欧阳永叔（应为苏轼）有诗云：“横看成岭侧成峰，远近高低各不同。不识庐山真面目，只缘身在此山中。”今身历其境，始信古人不我欺也。复以梦九绍介访蔡苏娟于牯岭山庄，幽雅绝伦，高谈阔论，快晤一切。时并有某西女教师在座，和蔼宜人。此乐洵非红尘内所有。后函报梦九此景此情，为称大快云，以梦九尚未直晤苏娟也。后匆匆下山，对此高人胜景地，犹有余恋。后乘火车至南昌，宿朱群均家，旋即乘小轮到樟树，过姊长家略息，便抵家矣。

时约叔与二弟正民在吴城一带，惟三弟毅民与道梁在家，其余长幼均平顺，时正盛夏也。乃与诸戚友酬酢，后日与道梁辈或论古今事，或随意闲叙，或翻阅书史，幽居乐事，亦殊不可多得。此予湖海归来，骨肉重聚之梦又当告一段落也。

旋以族中父老议修谱帙，公嘱任编纂之役。窃思家族制度本不能长存，但适此过渡时代，殊难以家喻而户晓。加以桑梓关系，恝然不问，中情终有所不忍，只得随存改良之意，发挥进化之理，庶于大同思想，当亦不相刺谬。适杜师玉方旋里，乃以首序请托杜师，自任以次序，其文云：

> 为人子者，当志在天下，安事一姓为也。然希文范老"先天下之忧而忧，后天下之乐而乐"，而赡义田于宗族，尤汲汲焉，盖修齐治平之道一以贯之。物有本末，事有终始，知所先后，则近道矣。欧阳公德业文章满天下，而创修族谱兢兢业业，胥此意也。粤自我祖德现公定居东里以来，历世三十，历年八百，其间忠孝节义之子若媳彪炳省郡县志者，代不乏人，科名显达犹为余事，我后人当如何朝夕追思？所以继志述事，庶几无忝所生也。虽然，抑又大有感焉。黄老兴而孔孟继，百家并举，学说愈众，真理愈明。周秦尚已，迨至汉武，君威愈大，董仲舒坚持己见，儒术偏尊，渐至变本加厉，顺君为忠，以政令教，相袭成风。夫父往往助君为虐，三纲之说用著，于是臣与子若妇死无死所者，不知凡几。历汉而魏而晋而唐宋而元明清，其中重以腐儒禄蠹之推波助澜，势不可遏。三纲之流毒殆甚于洪水猛兽千百倍，而惨淡尘寰寞然罔觉，竟不知真理之果何在。是岂仲舒辈所及料者，可胜慨哉。所赖物极而返，时移世变，民国肇造，民权万能，而君纲以折，父子夫妇之间亦因而互有相当之职责与权限，各行其心之所安，概无事乎假借与勉强。三纲之理大有足研究者焉，居共和之世宜然也。于是读我忠孝节义之谱例，不禁肃然以警，悄然以思。俯

仰千秋，实不无难言之隐痛在也。昔者卢骚之论教育云，人性本善，社会使之为恶，慨乎其言也。东海圣人西海圣人心同理同，良不诬也。若夫巴古宁、马克斯辈之所主唱，其超越家族国家两主义外，究与黄老学说多相出入者，果新耶旧耶？为人子者当不可忽孝思，进化又即返朴还纯，想亦为我先人所愿望而不容讳者。是则修谱之微意而愿与我族父老兄弟共商榷而交相勉励者也。至此次支族同修者，长湖、仙田、漳坑、槎炊、富广、塘观前、沙溪、黄富、院上也。提倡检校辛勤为最者，皋彩、凤祥、鹏之诸族老也。慷慨解囊捐助为多者，同道、斯言、鹏之、修恒、则程诸族俊族长也。谨序。

谱事开局后，道梁亦曾同在局中助理，时文笔山祖茔先父坟前岸地为春水冲塌，乃与三弟毅民及道梁鸠工往修数日。曾题一诗以为纪念云：

墓道纵横百草青，天高日迥紫云生。传家书剑今犹昔，裕后箕裘久更新。满地稻香歌大有，一江秋重伏宏声。儿孙好把如椽笔，道义文章百世鸣。

后至深秋，乃偕道梁并王甥化昌离家赴沪，因王甥亦曾略患神精病，意在外游解其郁结或就医治。江轮过孙夫人庙时颇为歉疚，因前此立碑之愿暂时不便履行，潜心默祷以待异日，亦未将此情节告知道梁，予心终不能忘，不忍自欺故也。迨抵沪后，与《救国日报》诸同志张梦九、王宏实、温晋城、姚作宾等同居华盛顿里，一面重理文字生涯，一面与诸旧友新交相接洽。道梁则在华法教育会学法文作留法计。化昌则同往神精病院一视，后随意阅书或外出闲散，病已日愈。时予意亦良适也。

但予此次在家时曾得一梦甚异，每一忆及辄为骇怪，仿佛祖堂前门为洪水淹浸，有一蛇从水中来，身不甚大而却甚长，蛇耶龙耶？其时若不明真相也者，在祖堂前一绕而去，水亦随之而退，却于祖堂前大路泥水中拖留一横痕迹。醒而惊讶，历历未忘。予非至人，向多幻梦，但从未有若此梦之更足以动予神舍者，因断其必有应兆。间或疑及己身，以为此次外游恐不免有性命之虞，修谱一事，意者殆亦略留痕迹之类欤。然天寿不贰，修身以俟之，终当顺受其正，不以为忧也。

时易梅园正在神州学会事务所，一面创刊《上海晚报》，与《救国日报》间相呼应。适旧重九节与张梦九游半淞园感题数语并示梅园云：

你我来天地，中怀多感伤。风云乍离合，振翮互翱翔。慷慨丈夫志，从容观四方。登临一长啸，沧海正茫茫。

时程天放、姚作宾、康白情、王德熙、周公谋、孙镜亚、刘振群、刘清扬、黄宗汉、程孝福、黄璧魂、张笑菱、黄申芗等或在上海学生联合会，或在全国学生联合会，或在上海各界联合会，或在全国各界联合会，或在上海女界联合会，或在中华工业协会，分头运动进行各面事宜。申睆观、李始荣、李东宁、吕运亨、赵榴庭、洪震义、尹显振等亦积极进行大韩民国独立事，予亦间尝接洽各面共策一切。黄霖生复函绍彭湃晤叙一切。邓洁民亦适由哈尔滨来晤商一切。常策欧复由北京过沪留英，晤商进行办法。吴碧柳时亦由四川来沪快晤后遂加入新亚计划。陈其尤亦由漳州来晤一切，并随绍入周叔楷、曹志远。复展转绍入梁乔山、汤寿军。崔心山复绍入宁绍卿等。许德珩、陈中孚、周平卿等亦复先后来沪。时俄国广义派亦有来沪消息。陈中孚更复促予从速联络，于是乃约集易梅园、张梦九、姚作宾、许德珩、周平卿、陈中孚、申睆观、吕运亨、李东宁、李始荣等会于宝康里某号宴商一切。遂复按集各面同志意旨，议决将△△△△△（新亚同盟党）党名改为△△△（大同党），以便扩充范围，容纳欧美人士。然党旨仍旧为“民族平等、国家平等、人类平等”，毫无变动。并决定党证党帜暗号等办法。遂一面展转报知各面同志，咸以为可。时在民国九年正月三十日，即新亚纪元五年，又即认为大同纪元五年也。

后姚作宾、康白情遂先后绍见刘清扬，快晤后加入大同计划。复与许德珩访晤程孝福加入。易梅园复绍入张孝准，申睆观复绍入申翼熙。王德熙亦由王润玙函绍至此，亦直晤一切。一日遂嘱赵榴庭转致吕运亨速探俄事，旋运亨告予有广义派由日京被迫到沪，可与接洽。予遂与运亨欣然而往某法旅馆，互相握叙，甚为壮快，其人即博达博夫是也。后复妥商多次，所见概同。予乃特约易梅园、张梦九、陈中孚、周平卿、姚作宾、许德珩、覃理鸣、汤寿军、申睨观、吕运亨、李始荣、李东宁、申翼熙等大开宴会于大观楼，欢迎博达博夫，畅叙天下事，遂欢然加入大同计划，于是过从尤密。遂展转决定一面由博达博夫先将△△△（大同党）历史郑重电知列宁政府，博达博夫亦定随机返俄策划，一面拟定陈中孚、周平卿、崔心山、姚作宾、吕运亨、邓洁民并予分途入俄筹划。后以俄局时变，道阻且长，计划暂作停顿。姚作宾后以代表全国学生会名义前往，亦仅行至海参威[①]以种种障碍返沪。博达博夫在沪时，陈竞存时任漳州粤军司令，电博达博夫往商大计，予亦从旁促行。后博达博夫与吕运亨商定先由赵榴庭往视一番，再与吕运亨同往。予乃由榴庭转致陈其尤一书，冀其从中注意以坚双方信用，其书云：

> 尊照并闽星早到，瞻读之余，浣感奚似。阴霾之会，得此宏声，大有登高一呼万山响应之势。具见竞公素所怀抱，并见同好奋斗精神，展想前途，曷胜盼祷。顷者俄国博达博夫、韩国吕运亨二君概为紧切同志，迭告弟以金复先生电促赴漳与竞公接洽云云，此真千载一时之盛举亦要着也。弟亦从旁促驾再三，第以博、吕二君在此关于各面负责繁重，匪易启行。加以竞公此举实类招贤，大非寻常可比，似乎宜以币聘方昭郑重，若得足下以代表竞公名义过沪相邀，万善万善。足下素负热忱，义勇精干，想亦不致辞此跋涉也。回忆曩日东居，寒宵共计，恍如旦暮，不胜惘惘。果得足下速来欢晤，尤弟私衷所盼切者也。此间一切多可告慰，不备。附上小照惠存为幸。竞公均此候教不另肃。金复先生并盼致意。

金复亦韩国遗老，亡命中国有年，在北京时曾由陈其尤绍见一面故也。

① 今称海参崴。

时董世显适由东京来沪晤商一切，后遂绍入李镛，复绍入李东辉，东辉系后由俄来沪者。东辉复绍入金立、△△△。复与申睨观、吕运亨等互商一切。旋陈竞存复直电促请博达博夫、吕运亨同往。博、吕决行。遂复约易梅园、张梦九、姚作宾、周平卿、张孝准、刘清扬、王独清、王润玙、汤寿军、申睨观、吕运亨、李东辉、李镛、博达博夫并予大会于大马路某餐楼，畅叙一切。并确定中国方面予有行动时归易梅园驻沪，大韩民国方面归申睨观驻沪，相互主持进行一切。后数日，博、吕遂同赴漳去矣。许德珩亦于前数日赴法留学，并定与巴黎周太玄、曾慕韩等同策进行，并曾在沪绍入张国焘、罗△△，行时曾书赠一诗以志概云：

妖孽横行廉耻死，四亿男儿概为鼠。北大师生独不平，五四风云动寰宇。其中辛苦谁最多，厥名德珩厥姓许。宣言草罢承师教，一笑无言给万纸。回澜壮志金石坚，冲锋陷阵天下先。焚曹击张明慷慨，奇情直薄秋毫颠。军孽如狼警如虎，国士累累系囹圄。平生师友剧可怜，意气相倾泪如雨。同声相应无南北，如火如荼讨残贼。黄浦潮头百丈高，衣冠似雪伤心色。英才脱险更奔号，一往无前百炼刀。五岳风雷起方寸，一身飘泊如鸿毛。风雨为惊鬼神泣，海角书生弥叹息。相逢一曲风入松，格调商量加细密。尘缘百载匪朝暮，骅骝计走欧西路。寒宵对饮意悠悠，无衣赋里别离赋。相期浩气贯千秋，万顷沧波任来去。

时查夷平亦以代表烟台海军出校生到沪，遂由陈芷汀绍入为同志。夷平复绍入△△△。时高亚东则由蒙古探垦回沪，已致复发咯血病，然一面尚商垦蒙计划。《救国日报》诸同志张梦九、温晋城、姚作宾、王独清、朱侣云等并予共议扩张篇幅，提倡新潮，时予遂草《新亚细亚》一文发表，大意谓新亚主义即大同主义，对中国时局谓非法新国会并政府，无论已即合法国会制政府存否将成问题，盖世界潮流已提重社会改革，中国亦当从此由学潮而工潮而商潮而农潮，次第发生为幸，实进化关系使然云云。予对工界情形固正注意时也。

一日黄申芗过予，备述中华工业协会情状，并特约予加入担任进行。予审度再三，乃决意暂复停顿笔墨生涯，从事劳动运动。时在春三月，王甥化昌已早随二弟正民归赣完婚，遂将道梁移入中国公学补习功课，并托吴碧柳、梁乔山等训导，一面仍在华法教育会学法文，候秋间赴法留学。予遂与王独清并移住宏德里中华工业协会事务所矣。该协会原采理事制，时黄申芗为驻会理事，旋黄申芗离沪即以驻会理事推荐予。予后遂提议于大会改理事制为代表制，更易发挥平等精神。由各界推出代表，组织代表会议，复设各办事部，以总务部统管之，另推一人为对外代表。通过后，遂公推予为总务部主任兼对外代表。于是并约刘清扬、张国焘、孙镜亚、康白情、吴碧柳、陈芷汀、汤寿军等加入工会，分头助理，为工学界携手之先声。时彭素民、何无文、周静斋等亦由潮汕来沪，并入工会相助进行，徐药群、张梦九等亦从旁赞助，略有头绪矣。

旋刘清扬拟赴南洋为全国学生会筹款，张国焘亦拟返北大，王独清则拟赴法留学，乃并约予为四人同游西湖三日，以作话别纪念。予以工会事先返。适周枚荪、陈宝锷、康白情、王德熙复到沪，遂并设一大宴会于一品楼，以饯别刘清扬为首。予后曾草《西湖感赋》一篇云：

> 西湖缘分前生结，早岁思游未能得。去年仓卒一经过，百草凋零黯无色。湖滨执绋行复行，丁家父女生死别。凄凉风雨一悲啼，山光惨淡泉声咽。纷纭情绪伴愁人，不算清游泻肝膈。一年容易又东风，零乱行踪类转蓬。知友纷飞等劳燕，欢言作别百忙中。相携共取西湖道，白李红梅映芳草。停车仿佛欲销魂，张郎落去乌呢帽。黄昏下榻湖滨馆，小饮倾壶称所好。春宵和暖奈何天，散步逍遥复惘然。星火二三隐烟雾，颠狂放艇戏争先。笑语相猜无限意，明朝打桨游湖去。糖莲水果满冰盘，细啖熏鱼酌玫瑰。悠然遐想天地开，我为何事人间来。裙拖六幅潇湘水，西子

西湖奚辨哉。及时行乐宜尔尔，且把千秋名迹数。雷峰塔瞰白云菴，三潭印月鸥飞舞。花港观鱼帝子诗，昔时朱玉今尘土。山石悠悠引路长，闲经村落百花香。嶒嶝绕上干公墓，刀着东风未足伤。苏堤白堤满云树，名贤政迹古今墓。折梅赠别宋家庄，林下依依足相慰。乡人络绎争朝拜，茅家埠上灵隐寺。飞来峰下冷水泉，一线天中观音住。转折云崖名佛国，石形罗汉称五百。寺内木雕复相等，鬼斧神工洵奇绝。四相俱无五蕴空，智者神游愚者惑。南高峰对北高峰，莲花龙井间相接。天柱韬光俱未到，三生石复误相隔。下山雨霁日卓午，飞觞鼓棹更何处？岳家父子剩双坟，一时忠孝哀寰宇。纲常名教有推移，是非邪正无古今。汉卿秋瑾与武松，比墓相连义侠同。红颜薄命苏小小，心有灵犀一点通。西泠韵事空陈迹，骚人墨客争相惜。钱塘名士认乡亲，浔阳好友长太息。徘徊展转上高冈，着眼乾坤思渺茫。乱人清兴逢骄卒，几同情怯屈王郎。刘张闵损都无语，我却开颜笑不已。翩翩纠纠两相形，恍若云停与飘举。西泠桥下春波绿，冯家有女颜如玉。孤坟一片傍孤山，鹤子梅妻共清福。临风写景长相忆，返棹三潭有余味。九曲栏杆三角亭，菉竹阿阿春草媚。湖山风雨欲黄昏，须扫巫山一段云。朝云不再琴操查，宾王空此赋离群。楼头数俊谈时务，无端块垒填胸臆。醉卧深宵惊梦回，尘扰先还重计议。归途惆怅忆游踪，犹带清风舞衣袂。一品楼中开大宴，新交旧友风云会。黄家老杇赠呼刘，刘郎别意出游戏。雪泥鸿爪总因缘，漫写诗篇当游记。

时沪上亲俄风说日盛，后俄国劳农政府亦竟通告中华民国国民，放弃前俄一切攘夺中国利权。南北肉食者流不惟置若罔闻，且为怪骇。而沪上各团体则甚形欢跃。乃由全国学生会名义发起，开一联合大会，致电答谢劳农政府主持世界公理，由龚德柏为临时主席。德柏时以留东学生代表归国出席全国学生会之故。予时亦以代表中华工业协会参与斯会，一快事也。

时正四月，因思五月一日为世界劳动节，已风行欧美数十年，而亚洲若无与焉也者。亚洲以中国为最大，中国以上海劳动人数为最多，然鲜有知劳动节之价值者，开会之举，前此固无有也。予乃认为应时势之要求，当极力提倡。遂向中华工业协会提议，邀集上海工界各团体，发起劳动纪念大会。通过后，旋即约定外六工会由协会领衔，先期散布传单，筹备一切。正在进行中，时戴天仇、沈定一等亦正在沪主办《星期评论》，于是日特别增刊劳动问题。陈独秀、李守常等复于是期《新青年》杂志专刊劳动号，而上海各报亦复大相唱和，或准备增刊，或停刊以为劳动纪念。而上海学生又适以国事与军警大冲突，伤学生数十人，距劳动节仅数日也。于是军孽警妖向伪当道徐世昌、段祺瑞等报急报凶，目为工学一致，必将有大暴动。乃大事威压，架炮占阻公共会场，并与各领事办妥交涉，租界内特准中国军警自由出入。侦探四出，疑鬼疑神，如临大敌。而中华工业协会事务所则已旗帐辉煌，如全国各界联合会、全国学生联合会等所赠之劳工神圣、劳动万能等等字样，照人耳目，实属进退维谷时期。予之精神自当有进无退，不为少挫。但事在创行，究无实力，且此会性质原属平和的社会运动，终不宜带政治革命采色。乃与汤寿军历商正于孙老中山、陈独秀、戴天仇等，均以勉避冲突为是。但此时沪局汹汹，人有万杂，将演出如何结果，殊难预料。此事为予所发端，后复类予所主办，他人或可规避，予则责无旁贷。万一不幸，惟有牺牲。时张梦九、王独清亦间以壮语助予气。迨预宵乃略告彭素民以数语，倘有不测，转告易梅园、张梦九如何如何。素民亦以珍重为嘱。旋道梁来视旗帐片时，怡然无语而去，予心反为恻然，暗谓明日此时父子能否再会尚是疑问,尔竟幼稚无知耶。翌日与工界同人分头布置后，乃与王独清、徐药群、周静斋等同往会场，枪炮包围无门可入。乃复转移数处，概为军警迫散。后复至美租界某操场，正待布设会场，军警复已林立。忽发见无政府印刷品，此种学说本甚寻常，与予脑海时相接近，曷足为怪。但予此时非自由身，实工会代表，恐展转累及工会，甚非所愿。其时徐药群、王独清、周静斋等均相顾失惊，乃相与勉强支吾，幸得脱围而出。时中华工业协会发起人黄鼎奇等尚在围中，予已暗嘱其出而尚未出也。予视此会已无开成之希望，乃急返工会，拟即召集各工会同人谋解围法。随即得报告该处复准开会，予即复与徐药群驰往，途中复细商云：何以复准开会？恐军警已重视无政府印刷品，因视现在围内要人不多，故伪诱以多网致，则不如勿入。后商定药群可不入，予不可不入，责有不同故也。讵未至围场已被逐散，由最少数人李恒林等复移空地草草开会闭会矣。予只得逐队复返工会。途遇道梁汗流被面，予时心颇感且慰，以谓能从众奔走至此，是吾子也。且已经过险境，予一时复无性命之忧矣。旋到工会即召集各工会代表议决，一面登报声明，无政府印刷品非七工会所发，一面宣布劳动大会流产情况，一面仍以七工会名义公布对俄国劳农政府通告之答谢书，以表明工界之真意旨所在。于是回溯五四运动足为学潮之中锋，而此五一运动虽不及五四之壮烈，亦足为工潮之初步，又足为促进社会改革之先声。而予个人之劳动梦亦当作一小结束也。

后数日，王独清赴法留学并谋进行一切，曾书赠一诗云：

> 东风一夜愁千结，良友依依话离别。等是长空一片云，飘忽东南更西北。往事思量倍黯然，初逢黄浦雪霜天。身世苍凉多感慨，非关年少好悲观。翩翩浊世佳公子，十七十八秦中住。主持说论辨贤奸，贤者为欢奸者妒。乘槎涉海到蓬莱，数载优悠亦快哉。无端大地风云变，牢骚满腹赋归来。行囊萧瑟文章富，且把孤怀托毫素。千言万言未足奇，篇篇一律平民赋。平民负屈几千年，马络蝼封剧可怜。三纲罪孽存夫父，愿言悲悯着先鞭。吾侪仿佛如萍聚，烟水千重等闲去。何时何地再相逢，此情此景长相忆。一樽浊酒醉春宵，休教块垒填胸臆。

时已渐近暑假，一日道梁过予商定秋际渡法留学，一面仍多习法文。予适与友人论及世界语将有普及全球之一日，现在社会党多用世界语著书，上海适又有世界语学校之开设，遂嘱道梁趁此兼习一二，以为他日之用，计亦良得。道梁亦遂欣然从予言。予于民国元年亦曾在沪试学数日，犹有余兴，于是遂与道梁每晚同班受课，教授为俄人某也。予日则办理工会事务，与朋辈相往返，道梁日则一面在中国公学补习英、算等课，一面在华法教育会学法文。虽见勤劳，以为年少不锻炼，且其性本好读，初不料有若何疾病发生也。时张梦九亦正准备赴法，时相过从，计划大同事业。旋复绍入周公谋、李凌鹤。公谋复绍入张笑菱、翁吉云。笑菱复绍入黄璧魂。予复访晤黄宗汉，亦遂欣然加入。一日梦九提出五年进行计划，所见略同。予遂特约易梅园、申睨观、王吉占、林伯渠、彭素民、周公谋、张笑菱、翁吉云等宴叙一切。梦九行期已有日矣，适李石曾由北京来沪，邀约工会参加中法协进会，共谋海内外工界幸福，予遂允定届时北行，借与李守常辈一晤。乃嘱道梁暂时移居工会，旋遂欣然告予出街略购书籍零物，旋归，面有难色，告予坐电车被盗失去十元纸币。予以彼素不曾浪费，此等疏忽少年往往有之，且楚弓楚得何足深恼，遂如常答以失了便了，须购物件改日再购罢。时何无文为予先父所绘瓷版遗像尚置案旁，道梁遂转身向遗像暗暗点首者再，意似亦以予为慈父也者，予冷眼看见，心中反为难受，故耿耿未忘也。后数日予遂由宁北往，约计勾留不过旬月，而梦九则定三五日内赴法，遂书赠一诗以为别念云：

乾坤寂寂人才冷，怕在尘寰嗟独影。十年访友漫遨游，零乱行踪如断梗。昔时东岛发罡风，大地山河水火中。健翮纷飞黄歇浦，颉颃相与曲江公。文章气节人间重，惯作梅花南国梦。联床风雨互磨砻，大厦如倾任梁栋。吾侪素性原潇洒，云自飞扬泉自泻。乍离乍合意悠悠，奚计尘埃与野马。去秋嘱我庐山去，为访仙家踏云路。君今复自庐山回，一寸相思千载遇。西湖展转再长征，我亦南行更北行。东亚西欧千万里，清风明月两闲人。休论入世与超世，三千大千总游戏。相知故人豪迈多，不作临歧断肠句。五年沧海再相逢，风云大会新天地。

时梦九正绍△△△相识并住工会，系旧端阳节前夕九时，予即别梦九冒雨赴沪宁车站，道梁则尚在世界语学校受课未归也。

先是许德珩、康白情先后函绍孟寿椿为友，至是黄日葵、康白情、孟寿椿等组织北大游日团前二日过沪返京时曾在沪宁车站送行。适阅沪报载龚石云在宁垣住宅为谋财乱兵所杀，正在缉案，因此予今在车中更时在念。翌日抵宁，访刘伯明不遇，遂问得龚宅所在，便往吊唁。但见荒烟蔓草间小屋数椽，停柩在室，寡妇孤儿，惨不忍睹，备询始末，甚为感伤。乃稍以言语安慰后，为访白醒亚于督署设法，已他行不遇。复访王德熙于师范校，告以龚事，托为注意，因石云二子亦在该校修业。复驰函报告漳州陈其尤，更草文致《救国日报》揭载。旋往上新河会见二弟正民、三弟毅民，略叙商情，复因木滩盗案助理一二，便遇谢子清告以素志后，即乘津浦车北行。因坐三等车中人与物较喧杂，午后倦睡片时，忽为上层所置小儿竹床震落胸前肋骨，惊觉大痛，同坐皆为大惊失色，予亦无可奈何，忍痛不语。遂大饮皮［啤］酒数瓶，复时以手掌揉擦，予亦不问是何警告，但自念若乘二等车必无此晦气，因知下层社会同胞实属更多痛苦处也。

后抵北京，不胜今昔之感。遂访寓李守常家快晤。数年契阔并互述新亚大同计划一切。道义之交，于斯尤著。旋访遇黄国臣、黄致远、张佩公，复叙别后进行情况，并绍见同志胡桂林，并叙金匡一死状，随同国臣、佩公冒暑往五株松吊匡一墓，不胜恸悼。国臣复偕萧懋之晤叙一切，佩公复绍入△△△为同志。予复访晤李石曾，每日参与中法协进会事。并与△△△提议工厂教育及改良待遇、旅法华工事二案，遂遇蔡老孑民，略为通候，旋复与李石曾告以大同计划，彼已早由周太玄告知梗概，遂欣然相许共策进行。

旋康白情、黄日葵、张国焘、周枚荪、孟寿椿、康纪鸿、朴容万、黄国臣、刘士英、△△△并守常与予共开宴会于十刹海会贤堂，互绍认为大同同志，并共商一切大计。遂更推定守常、日葵、寿椿驻京负责代表担任进行，白情、枚荪赴美进行。欢宴后，白情付绢嘱书，遂欣然书赠一诗云：

漫道会贤堂，松风感同调。相期千载前，还期千载后。莲花入座香，清高转玄妙。樽酒畅离怀，冰玉常相照。

后守常复绍入△△△为大同同志，并绍见凌霜声白与俄友△△△。时高一涵亦由日本回京，李墨卿亦由山西过京并约一晤，正欲逗留时日以便多方结络，适黄霖生由日本回沪，迭来三信催归告要。道梁亦曾转来友人数函，并复问安数语。旋彭素民亦曾来函并述道梁小病，曾在病院医治，不甚要紧。时予固已决定早晚离京。一夕忽得一恶梦，仿佛见予父坟棺在中国公学被人破开，脱去礼服，遗骸不整。予大恸哭，遂惊觉，泪犹在眶。寻思久之，亦复不知果何警告。予本欲再探亡友姜安邦遗坟所在，并念同志周翔宇，因翔宇自五四以来猛勇进行，时尚因公系天津狱中，拟至天津下车探访，并与守常所绍某俄友晤商一切，乃以心旌不定，遂匆匆告别守常诸友乘车离京至天津，亦精神不振，未停顿，在车中亦觉神不安舍，翌日至黄昏至宁，复访龚石云遗榇，则已遗置安徽会馆，凶犯二名已在宁垣枪决抵罪，并有至戚某君到宁妥料，善后一切，予心始为安贴。旋复访刘伯明，互叙后并与其堂上二老相见，是夕遂宿其家，翌早六时便起赴上新河，拟与二三弟一面便乘车返沪。讵料七时半到临江木滩得悉三弟毅民因昨晚得上海彭素民、徐药群电告道梁病故，已赶车赴沪，并曾着人到常州报知二弟正民，想亦已赴沪云。予时反若不知痛苦之为痛苦，竟能勉摄精神，随复入城至刘伯明家取出行旅，匆匆赶至沪宁车站，适遇乡友某君并述及本乡门楼长堤被水冲决甚钜，大遭水患云。旋开车，兀坐整理悲怀，万感交集。如此痛苦纪念，今日果为何日？屈指计算为七月初八日，乃忽恍然大悟曰，吾父子当如是也。是日为吾党第一大纪念日，直接间接为此日精神所震荡而牺牲者已不知其数。道梁与予殆亦别有惨因先驱应劫之一份子欤？何启予处竟有如是之巧合也。于是痛极忘痛，触绪追思，忆及旅京恶梦，方知应在道梁。在予父弃养时，道梁已数岁，深为予父所钟爱，且为长孙，宗祀所系，有此预兆，理或然也。精神不免困顿，乃食豆干数片。车旋过镇江金山，因念法海和尚故事，正涉遐想，忽见车旁塘内一小蛇迎面而来，予遂感想道梁乳名龙仔，岂其现形以慰予之奔丧耶。予时无聊心理固如此，果否迷信可不深究，但因此而复忆及在家异梦，亦实应在道梁。今家乡正遭水患，予想道梁来历纵存龙性，当不为害家乡，其魔力亦未必竟有如是之大。予自不当为之铺张，或系应劫而去。亦未必尽属溺爱之谰言，何幻梦又如是之历历印予神舍而不能忘也。后复悟异梦中大路拖留一横痕迹者即道梁之暗示，更足印证而无疑也。展转推求，大彻大觉，遂拟定祭文一首以了父子情缘，重订灵魂会合。

迨晚抵沪，大雨如注，至中华工业协会事务所，正民、毅民均在，旋彭素民、徐药群、黄鼎△[①]、何无文、周静斋诸友亦到，备述道梁病状，大抵系为宝隆医院某医生针法所误，于初六日午后五时毕命，翌日已移柩湖北会馆，并向捕房报明，可向医院提起交涉，彼等已曾大闹医院云云。予以死生有命置而不较，忍痛与诸友略叙在京经过后，渐入深夜，遂各分散。予与正民、毅民同住一室，感伤不已，达旦不寐。翌早即与正民、毅民同往湖北会馆，抚棺大恸，一泻哀思，并哭诵祭文云：

> 呜呼道梁，虽死不死。纯洁精魂，终归净土。究空一切，我心不苦。如露如电，夫妇父子。先后同来，我与尔母。尔安尔神，沧洲会尔。永悟斯旨，晨钟暮鼓。

时高亚东亦正大发咯血病，遂往看后，便约毕少珊与予并正民、毅民同往大同园一探坟地，又名万国公坟，布置文明，想合道梁心性。拟稍缓再定葬期。翌日正民、毅民便同回常州南京料理商业。予则以道梁所用衾枕仍寝处于工会矣。时黄霖生又已往庐山旅行去矣。心绪恶劣，旦夕不宁。旋访晤申睨观、吕运亨等略叙，并话及道梁事。时易梅园因事离沪，姚作宾则由海参威返沪晤叙一切。复访陈独秀并告以大同计划，共策进行。随后张国焘、康白情等复先后由京来沪，时相过从。时刘清扬亦适由南洋回沪，

---

① 即黄鼎奇。

互叙一切。吴碧柳亦由普陀山旅行回中国公学，闻道梁病故即来吊问。先是梁乔山在苏州病故，移榇尚在上海湖南会馆。与碧柳同在中国公学时均为道梁教师。碧柳与予旋遂约往两湖会馆，历视乔山、道梁旅榇，不禁感慨系之，曾纪一诗云：

寒云黯黯带愁来，莫道襟怀郁不开。

幽明一律师生感，能否终成立雪才。

旋张伯鸥由奉天来沪过访，闻道梁病故，深为惊悼，叹为国家之损失。即道梁前在日本患神精病时亦得伯鸥爱训备至。随复与张国焘并予同往湖北会馆叩棺致恸，欷觑而去。旋熊琢如亦由日本来函吊问，并草祭文一首，内有“吾素钟尔，谓尔大器”等语，固琢如尤为道梁自幼承教之恩师也。旋黄霖生、邓席云、蔡北仑等亦多吊唁，反使予屡发无聊之感伤，太上忘情，良难能也。

旋复检其遗卷并所书日记，思想界亦复瑕瑜互见，文字亦或庄谐杂出，尚类少年实录。逐日阅至彼前被盗失去银币十元之日，特别撰有一歌，其词云：世上事，不幸之中有大幸。我今逾午经马路，到书肆，买书三两种，登车遵原路，下车时，摸摸袋，所剩十元不知谁拿去。急忙忙，探消息，一说拾了无不还，一说拾了也不还。归家来，诉与父。父闻之，不变色，不加怒。但言失了便算了。十元钱，失得好，一则教我谨，一则教我恕。

予时阅悉之下，回忆彼前向予父遗像暗自点首果存深意，愈使予难受之至。文文山云，幽明生死一理也，父子祖孙一气也。似此古人之言果又有所印证欤？又彼岂果自知不满一月此词竟成故笔耶？生死浮浪乃尔，可胜慨哉！可胜慨哉！复检函件，得去年予与申月庐、李凤亭及道梁游半淞园诗稿，阅至“相期魂魄外”之句，不禁大惊曰，当时何独出此不祥之语，今竟成诗谶也。自为骇怪者久之。旋冯裕芳由琼州来沪，晤叙一切。吕运亨复偕吕远宏来叙，运宏初由美洲到沪，系去年由法赴美也。康白情亦将有美洲之行，时尚在沪。吴碧柳亦拟往湖南，程孝福又初由湖北来，周公谋、张笑菱、黄璧魂又拟赴南洋游历。于是予乃特约吕运宏、吕运亨、刘清扬、康白情、冯裕芳、吴碧柳、周公谋、张笑菱、黄璧魂、程孝福、翁吉云、张国焘等大会于半淞园，互叙各面一切，尽欢而散。予是日先时至园招待，念及去年此际与月庐、风亭及道梁游此题句事，黯伤不已。曾纪一绝云：

荷花池馆白云天，脑海回澜忆去年。
底事漫题魂魄句，竟成诗谶独怆然。

是日李伯芹由湘来沪，傍晚深晤一切，匆匆赴粤而去。是日静坐工会，复阅道梁日记，感伤不已。因忆予父弃养时，万苦之余，曾自发愤披首向天云："天能死予父，不能死予父之子。"于是整顿精神，迄今十又有六年矣。今予复当转其语而向天曰："天能死予之子，不能死予子之父。"再当整顿精神，为人间世作半世牛马，尚属人生所当有事也。继复自念素性狂放，罪过在所不免，终当锻炼身心，从事造命之学。顾炎武《日知录》盖亦由此一念成之也。予曩游黄花岗、红花岗时曾发愿书日记，故粤游百韵中有矢志修日录之句，旋复中辍，迄今并无日记册。每一念及无恒至此，自引以为恨。今日何不即于道梁所书日记遗白，逐日续而书之，一以补过，一以自新，未始非尘游雅事也，逐复转悲为喜，握管直书，以为永念。是为道梁去后二十日即七月廿八日也。

旋黄日葵，周枚荪复同由北京来沪，相与盘桓慰藉数日。日葵回广西，枚荪回浙江。正俟黄霖生由庐山回沪后约同住西湖烟霞洞静养数十日，一面与霖生切商大计，一面草文略纪诸同志经过，一面借山水灵气与师复神会。师复为粤人，予未谋面，先从事政治革命，后从事社会革命，醉心无政府主义，多所发挥，卒殉主义以死，孤坟正在烟霞洞也。乃忽接继母氏罗谕书并姊长迭函促归，家中已闻道梁病故，张氏妇尤为痛苦万状云。予乃准情酌理于缓急之间，以心安理得为比较，遂决计回赣一行。乃以工会事付托陈独秀、黄鼎奇、潘天一、张文鼎等，匆匆就道赴常州，与正民、毅民一晤，翌日便与毅民乘车赴宁，改乘轮至九江，复换车舟直抵樟树，随过姊长家一痛叙后，即到家与家中长幼相见，惨痛自不待言。予复向予父遗像前挥洒数行不孝之涕泪,以泻零乱之哀思。此予专为道梁病故辍游回家之梦又当作一段落也。

翌日旧友张湘舲相见吊问道梁事后，并述本乡水患堤务困难情形，心为默念。后熊琢如由日本回里，为营葬其祖若父，其父名渭豪，予之旧友，又为道梁之贤太师。予之挽联有“振铎醒冥关，重训汇明亡弟子”之句。相与酬酢于丧次者有日，不禁感慨系之。是日张湘舲会吊，复述及本乡堤务危险状况，心复怆然。旋家居心绪恶劣，每日除略招待诸亲友吊问道梁事外，彻伏案读佛老及《吕祖全书》等书，或写《金刚经》，以图解脱。迨夏历中秋日，检阅道梁所抄予前在《救国日报》所发表之《救国的方法》一文，感伤不已。屈指予已入人间世三十七岁，离合悲欢恍如一梦。过去未来皆现在，果将何以纪此佳节也。结想回环，乃感文王囚而演周易，仲尼厄而作春秋，深悟愈挫愈奋之旨。遂濡笔起草《三十七年游戏梦》一文，以简章纪实予各面经过情事，借以述明诸同志好友之牺牲精神于万一。记往事以思来者，想亦诸同志所共许也。至自学潮发生以来，各面运动人才事实甚多,非予所深知者则不敢妄为述及。即同志运动非予直接深知者尚多，暂概从缺以有待后也，牵以人事时作时辍。旋复以张田民、孙镜亚、王民辉约会南昌，筹商报馆印刷所事，遂于重九前一日乘轮到南昌，翌日与田民诸友游东湖百花洲，计划大同事业一切。田民并绍入卢△△△，镜亚复绍入△△△，复访晤盛怀谷共叙大同计划，又过陈香南晤叙加入。盘桓旬日，或与镜亚、民辉围棋，或阅《托尔斯泰传》，尚觉适意。旋返家，张湘舲、杜子居过邀襄办堤务，正在斟酌，子居复报杜师玉方返里约商堤务，并告黄筱帆夫人徐太君病故，深为惜惋，且与新学说有关，旋即书赠一诗云：

> 阴霾四塞秋风起，子居告我夫人死。君家交谊异寻常，感慨横生不能已。游学当年约筱帆，我丁外艰忽见阻。贤才旋复遭天妒，四七英年丧黄浦。绰然兄弟悲眷属，商量抚侄如抚子。遥夜青灯长寂寂，夫人从此称寡母。漫道儿曹绕膝多，一样孤栖千万

苦。况复长郎与次郎，追随绰然剩抔土。夫人薄命良足哀，芙蓉迭次经狂雨。十六年来如一日，冰霜节操有如此。海外归来念亲故，殷勤告我母家事。情知不便却一行，为重夫人贤姊妹。去年仓促一相逢，我复飘零类转蓬。丧子重归心绪劣，复闻惊盗正相同。荣华富贵原如梦，兴衰岂足关轻重。年来脑海发新潮，言念夫人应滋痛。千秋史册重三纲，出嫁从夫牛马用。惟闻节妇死幽囚，有几贞夫足称颂。新俄学说废婚姻，贞节将来有更动。湖山凭吊一经过，聊为夫人黄鹄颂。

后复与杜师玉方并子居、湘舲诸友赴清江县城会知事商办堤务，是夜玉师拟公文稿达旦未寝，予亦时睡时醒，黎明即兴，赞襄一切。此足为予师弟十数年来离而复合之大纪念日也。翌日复访张△△，并晤张慧九，更函绍徐△△，共商大同计划。后又与子居冒雨游古慧力寺，与寺僧略话沧桑，亦饶风味。随阅案头诸仙诗，得吕洞宾一联云："富贵功名花上露，妻财子禄草间霜。"颇有领会。旋返家潇洒数日，便与湘舲、子居诸友驻门楼堤局襄办，实为桑梓尽一番义务，竟与予前此梦境依稀仿佛，若有不可思议之纫应也者。动土开工日曾公属草一祭文，祭水土二神云：

伏以春遭冲决之患，破釜生鱼。秋罹淹浸之灾，饥肠出火。米珠薪桂，十室九空。无裤无襦，何以卒岁？此诚数十年来未有之大劫。是否人谋不臧，抑又天意有数。惟知自忏，不敢怨尤。忝列编氓，补牢有责。精卫填海，愚公移山，敢竭鄙诚，窃取斯义。恃众志可以成城，何忧断岸千尺。一劳永固，愿比金汤。此某等所为汲汲皇皇，相率父老子弟从事于扳筑之役也。尤赖神主，或为水府之司命，或掌陆地之权衡，当今变化鱼龙再毋搅扰，春秋祈报常见丰登。此固为乡人之所希求，想亦我神主所当默许者也。从此开工，日劳清听。神人一理，感应攸存。敬谨陈词，伏维尚飨。

后驻堤局办事有月余，其中迭得上海申睨观诸同志所办《震坛报》，备载大韩独立事，并阅易梅园为△△△（大同党）所书同舟共济四字祝词，心为大快。旋复得易梅园、姚作宾、彭素民、徐药群、黄鼎奇诸同志函电，交促外出，乃决计偕内人张氏及幼女苏纬赴沪。遂草草结束《三十七年游戏梦》，时在夏历庚申冬至前一夕，即阳历十二月廿一日，又即△△△（大同纪年）五年上海成立本部第二大纪念日之前一星期也。遂殿以《醉落魄》一词云：

醉落魄

庚申冬至前一日立门楼决堤口感赋，并以殿《三十七年游戏梦》一文。

飘零华发，道梁归去闻堤决。半年风味真愁绝。今日临流，生死伤离别。　　牺牲一梦原呜咽，同人济济输肝膈。千秋好共存魂魄。游戏尘寰，还未成归结。

此文为原稿，后修正，曾加数段，暂存家中。他日检阅，当又有不胜感慨处。外行之先一日介识。

夏历庚申腊月十二日。

黄志良录于二有书屋

2008 年 11 月 1 日—11 月 29 日

黄介民信稿选

致上海黄宗汉书

孙敌数万人渡江已完全解决，宁险已过，堪以告慰。此间各面同志大概赞同宁汉合作，但须贯彻北伐主张为要。一面并须召集第三届全国代表大会，解决一切党务政务纷纠，此自是正当办法也。节孚已往河南任定政治部工作否？跃支迄未来宁，现状果如何？并盼急复。弟现并担任江西省党部驻宁代表，余委员均已议决回赣东进行。弟稍缓当来沪面详一切。专此敬问迩安。亦生同志来函收到，统此不另。

【说明】原稿无落款日期，查前后页，应为1927年9月6日至8日，由南京寄出。

黄宗汉，即黄兴夫人徐宗汉，1876年生，广东香山人。早年参加同盟会，1911年春参与筹划黄花岗起义，兵败后黄兴负伤，她护送其逃至香港，后结为夫妻。此后从事多项民主革命活动和妇女运动，抗日期间在重庆与邓颖超等多有交往。1944年，病逝于重庆。黄介民之次室徐裕民，是黄宗汉娘家的养女。

孙敌，指孙传芳。节孚和跃支二人，生平未详。

致上海徐药群书

药群老弟大鉴：别后到此即与省党部诸友迭开会议并开省党部各委与省政府各委联席会议，议决先迁回赣东，一面派孔绍尧与朱培德接洽，一面派欧阳暄与钱大钧接洽，介与洪轨则暂推为省党部驻宁代表，李协和亦暂不回赣。继以孙传芳渡江数万人扰攘多日，日昨幸得完全解决，现宁垣安谧。至宁汉合作问题，此间各面同志大概赞同，但须贯彻北伐主张为要，并须召集第三届全国代表大会，解决党务政务纷纠，自是正当主张也。吾弟对大局并赣事最近复有何见解，盼随示知。……介来沪期暂未能定也。

【说明】原稿无落款日期，查前后页，应为1927年9月6日至7日，由南京寄出。

徐苏中，字药群，是黄介民之旧友，早在1911年即为南京两江师范同学，并一同进行革命活动。留日时，黄经其介绍面见孙中山，加入重组之中华革命党。后在沪徐积极参与黄组建的新亚同盟党活动，并在此时被国民党委派为上海“工统会”委员。但此信应是友人间互通消息，并非直接工作关系。抗日时，追随汪精卫，成为汉奸，任汪伪国民政府文官长、伪监察院副院长等职。

孔绍尧，名庆全，字绍尧，号性安，1876年生，江西赣州人，同盟会会员。光绪举人，留学日本，毕业于明治大学法学系。辛亥革命时，在赣州策划响应。1926年，被选为国民党江西省第三次代表大会代表。1932年以后任国民党中央党部参事，直至1940年病逝于重庆。

朱培德，字益之，1889年生，云南人，国民党著名将领。少时入云南陆军讲武堂，与朱德同为优秀学员，有“模范二朱”之称。后投身辛亥革命和护国运动，先后任驻粤滇军司令、广州警备司令、孙中山大本营参军长等职，北伐时任第三军军长，攻下九江和南昌，被武汉国民政府任命为江西省政府主席。1928年11月任湘赣“剿匪”总指挥，战败后被免职。后又为蒋介石击败各路军阀立下许多战功，1937年病逝。

钱大钧，字慕尹，1893年生，江苏吴县人。参加过辛亥革命及北伐，1926年任国民革命军第一军第一师中将师长，后改任广州警备司令。1927年蒋叛变革命后，钱亦随之实行“清党运动”，屠杀共产党人和革命者。

李协和，即李烈钧，1882年生，江西九江人，1946年病逝于重庆。辛亥元老，国民党二级陆军上将。北伐军入赣时，蒋介石在南京成立国民政府，任命李为江西省政府主席。

欧阳暄和洪轨二人，生平未详。

致香港陈其尤书

顷接手书，快悉一切。去秋杪介因同志催约返赣。比时拟留赣二三星期或仍返沪。抵赣后为诸友勉留，任江西全省水利局长兼任赈务处长事，致未返沪。故来书迭遭遗误，因同益里一号转租他人，敝眷后并返赣故也。在赣屡欲函告一切，且念二侄来沪读书事亦当商定行止，迄以展转迁移致将尊寓住址遗失。后复赣变发生，只得一走了事。遂于四月间由赣赴宁，展转宁沪苏常一带者数阅月，于前星期始更挈眷到沪，暂寓法租界贝勒路恒庆里卅九号。正念故人以为怅惘，忽得好音，曷胜浣慰。本欲即行来港畅叙一切，正以猬冗拘身，为特先行奉复。但吾弟所谓"想得一出路，事实上可行得通"云云，未识果为何种办法，急盼示我大意，以便稍可抽暇即当前来面商如何？切盼复我，至要至祷。临颖神驰不备。介民手启，十一月五日。（1927 年，由上海寄出）

【说明】收信人陈其尤，1892 年生，广东海丰人，同盟会会员。早年留日，参加过辛亥革命。留日时与黄介民成为挚友，并加入其所组织的新亚同盟党。1917 年担任粤军总司令陈炯明的机要秘书，后到漳州一带工作，创办《闽星日刊》及《闽星半月刊》。1931 年，在香港参加以陈炯明为"总理"的致公党。抗日初期，曾以蒋介石私人代表的身份驻香港。新中国成立后，任全国政协第一届委员，并连任致公党中央委员。1970 年，病逝于北京。

综上数函，可见当时江西的政治形势与全国一样，极为复杂多变。1926 年秋，北伐军入赣，1927 年初以汪精卫为首的国民政府由粤迁汉。同年 4 月，蒋介石又在南京成立国民政府，与武汉政府对抗，即"宁汉分裂"。

8月，蒋被迫下野，后武汉政府迁往南京，合并为一个国民政府，即“宁汉合流”。在宁汉分裂期间，南京政府任命李烈钧为江西省政府主席，此后武汉政府又任命朱培德为江西省政府主席，莫衷一是。故有“后赣变发生，只得一走了事”之说。直到10月下旬，黄介民返沪定居，才彻底离开是非之地。

致湖北方叔平书（二封）

其一

前在宁晤见黄君中定，并读来教，备悉尊处详情，比即将浅见所及向中定君细谈矣。此间同志正向各处分头发展，堪以告慰。尊处军情尤急，想戎幕参赞需人，兹有军事同志马君少卿，军事学识经验均有特长。辛亥武昌首义马君为原动之一，曾任旅长与警卫司令等职，黎宋卿深倚重之。现闲居沪上，厌与时流往还，惟于我辈宗旨，亟思恢宏而展布之用。与同人商议，介绍马同志前趋战辕，如蒙接待，令其参赞戎机，当必有所补助也，幸勿等闲视之，至要至祷。余由马君面罄不备。专肃即颂麾祉。沪上知友同候。弟介民手启，十月三十一日。（1927年，由上海寄出）

其二

老同志魏兄天民所有在江北实力亟待展布，兹特晋谒麾下，有所就教，务恳充分信用。或与师长等名义，俾使号召以利进行，为兄臂助，即所以效忠党国也。负责介绍，幸注察为祷。弟介民手启，十七年一月四日。（1928年，由上海寄出）

【**说明**】收信者方振武，字叔平，1885年生，安徽人。武昌首义时加入革命军，参加过光复南京的战斗。倒袁的“二次革命”后，流亡日本，参加中华革命党。1928年，任国民革命军第四军团总指挥等职。1929年因反蒋被关押，1931年获释后与冯玉祥、吉鸿昌组织抗日同盟军，多次与日军激战，成为早期的抗日名将。后被蒋介石的国民革命军围攻，抗日同盟军被迫解散。

方出走香港，后返回广东。1941年12月，在中山县被国民党特务杀害。

前后两信均由上海寄出，时方叔平驻军湖北。信中推荐的马少卿及魏天民，未作详考。黎宋卿，即黎元洪。

致江西清江周宪民书

荷接来教，知我兄长县事，将见为桑梓造福无量，曷胜庆幸。我兄宣言，复以诚字为立身淑世之本，尤佩，尤佩。果能与各县长互相策励，为党国前途所大利赖。矫首海隅，欢忭奚似。弟栗碌如恒，乏善足述，奖许逾量，弥用惭竦。我县迭经骚扰，人心惶惶。此时父母长官宜以中正和平态度处之，不因循以溺职，不诛求以急功，则官品高而人心定矣。我兄以为如何？至推广教育、振兴实业诸大端，明达如兄，胸中自有成竹。兹有一事，更盼我兄鼎力酌量进行，若能成就，数县民食攸关，功德无量，即修筑清江、丰城、高安三县交界之沙河口是也。此事弟前在水利局时曾备案进行，为政变所阻，时疚在心。亟盼我兄特请水北乡樟家山张湘舲先生一问便知原委，并须请其负责筹画进行。一面更由我兄联合丰、高二县长共筹办法。至须向省府办交涉时，弟尚当从旁臂助。如何，如何，幸加霁察。……专复，即颂勋祺。介民手启，四月六日。（1928年，由上海寄出）

【说明】周宪民时任江西省清江县县长，生平未详。黄介民的故乡为清江县。

致南昌杨赓笙、彭程万书

径启者：前月底弟等曾接省政府秘书处函示，朱主席派之纲、介民为宁沪通讯员，月给薪金二百元云云。比即以为在益之先生自属盛意可感，但之纲、介民或以私事忙冗，或以行踪未定，分头具函辞谢矣。乃顷复接秘书处会计股函示，由秘书长条示送驻沪特派员每员月薪二百元云云，阅之殊为歉疚不安，岂前弟等所复函邮误耶？抑盛意有加也，弟等终当感激。

但事实上仍当谨辞，四百元完璧奉还，为特详陈经过，恳请二先生婉为转谢一切，不胜感祷之至。专肃即颂党祺。秘书处、会计股、宣传股均请致谢，恕未另复。刘之纲、黄介民同启，四月廿四日。（1928 年，由上海寄出）

【说明】收信人杨赓笙的生平，见后篇说明。

彭程万（1880—1978），字凌霄，江西贵溪人，农家子弟，二十岁中秀才。少时入江西武备学校，后留日入振武学校，加入同盟会。辛亥革命时，彭等策动南昌新军起义，曾一度被任命为江西省都督，后参与讨袁、北伐、抗日多役。解放后，任江西省政协委员、省参事室参事等职。

朱主席，即朱培德，字益之，详见前篇《致上海徐药群书》说明。

同署的发信人刘之纲（1887—1970），江西安福人，同盟会成员。1914 年毕业于日本千叶医科大学，参加过辛亥革命，后历任上海申江医院院长及江苏医科大学教授等职。多次以医院为掩护，救助过陈独秀、陈铭枢等多名革命人士脱险。1949 年参加民盟，解放后历任中南军政委员会委员、江西省卫生厅厅长、民革中央委员、全国人大代表等职。

致南昌杨赓笙、周贯虹书

咽冰、贯虹仁兄大鉴：接田民君信转述雅意，欲某回任水利局长云。在阁下自是竭力援引，曷胜感激。但某现在正与旅沪诸同志同乡作救省运动，对现赣政多所抨击，纵欲为桑梓服务，此时实有未便，无已。赣局改造之后，即回省任水利局内一小职员，亦或高兴。此时即令某任一厅长，中心未敢以为得意，且决不来。非他，为个人保人格，为赣人留戆气故也。若谓面包问题，无粮野鸟亦殊自适。谚云：鸱鸮嗜腐鼠。然并有不嗜腐鼠之鸱鸮，矧非鸱鸮乎！哈哈！适饮小醉，秃笔率复，不罪不罪。黄介民一月四日。（1929 年，由上海寄南昌）

【说明】1926 年北伐军入赣，黄介民应老友林伯渠、肖炳章之邀，由上海赴南昌任江西省水利局局长兼赈务处处长。1927年蒋介石叛变革命，国共分裂，江西省政权改组，黄介民断然拒绝多项任命，毅然返沪闲居。1928年岁末，江西当局要人杨赓笙和周贯虹托张田民递书黄介民，请其回南昌仍任水利局局长。此篇即托张田民转复杨、周的信，同时致张田民的信原文为："田民弟：来书惊悉，吾弟非知某者耶？何递此不雅消息！复咽、贯二君函仍希转复，某负责也。余惟太息，尚何言哉！介民一月四日。"

杨赓笙（1869—1955），号咽冰，江西湖口人。早年参加辛亥革命和倒袁的"二次革命"，是民主革命的先驱，并曾任孙中山先生的秘书，大元帅府咨议。他崇负文名，生前出版过多种诗集，并有《李烈钧杨赓笙诗选》存世。解放前，曾奔走过和平解放江西之事，营救过赣东北红军游击队的干部。解放后，任江西省政协委员，江西文史馆馆员。

周贯虹（生卒年不详），江西南昌人，早年曾任黄埔军校校监，1918年任湖南护法军总司令部参议，1927年前后任江西省政府委员兼建设厅厅长。抗日时成为汉奸，任伪江西省省长，胜利后被捕判刑。

张田民，1927年曾被国民党委派为上海"工统会"委员。

致奉天李证刚书

证刚道兄大鉴：曩岁南昌拜晤尊颜，略闻梵义。人事忽忽，彼此奔波幻海，迄今违对。时由惠九同志处得悉尊况，屡欲修候，以疏懒未果。顷感世局危疑，生民荼［涂］炭，深为悯切。以谓非有若干志在千古之士，相与策划驰骋，殊难挽回劫运。企念贤豪，吾兄其一也。亟愿时通消息，借开茅塞。弟也不才，浪居沪渎有年，颇嫌安逸太过，而前途莽莽，果将何之，亦殊未定。日昨惠九代友人索文，乃草一绝以谢，亦足见弟之心绪恶劣也。诗云："岁岁蹉跎大海滨，最无聊赖作文人。中原鼎沸民殊困，击楫相期在远程。"惠九见之颇有投笔从戎之意。书生说剑，相与一笑，未识吾兄作何感想？菩萨道中尚许此等动念否？盼赐指示以定南针。东北人才有无新契？政教大

要并希示知。临颖神驰，不尽一一。弟黄介民手启，二月十日。（1928 年，由上海寄出）

【说明】李证刚，名翊灼，以字行，1881 年生，江西省临川人。自幼广读诗书，国学修养深厚。民国初年即深研佛学，当时桂伯华、欧阳渐和李证刚并称为“佛教江西三杰”，毕生有多种佛学著作。20 世纪二三十年代，先后在沈阳东北大学、北京清华大学和南京中央大学任教。1952 年，病逝于南昌。

信中提及的“惠九同志”，生平未详。

致南昌邹绍庭书

今午接到手示，诵到素民“酒到微醺意味真”之句，不禁感慨系之。黄昏小饮，亦带醉意，且饮且阅白乐天诗，其中亦多酒话。因而联想到曩岁与素民游南京三台洞有题壁一绝，予书首二句云：“牢落风尘两知己，满怀离恨洞天寒。”素续书云：“销磨未尽英雄气，尚把吴钩照胆肝。”今则素非，稽椋章门，墓已拱矣。伤哉！翌年复有游秣陵一诗，内有数句云：“去年曾忆彭郎俱，三台洞壁漫题诗。如流日月真愁绝，渺渺予怀云树低。”试一追思，几为呜咽。素民如在，对于国计民生必有相当补益，岂仅肝胆相托失一良友哉！药群旅行已返，戆意尚在，弟亦颠狂如故，顽健有加。蒿目时艰，不无兴废之感，心如死灰殊难能也。介民手启，六月十七日。（1929 年，由上海寄出）

【说明】收信者邹继龙，字绍庭，1883 年生，江西新干人。1906 年毕业于两江师范，1911 年留日时参加同盟会，辛亥革命期间多次跟随孙中山奔走于上海、北京和广州等地，参加各地起义活动多次。1912 年当选为第一届国民议政院议员，1917 年参加护法运动，并随护孙中山乘军舰离穗赴沪。1923 年曹锟贿选大总统，送“冰炭费”五千银元给邹，遭其严词拒绝，此后淡出政治舞台。1936 年被聘为江西省文史馆馆员，1949 年后仍留任该职，直至 1962 年病逝于南昌。他为人倜傥，能诗善书，与黄介民数十年交谊不断，时相唱和，黄在另函中曾戏称其为“铁杖佛儿”。

素民，即指彭素民，字自珍，1885 年生，江西清江人。十四岁考中秀才，十九岁入南京两江师范，参加黄兴领导的华兴会。此后二十年追随孙中山，参加同盟会及中华革命党，反清、倒袁、改组国民党、推行新三民主义，成为孙中山的得力助手和国民党著名的左派。孙中山就任临时大总统时，任命彭为总统府秘书，其后辅助孙中山做了大量的革命工作。1924 年，病逝于广州，年仅四十岁。黄介民与彭不仅是同乡和同学，且志趣相投，早年留日时一同奔走革命，1917 年曾同在北京积极参与新亚同盟党的活动。

致南昌熊纯如、蒋笈、王尹西、张斐然、黄伯忠、林支宇书

纯如、大川先生大鉴：我省匪氛日炽，引领回望，曷胜怆念。先生等更身临其困，想见感触尤多。顷闻以戒严关系，法网殊密，在当局自具苦心，或亦不免冤误。如许鸿一案，闻系由鄱阳仓卒捕解到省听判，法院近忽移交卫戍司令部，得先生等保救，尚不知若何解决。近又闻熊国华亦已捕在卫戍司令部，先生等亦已骇汗保救云云。闻之甚为浣感。弟与许鸿、熊国华二君皆为多年好友，深知其奔走国事，确具热忱，未见其有越轨动作。即令有若何共党嫌疑，亦宜深究其情伪轻重，不得轻易处以重刑。古法云：罪疑惟轻，功疑为重。许、熊二君对国均为相当有功之士，矧其罪案应否成立尚是问题，容共政策乃我总理倡之也。弟为友谊计，为国法计，特为饶舌，恳先生再三协同特生、云岩、斐然、伯忠诸先生，将许、熊二案提交省务会议郑重讨论，务希主张从宽开释。想军事当局亦当重省议而全人命，否则乱杀好杀以止杀，恐非事理所许。弟无官守，复无言责，冒昧陈辞，尚希谅宥为幸。恕未庄启特生、云岩、斐然、伯忠诸先生，均此问候，未一一。八月十六日弟黄介民敬启。（1930 年，由上海寄南昌）

【说明】此篇是黄介民为营救许鸿与熊国华两位好友，由上海寄南昌当局政要的信，时代背景大致与前篇略同。

许鸿（1897—1994），即许凌青，1922 年由董必武、陈潭秋介绍加入中国共产党，后亲奉陈独秀指示加入国民党，国共合作期间从事过许多革命活动。1929 年 5 月在鄱阳被捕，备受酷刑并被判绞刑。1930 年，被“大赦”出狱。1933 年赴日本，1935 年回国后在北平多所大学任教。抗日时，曾在重庆任陆军大学政治教官，并以此为掩护，为共产党做地下情报工作。解放后被任命为中南军政委员会委员兼文化部副部长等职，反右派斗争和“文化大革命”中遭迫害，1979 年平反，1994 年病逝于河南。

熊国华，生平未详。

收信人熊纯如等，均为当时江西当局要人，生平未详。蒋笈，字大川。

致德安桂岸群书

岸群同志如握：前月廿五日来书备悉。荷示所见：今之学校不能收美满效果，意欲恢复书院制云云。盖教育为政治所支配，当然得此结果；教育如能支配政治，则天下治矣。因今之教育界政客充斥而真学者太少。周秦为中国学术结晶时代，虽不能救一时之乱，而其流风遗韵，实足被衣万世，为东方文明胎诲。今之东西洋留学博士学士，往往好新而过，一唱百和，以为中国故纸堆中绝无学问，于是舍己之田而耘人之田。加以时局之纷扰，学制之驳杂，安得不流为乱社会、祸国家之教育。教育为世诟病，百政亦乖方矣。前月中旬与闵非君往杭州一行，勾留旬日，意欲觅一相当地址，邀集五七同志，试办一求实书院，以国学为体，科学为用。尚在筹划中，成否尚不可知。来书云云，可谓不谋而合。不知所谓拟作雏形之试验，究竟办法如何，盼即详示一切，正好共同切商，如何如何？……介民手启，十月六日。（1931 年）

【说明】收信人桂岸群，生平未详。

致太原李墨卿书

墨卿老弟大鉴：九一八来示早到。大江东去一词尚裱置座右云云，具见故人义重，感佩无量。尚希奋进，以达我辈素愿，斯尤所切祷者也。梓材兄年来在南京中央党部任党史编纂委员；慧疢年来在南昌教育厅任职员。至我年来工作乏善足陈，但尚未变初衷，堪以告慰故人耳。余非面晤未克详告。日寇日亟，来日大难。三晋健儿上马杀贼，下马草露布，正其时也。解梁关圣、太原公子，俱千古人豪，其流风遗韵，尚有存者否?！东望妖氛，掷笔三叹。介郁郁居此太久，殊无聊赖。或不久作北塞游，当来并州把晤一切亦未可知。暇盼勤惠好音，不尽一一。介民顿首，十月七日。（1931 年）

【说明】李墨卿，山西人，生卒年不详。早年留学日本，积极参与留日学生总会的工作和倒袁运动，并参与组织神州学会。在东京时，加入黄介民组织的新亚同盟党（后改名为大同党）。著有《墨园随笔》一书传世。

信中提及的梓材与慧疢，二人生平未详。

致开封闵非器书

非器老弟大鉴：本月一日并十五日所发二示均妥收。旬日来种种俗冗并经济压迫太甚，心绪不佳，致未早复为歉。来示述过王陈二君云云，甚以为慰。因现在国势危急万分，只须真正人才，无分新旧，我辈如有机缘共事，概所乐从，否则党同伐异之见太深，天下安有可共事之人？曩曾有小诗一节云："冰炭可相容，悠往忘柄凿。精诚贯斗牛，功名等糟粕。"迄今思之，自觉小棱角太多，亦殊无意义也。又想深山大泽实生龙蛇，以若大中原，如谓人才不足应世用，亦恐未当。大抵才才未相结合，甚至相夺相销耳。我辈现在任务无他，尽心量力延揽真才作砥柱，回狂澜。先行确定此种抱负，至最后能否如愿，则再听天由命。区区此心，究应悲乐两忘，方觉浑然脱化也，否则悲观究亦有何益。楚囚相对泣，乃弱者丑态，殊不足取法。至披发入山云云，短发安可披？何山堪驻足？呼马呼牛于真我固无关系，老庄究亦绝对入世者，若认为消极，将见大雄宝殿亦足为弱者安身之所，同一错误。高明如老弟以为如何？鄙性好山水，荷约华山之游，固所甚愿。申芗、隐青二兄亦未尝不欲行动，现时均有未便。物质累人，未免可恼。收账事最近情况如何？盼示及。日来闵省谣言甚多，外患未已，又将恐生内扰，奈之何哉！余不一一，此颂近祺。介民顿首，十一月十七日。（1933 年）

【说明】收信人闵天培，字非器，江西新建人，生卒年不详。曾任国民政府财政部官员，1933 年曾发表《上国民政府并告全国同胞救亡书》，并有《中国战时财政论》等多种财经方面的著作存世。

致闵非器书

非器老弟如握：本月十日所发手示欣悉一切。所示“心中无事梦魂常清”云云，甚妙甚妙！阳明先生云：除山中贼易，除心中贼难。果能心地光明、万事当前，皆可迎刃而解。古哲有云，生平视名位如粪土，孔明淡泊明志宁静致远，皆系先从根本下手，祸福利害方能不摇动其心。处乱世尤宜将方寸先弄清楚，否则心为形役，人间真苦海也。

尧羽到汉甚好。另致一纸希即转致斗墟，果能出任专师，为国效用更大，即令马革裹尸，倒是英雄好机会。子凯既在南昌任后方勤务，当另去函致候。亚藩处亦当另通消息。啸崖仍在同事否？文镜兄工作有办法否？

此间生活程度不见太高，所有竹木用器及一切土货均觉便宜，舶来品较贵耳。劳工太苦，均有菜色。富者楼阁连云，多属前此掌军政人物云。社会苦乐太不均也。近日徐州退出，想系战略关系。既决定以持久战取胜，再败亦不足虑。毒蛇在手，壮士断腕，此其时也。入川途中得小诗数首。检上并希分致诸兄弟，以当晤叙。敝内及小儿在此均托庇平适，介亦顽健如故。庐山府中想均清泰。子厚兄消息如何？怅念怅念。近有著作随时寄我，不尽一一。砥卿先生已晤兄甚好。即颂俪祺。介民顿首，廿七年五月廿四日。（1938 年，由重庆寄汉口）

【说明】收信人闵天培，字非器，概况见前。

寄信时黄介民任司法院简任秘书，随国民政府迁至重庆，此时武汉尚未失守。信中所及诸人，均未详考。

致黄啸崖书

啸崖同志老弟大鉴：本月一日来示早到。小诗深荷许可，愧不敢当。足下既改就中央党部职务亦好，真金子随便置何处必发光彩。顺时勉进，至盼至盼。斗墟所述云云，徐徐注意可也。总之国事危殆至此，欲图挽救，须赖千百志节之士，分头唱导，转移风气。因现才智之士仅知醉心功利，以腰缠累累为从政之能事，几何不贪黩成风而恬不知耻也！甚盼足下以纯洁之心理，精练之才气，放开眼界物色各面志节真才，以共救亡大业。介意亦尚不肯自认衰朽，尚愿无条件为人群作一二十年牛马走也。日昨有触，得小词一首，录陈哂正。即颂俪安，女公子均好。介民顿首。非器、文镜诸知好便中致意。六月廿七日。（1938 年，由重庆寄汉口）

梦江南　渝城东望

真劫运，王粲怕登楼。万里中原无净土，蛮夷猾夏恨悠悠。何日沼瀛洲。

【说明】写此信时，汉口尚未沦陷。收信人黄啸崖，生平未详。

致许崇灏书（四封）

其一

公武我兄大鉴：日前畅晤甚快。西行佳咏，读罢悠然神往，尤以“夜来心事如丝乱，不梦周公梦武侯”一联，寄托遥深。弟初入川亦得小诗十首，检上为我敲正。前夜席间有《边事月刊》记者在座，闻兄西行高论，亟愿书一稿给该月刊印行，以资观感，兄意以为如何？即颂秋安。弟黄介民顿首。十月廿七日。（1938 年，同在渝城）

其二

公武我兄大鉴：读《大隐庐诗草》，击节久之，殿以愁思二律，尤见雄心。老骥伏枥，志在千里，烈士暮年，壮心未已。负兴亡之责者固当如是。浣慰浣慰！率成七古一首奉上敲正为盼。弟介民顿首。廿八年三月十八日。（1939 年，同在渝城）

读许公武老兄《大隐庐诗草》赋赠

春回律转惊新梦，百草千花香暗送。邮筒递到诗百篇，高楼兀坐回环诵。诗人原是老将军，平生侠武并儒文。中原万里烽烟重，纵横奇气愤风云。者番出塞筹边去，佳水佳山千万处。不梦周公梦武侯，诗坛惊座传名句。渝都重见意悠然，展宴倾谈忆去年。乾旋坤转关人事，肝胆相期猛着鞭。

其三

公武我兄大鉴：前月三十日来示，知悉一切。荷示集放翁句三绝，感慨忧愤，直舒［抒］胸臆。古人之诗直足为今人写照。重阳四绝，诵至“何如且理囊中剑，重起江淮十万师”一联，尤为叹服。以兄资历气概，此时诚宜作马革裹尸之想。坐看河山残破，徒效放翁以一卷诗鸣世，乃中原之大不幸也。幸速从实际进行，到必要时弟或亦可代觅三五健儿听兄驱策也。忧能伤人，盼善珍摄。我辈无论处何时何境，不当悲靡，总当悲奋有为，

浩然之气方足与天地参。高明自具同见，惟勇猛精进为祷。弟黄介民顿首，十一月二日。（1939年，由歇马乡寄重庆）

其四

公武我兄大鉴：夏季暑气逼人，加以俗扰，致疏音候。顷接廿四日手教，欣悉近况一切。惟山居何处未蒙详示，是否即贵院新迁附近？月来渝城被敌惨炸，较前更甚，普天同愤，不知何日始能雪此奇耻大辱也。我兄阅人多矣，莽莽中原颠危至此，果矢志不懈以天下为己任者究有谁某若干人？幸留意示悉，以便随机联合，本平等互助之精神，以期救大局于万一。弟尚欲深入政治旋涡奋斗十载，竭诚尽力以了天职，他无所贪求也。腰金累累、脑肥肠满者，固不足以语此。尊意以为如何？亟欲剖切开示，俾有遵循，共策一切。最近得咏紫薇小诗一首，录呈哂正。近来如多佳作，并盼示知，以豁胸臆为快。鹤笙兄早改任参政，不在此间，箇民兄则仍司法行政部也。

紫薇

一年容易堪回顾，又见高台绽紫薇。老干凌霄有余韵，不同凡艳竞芳菲。

弟黄介民顿首，八月卅日。（1940年，由歇马乡寄重庆）

【**说明**】收信人许崇灏，字晴江，号公武，1882年生，广东番禺人。出身满清官宦世家，江南陆师学堂毕业，任清军步兵营管带。1910年由黄兴、宋教仁介绍参加同盟会，1911年积极投身辛亥革命并任独立混成旅旅长，1913年任江苏讨袁军参谋长。此后，任多项军政要职，累立战功，与其兄许崇智并称“辛亥双雄”。1923年，任粤军顾问（许崇智为司令），被蒋介石排挤胁迫离粤。1928年至1941年任考试院秘书长，1943年后任国民政府委员等闲职。1946年退休，弃政从文，著书立说，赋诗明志。解放后，任上海文史馆馆员、市政协委员、市参事室参事、民革中央团结委员等。有《大隐庐诗稿》六卷以及《新疆志略》《中国政制概要》等多种著作存世。1959年，病逝于上海。

抗战期间，黄介民与许崇灏过从甚密，函件及诗词唱和甚多。此处所选前两函为“同在渝城”，后两函为“歇马乡寄重庆”，因此时黄介民已随司法院迁往巴县歇马乡。

致覃理鸣书

理鸣老兄副院长钧鉴：有许鸿字凌青者，赣中有志之士。顷由北平脱险，间关到此。据云与我公相熟，颇蒙青睐，亟愿鼎力为谋相当工作，度此难关，提挈愈速愈妙云。盖汲引后进于困顿之中，实属为国惜才之高谊也。走谒恐相左，特此奉申，幸为霁察。即颂俪安。职弟黄介民敬上，廿八年一月十一日。（1939 年，同在渝城）

【说明】收信人覃振，字理鸣，1885 年生，湖南桃源人，辛亥革命元老，曾任孙中山总统府参议。1930 年任立法院副院长、代理院长，1932 年任司法院副院长兼国民党中央公务员惩戒委员会委员，1943 年任国民政府委员。对蒋介石早期消极抗战及其后发动内战多有不满，并曾掩护中共地下工作者。1947 年 4 月病逝于上海，家无余蓄，葬于长沙岳麓山。

覃振早年曾参加黄介民组织的新亚同盟党。1934 年，经覃振推荐，国民政府主席林森任命黄介民为国民党中央公务员惩戒委员会委员，三年后调任司法院简任秘书。

许鸿，即许凌青，其概况见前《致南昌熊纯如、蒋笈、王尹西、张斐然、黄伯忠、林支宇书》之说明。1939 年，许由日占区北平到重庆，黄介民致函司法院副院长覃振为其引荐。

致许德珩书

楚僧志兄如握：荷赠大著《中日关系及其现状》一书，精密之至，读罢击节久之。盖将数十年来世界演变经过并日寇积极向吾华侵略事实，及抗战大势情节纪载翔明，笔阵酣畅，殿以大同主义之正确见解，大有“曲终人独立，江上数峰青”之丰神意味，诚杰构也。惟其中尚有一二不妨补充者，即朝鲜志士历年在沪组织大韩民国临时政府，并不断向其国内作种种牺牲之独立运动，及其志士尹奉吉刺毙白川大将于虹口公园，较安重根之刺伊藤足相伯仲，均于吾华抗战并东亚前途之演变有密切关系。尊著再版时或酌量补充，似亦未尝不可。特贡微忱，未识尊意以为然否。手此即颂俪安。介民顿首，二月九日。（1939 年，同在渝城）

【说明】收信人许德珩，字楚僧，后改楚生，1890 年生，江西九江人。1909 年在九江中学堂读书时由曾留学日本的老师介绍加入同盟会，辛亥革命时九江光复后参加宪兵队。1915 年考入北京大学，五四运动中成为著名的学生领袖。后脱险到上海，与黄介民相识，并加入新亚同盟党。1920 年赴法勤工俭学，行前黄介民曾赋长诗赠别。回国后，曾任黄埔军校教官及国民革命军总政治部秘书长。1927 年到上海，长期从事社会主义理论的翻译工作。抗战时在重庆，1946 年成立九三学社，许任理事长。解放后任政务院法制委员会副主任、水产部部长，后历任多届政协常委、副主席，以及多届人大代表、常委、副委员长。他毕生坚持五四运动“民主与科学”的信念。1979 年，以八十九岁高龄加入中国共产党。1990 年，病逝于北京，享年一百岁。

致胡讷生书（二封）

其一

讷生吾兄大鉴：多年阔别为怅，忽接来翰，欣悉一切。国难至此，良用浩叹。日寇蓄谋侵掠已数十年于兹矣，使当国者早注意助韩问题，局势败坏当不致如此。韩友往来，现仍未断，但中坚分子已多来渝，现在桂林不知尚有熟识者否，容徐查明，如有妥实可介绍相识者，当为留意，以副雅属。不过吾辈与韩友往来，总宜推诚相见，以人类平等之大同主义相号召为是。若仍以附庸国视之，或仅以外交手腕相对待，徒欲利用一时，实为错误。若果重主义而实行互助，则流弊较少。以现抗日论，吾国自当积极助韩独立为第一战略，亦实韩人所愿负弩前趋者。是在当局者以大刀阔斧手段出之，殊非畏首畏尾枝枝节节而为之所能奏效也。此属当局有力者言，至吾辈以主义关系自当随机联络量力推进一切。尊意以为如何？嘱书小纪念品，山居一时苦未觅得长纸，书近草小词一首奉赠，为我敲正。盼勤通消息，并多物色有志良友，互相策厉，为国效用，是为急务。如何如何？即颂台祺。绍先老弟均此致意。介民顿首，八月三日。（1939 年，由歇马乡寄桂林）

其二

讷生乡兄同志大鉴：前月来示，早快悉一切。荷询对当前政治意见，请略商榷所谓张某等以新进党团而能标新帜于政治舞台云云，自足健羡。但吾人素所主张系侧重世界人类之根本改造，并未形成一国内公开政党之组织。而对本国之政治，向系协助国民革命之完成。至对最近之抗战建国，竭力推进助成，尤无疑义。不过形势不同，纯由各个分子分头参与进行，并不便用党团形式露面争取政权耳。因根本构成分子多属弱小民族志士，非仅限于吾华同志故也。但国内政权并不抛弃，是在各同志分头运用，只须取之有道，方为允当。其他一切投机取巧阴谋诡计攘夺政权之举动，吾人素所不取。且真正同志多为国民党老友，所谓三民主义与大同主义实一而二、二而一也。果吾华如不能完成独立而欲对弱小民族援手，亦属空谈，无济于事。故吾人仍本素志，各个分头参加抗战建国之国内大业，一面仍逐步量力进行国际人类改革之远猷，不求急效，并亦不放弃当前工作也。尊意以为如何？如有疑义，不妨切实往复讨论，以期至善。专复，即颂近祺。介民顿首，九月廿六日。（1939 年，由歇马乡寄桂林）

【说明】两函日期均为 1939 年。信中涉及黄介民早年组建的大同党所遵循的政治理念，以及抗战时期的行动准则。收信人胡讷生为江西南昌人，生平未详。据查在大革命时期，1926 年 12 月，中共以国民党南昌市党部的名义创办《贯彻日报》宣传革命，胡讷生任社长。该报仅发行十天，就被反动当局查禁。又 1934 年，桂系李宗仁、白崇禧从上海物色六人到广西充当高级谋士，被称为“桂系六君子”，胡是其中之一。后函中，“张某等以新进党团”未详何指。

致黄子韶书

子韶年兄大鉴：阔别几年，国事颠危至此，良用深叹。但既抗战到底，终当搏得最后胜利，而吾民固太苦矣！若不抗战而亡，永为奴隶牛马亦不合算。故当局决抗到底亦属万不得已也。至战事究竟将至何时方能解决，以弟愚见，此时尚难判定。不过看日寇内力外交情势，当不能再横行太久，一年内外或能大概结束亦未可知。至荷询道中异人云云，弟年来所遇高僧老道固亦不少，但其论断时局亦多不能作肯定语，即作肯定语者亦或失效。可见天时人事之推移，即鬼神亦往往不能预断。而此次战事尤为数千年来之大劫，在吾华只有竭力抵抗之一法，剥复兴亡之机均系于此时，仿如严冬过去必到阳春，此可断言者也。

年来关于佛道各方面书籍，与儒书同时参阅，涉猎稍多，并访求异人亦不少。总觉与我本身关系最密切者，还是我之良心为真可靠。凡事自问良心不错则天地鬼神皆当助我，否则拜天拜地拜神拜鬼，一概都靠不住。所以古人云：“奉一心为严师”，此言极有道理。故弟近来见解，儒释道各种书籍遇着便阅，借以明理。与我良心相合者方为心得，不存门户之见也。现邪魔外道到处迷害人者亦不少，果遇真正异人，自可领教，亦不特别好访异人，以免迷误。尤觉人间圣贤即天上仙佛，天上仙佛即人间圣贤。果能事事尽为人之道，诸天仙佛必相照于无形。而为人之道，不外仁义礼智信五字体认实行，实行一分便算一分，便谓之得道也亦无不可，否则空求仙佛恐反无着也。不知年兄以为如何？如有特殊高见，不妨详示，互相切磋，

以期至善,互有补益也。如何如何？余不一一。即颂台祺。……弟介民顿首，十一月二十日。（1939 年，由歇马乡寄江西遂川）

【说明】收信者黄子韶，生平未详。由信的内容可见，此位年兄对抗日前途悲观，且颇迷信异人及神鬼之说。

致黄宗汉书

宗汉先生惠鉴：久违甚念，顷获来教，知驾由滇到渝，至以为慰，本当即日趋前晤教，适因公务拘身，有所未便。尊驾长途劳顿，正好来山村一游，借得畅叙一切，至盼至盼。来路可由两路口车站乘开往北碚之公共汽车至独石桥车站（至北碚尚有数站）下车，改乘华杆约二三里路，直至莲池沟司法院便是。弟当扫径鹄候也。敝内及小儿辈均随在此，托庇粗适，堪以告慰。专此敬复，即颂教安。一欧、一美、一球、诸昆玉现同在渝城否，均此向好。弟黄介民顿首，九月二日（1940，由歇马乡寄重庆）

【说明】黄宗汉生平概要，见第一篇之说明。又据黄介民（1944 年 12 月）所写的《莲池诗话》之一节云：“黄克强先生曾撰纪念黄花岗七十二烈士《蝶恋花》一阕，曩岁在沪上曾闻其夫人宗汉女史口诵见示，今仅记其下段云：‘回首羊城三月暮，血肉纷飞，气直吞狂虏。事败垂成原鼠子，英雄地下长无语。’黄花岗一役，本为克强先生所指挥，故措词沉痛之至。今春宗汉夫人已病故于渝都，火葬南岸慈云寺矣。欲再请其重诵蝶恋花上段而不可得。其公子一欧、一美、一球诸兄弟不识曾知有此词否？容再探查以窥全璧为快。”

致张凤九书

凤九志兄大鉴：前晤甚快。弟日前赴渝得晤韩国旧友现任临时政府主席金九、光复军总司令李青天、外交部长赵素昂诸同志，备闻韩国复国运动并助我抗战一切情况，殊为兴奋。并悉韩国光复军自经我军事当局核准在渝成立以来，进行尤为勇猛。一面密派多数壮士前往东北一带集合壮丁组织成军，一面会合韩国向在我黄埔军校毕业后参与前方抗战中下级军官，已在西安集中者约二三百人，待命转入东北率军参战。关于西北东北我战区军政长官对于光复军之进行事宜，应极端了解，无条件予与一切便利，方收事半功倍之效。因思我兄西北情形较熟，知友必多，请择一二胸襟阔大高瞻远瞩之知好，能作长期奋斗者，惠与介绍于韩国金九、李青天、赵素昂诸友，俾得随机接洽互策进行。或一面并介绍与弟频通消息，尤为企祷。因此事关系东亚大局之转移要着，并于我国抗战中尤有重大与密切之关系，幸渎神霁察，紧切为谋是感。不尽一一，即颂近祺。弟黄介民顿首，元月十六日。（1941 年，由歇马乡寄立法院）

【说明】收信人张凤九，1882 年生，新疆迪化人。早年在沪参加同盟会，1912 年选为众议院候补议员，1917 年任护法国会众议院议员。1928 年起先后任国民政府立法院第一至第四届立法委员，1947 年在南京病逝。据闻，他在立法院讲坛上发言辩论新疆问题时，情绪激愤，声泪俱下，当即倒扑殒命。

信中提及的“韩国旧友”：金九（1876—1949），号白凡，著名的韩国独立运动革命家，被誉为“国父”。日本投降后，金九为建立统一的独立自主的大韩民国进行了百折不挠的斗争，并曾进入北朝鲜与金日成协商未果。1949 年 6 月，被李承晚的支持者极右分子暗杀。李青天（1888—1959），毕业于日本陆军士官学校，参加过“一战”。1919 年韩国“三・一”运动爆发后，亡命中国东北。后在以李始荣为校长的新兴武官学校任教导队长，培训了二千多名毕业生，并带领学生参加抗日部队与日军多次交锋。1940 年，在重庆组建光复军，出任总司令。赵素昂（1887—1959），著名的韩国独立运动革命家，韩国独立党的领导人。余参见后篇《致赵素昂书》之说明。

致陈其尤书

其尤老弟如握：来示备悉。剑魂之子又适在港遭此惨变，自各有其不幸因果关系，而故人闻之，缅怀旧谊，不禁为之三叹，奈之何哉！贵眷既有电报平安，想当无恙，尚希善自调摄身心，是为至要。东岛往事，追思自多感慨。但世运变迁迄未出吾辈所料，如欲真正挽回劫运，亦仍不出吾辈锄强抚弱、兴灭继绝之主张，所惜者我辈力量未能集中，故为效不见甚大。但各面知友分头奋进者仍不少，并未完全落于消极。介尚拟作一二十年牛马走，吾弟少我十年，更希积极振奋有为，当为国家为人类多多贡献有效之作法，庶几不负老天生才之至意。否则自暴自弃，殊非所宜。尊意以为如何？稍缓必当来渝一行，畅叙数日为快。善星相之好友刻无相当可介绍者，容徐图之。南温泉风景尚佳，介早曾往游一次。余不尽一一，即颂近祺。介民顿首，四月十七日。（1942 年，由歇马乡寄重庆）

【说明】收信者陈其尤之生平概要，见前篇《致香港陈其尤书》之说明。1938 年因陈揭露财长孔祥熙做军火生意而被蒋介石囚于贵州息峰集中营，1941 年获释后居重庆。信中“剑魂之子”事未详。

致饶仲怡书

仲怡同志老弟如握：三月来翰早经祗悉，以俗冗迁延至未早复，万歉！尚希鉴原。近复得十月手书，备聆各县视察所得党政社会各面情况，深以将来建国大业为忧云云。岂仅赣省，他省情势恐亦难例外。良以年来道义之风日衰，功利之见日盛。流演所届，当然不免有此现象，凡有心人所同深虑者也。不过治乱兴衰如春冬之代谢，物极必返［反］，理所宜然。万里中原终有回旋之余地。果得河山收复，战事告终，休养生息，恢复元气，继以奋发，百业并举，数十年后，主持世运者恐非中华莫属。何者？人类中和之性，终以吾华为首屈一指，数千年文史具在，非偶然也。第此过渡时代，主持国运者非重道义之士不可。是则此时我辈如欲为国效忠，亦只有多求道义之友为第一要诀。果能推重道义之风气，贯彻朝野，则事半功倍。否则枝枝节节而图之，终觉事倍而功不及半。至如贵书局出版社刊物而能侧重宣导道义之风，其影响所及，必大有裨于国运，文化允为立国根本问题也。功利之士恐不足以语此。尊意以为如何？盼勤通消息，互相磋商一切问题，虽属空谈，以期允当，或有补救劫运于万一，以尽天职，固所愿也。临颖驰怅，不尽欲言，借祝精进一切。介民顿首，十二月一日。（1943年，由歇马乡寄吉安）

【说明】收信者饶仲怡，生平未详。

致赵素昂书

素昂同志老兄弟如握：世局艰危，人群涂炭，韩华展望，弥切忧思。顷草一小词，调寄贺新郎，聊以志慨，特录呈印正。俟他日功成，盼宴我于金刚山上，再将此词刊石存念，彼此当掀髯共笑，浮一大白也。不尽百一。公私一切近况如何？盼示数行为荷。白凡、仲文、青天、海公、东悦、精一、若山诸兄统祈致候，恕未一一。黄介民顿首，十二月四日。（1944年，由歇马乡寄重庆）

贺新郎

甲申冬月有怀汉城明月楼悼何相衍，柬赵素昂并致大韩民国金九、金奎植、李青天、柳东悦、申翼熙、李始荣、赵畹九、濮纯、金若山诸老友。

飘泊天涯路。忆当年、东征舞剑，鸡鸣风雨。慷慨何郎谈大计，须得深谋远虑。雷起蛰、贤才何处？雪碾关山千万里，到龙潭、拜母登堂去。倾意气、盟鸥鹭。　登楼一醉堪回顾。共陶然、临风玉树，鸾翔凤翥。更有佳人弦解语，流水高山同赋。已卅载、依稀朝暮。多少知音伤早逝，数兴亡、成败浑无据。期再进、开云雾。

【说明】收信人赵素昂，以及《贺新郎》词序中提及的金九、李青天，均见前篇《致张凤九书》之说明。余亦皆为韩国独立运动之中坚人士，不作一一详介。

致董圣翰书

育华吾兄大鉴：去渝及抵筑来示均备悉。处兹乱世，良友欲觅一良晤而不可得，奈之何哉！但望各自善为调摄为要。年来各面知友或因公殉难，或流离以死者不少，每一念及，彻为心悸。江敬天兄去岁亦在祁阳病逝矣。此时如能维持现状渡过难关，亦是一法。前驾在渝城参加回教典礼，未识景况如何？回教中高瞻远瞩之士亦颇多否？除《天路历程》《天方典礼》外，尚有其他发挥教义之善本可在渝城购觅者否？盼详示知。弟年来尤觉天下滔滔，人心陷溺，终以倡导道义为救劫不二法门。即以宗教论，亦当以平等相待，勿先存门户之见为互有补益。否则相攻相贼，其祸不知胡底！如现印度问题，独立尚未实见，而回佛之争反紧，果何为哉！足下并为回门健者，对此当特别注意融会贯通之工作，为当前之要务。将来西北一带回汉问题亦不单纯，当局稍一不慎，极易引起纷纠为可虑也。曩岁弟经武汉，曾在武昌古回寺中听马教主讲道，惜为时太促，领会无多。弟近尤以为，无论真正信仰何种宗教，其人精神必有相当寄托，较嚣浮浅躁之徒终不相同，做人处事尚有相当规范，不致流荡忘返百无忌惮也。尊意以为如何？足下近来吟咏多否？盼随示知。弟入川以来约得诗三百余首，词百数十首，雕虫小技尚足遣兴耳。暇时录呈斋正。余不备及，即颂俪安。三月十四日，介民顿首。敝内附候。（1945 年，由歇马乡寄贵阳）

【说明】收信者董圣翰，字育华，伊斯兰宗教人士。据查，1928 年后曾在江苏沭阳县任县长有年。生平未能详考。

致周太玄书

太玄志兄大鉴：沪上一别，约隔二十数载，早闻梦九兄说驾回国返蜀，振锋蓉城大概情况，竟以疏懒未一通候为歉。此次因国难西来，滞渝已久，常欲一游峨眉青城，借亲教益而倾积悃，迄以俗扰不果，怅何可言。近接阅惠赠《现代周刊》，得读《法治与民治》大著，展诵回环，具见襟抱一斑，所见正同，深用欣跃。回忆沪渎论文煮酒，朝夕相亲，恍如隔世，不禁感慨系之。并已躬逢世界大战二次，人群浩劫愈演愈烈，你我竟能躲过危机，尚未消残壮志，亦云幸矣。何时相遇直当痛饮三百杯也。吾兄海外归来，腹内贮书尤富，著述必多。曾忆素好吟咏，清词丽句必不少。兹顺录上小词小诗各一首，借以抛砖引玉，幸为削正。临颖神驰，不尽万一。梦九兄最近仍在蓉城否？并盼惠我数行为快，均此问好，未另肃具。早闻瑶琴女史仙逝，深为悼叹，未识现已续鸾弦否？佳公子几人？希示及。弟黄介民顿首，九月八日。（1945 年，由歇马乡寄成都）

【说明】收信者周太玄，名周无，以字行。祖籍江西金溪，1895 年生于四川。中国著名的生物学家、政论家、教育家、社会活动家和诗人，有多部科学著作和译作问世。1918 年，李大钊等七人在北京发起成立“少年中国学会”，周为发起人之一。1919 年初，赴法留学，获硕士学位。1930 年回国，被聘为四川大学理学院院长，兼生物系主任。1939 年因不满国民党“以党治校”而愤然罢教离职，后为《大公报》撰写社评文章，直至 1943 年重返川大任教，当时被称为“红色教授”。1948 年，因在成都难以立足，经上海转赴香港。解放后任西南军政委员会委员及全国政协一至四届委员等职，1953 年任中国科学院常委，同年加入农工民主党，任中央委员。1968 年，病逝于北京。

梦九，即张梦九，原籍陕西，1893 年生于四川，与周太玄同为“少年中国学会”发起人之一。张、周二人与黄介民的交往始于 1918 年，当时黄在上海任《救国日报》编辑，由李大钊介绍张、周由北京到沪晤黄，并参加新亚同盟党活动。后张与黄并曾在《救国日报》与中华工业协会共事。

致李协和书

协和先生赐鉴：前趋山面亲教益，至为佩慰。荷召于日昨云南起义纪念日登山参与欢宴，深为欣感。因敝院距车站尚有数里山路，不料未及赶到早车，未能成行，殊为歉怅之至，尚希谅宥为感。兹谨奉呈七绝一首，聊申微悃，借博一粲。他日俟机再图趋前承教一切为快。不尽一一，专肃即颂潭安。黄介民顿首，十二月廿六日。（1945 年，由歇马乡寄歌乐山）

渝都乙酉云南起义纪念日寄呈歌乐山协和先生

平生豪气不辞难，履险扶危若等闲。几度义师倡讨伐，巍然一柱隐云山。

【说明】收信者李协和，即李烈钧，生平参见前篇《致上海徐药群书》之说明。李烈钧自 1928 年国民政府改组后，仅任国民党中央及国府委员之虚衔而无实职。抗日时期，多与知友诗酒唱和。此信之后不足两月，李即病逝于重庆，未能随府还都南京。

致仇亦山书

一九五二年七月卅一日于汉口

亦山老兄同志大鉴：前上函想早经大览，今午适偶饮汉汾一大杯，念及故人，特上数行。兄近玉体安康，诸凡如愿，为慰如颂。弟前端午偶草一词，调寄锦堂春，录呈以当一叙，词云：

岁月如流，劳人草草，天涯又过端阳。畅饮三杯南酒，美味清香。遥念汨罗江上，古哲风韵悠扬。再千年万载，竞渡龙舟，凭吊忠良。　　纵观沧海云雾，叹茫茫奇劫，竞赛兴亡。霎地飞机枪炮，相杀成狂。试问谁无骨肉，一间耳，何用称强。终愿和平世界，人我同存，地久天长。

希切实为我敲正，以便遵行。勿以为舞文弄墨之老朽而忽之，幸甚感甚。顺及者，山西老友马鹤天、浙江老友林竞、湖南老友朱乐三，三友现不知尚在人间抑因何失踪或在何处任事？并请查知其通讯处示我，万感万感。余不及。即致敬礼！弟黄介民顿首。

致北京仇亦山书

亦山老兄如晤：早接八月廿一日手示并生日古体一首，欣悉一切。大作昂藏优裕，甚妙甚妙。弟未能叨陪末座特晋一斛为歉。兹敬上一诗以为老年兄弟纪念。日前国庆适撰一小词，并录上。为我敲正为荷。

亦山老兄七十五生辰诗以寿之

老骥纵横数十秋，非同王粲惯登楼。风云际会尤奔放，万里长征志未休。

连月读列昂节夫政治经济学后感想，调寄《醉花阴》，即以此词祝贺国庆。

兀坐南州观宇宙，潇洒醉清昼。国庆近重阳，策杖腾欢，出入风盈袖。　　人群进化由争斗，真理终成就。试看百年来，剥削凶残，一律称强寇。

余后及。即颂大安。弟黄介民顿首，九五二年十月四号。

【**说明**】收信人仇鳌（1879—1970），字亦山，湖南湘阳人，辛亥革命元老。后多次帮助共产党，曾筹划和平解放湖南。1949 年应毛泽东电邀赴京，毛主席设宴款待。后任全国政协委员等职。但他素以诗书、史自娱，“无意职位”。1951 年给毛主席写数千言长信，“剀切陈词”，毛主席回信说：

“共产党就是需要你老这样的诤友。”“文化大革命”中，红卫兵勒令他扫街，这位年过九旬的“半肺老人”（因肺癌割去半边肺）病倒不起，弥留时致书亲友：“浮云蔽日，不死何待。”前信为黄介民与仇同在汉口，仇为中南军政委员会委员兼参事室主任，黄为参事。后信为黄已调回江西，仇到北京任事。二人自日本留学时即相交，是几十年的老友。

致马鹤天书

一九五二年八月二号于汉口

鹤天老同志如晤：顷接手示，慰甚慰甚。据来示谓：我们几十年来的理想大同主义逐渐实现，且将来必然实现，共产党的方法才是真正达到大同路线云云。非惟我有同样的感想，凡真有大同思想的人，同有此感想。你因乘自行车跌伤养了很久方愈，此算不幸之大幸也。至问我年来如何，家庭如何？我系大约一九四八年由南京自动退休回江西清江家中，安心做一老百姓，住了二年。素无储积，便课了几个中小学生度日，稍存自食其力的意思。一九五〇年因老友林伯渠、陈劭先（民革）联名直函致江西邵主席推荐后，由邵主席即函聘我为江西各界人民代表会议特约委（员），出席代表会议后，又任为协商委员。同时，中南军政委员会又发表为参事室参事，我后只得又到汉口任参事。家庭情形，只有祖田五亩，小土地出租，余无长物，类无产者。有元配同年，生一长子，早病故。不免宗法思想，后又结了次室，生二子，长子十九岁，现在汉口参军，次子十一岁在初小读书。元配、次室、幼子现同在汉口，尚称粗适。此家庭情况也。你家庭近况如何？下信告知。

至问大同学会有何人在何处？一言难尽。即现在北京服务者亦不少。大抵当富贵利达之场，人情最易喜新厌旧，不须多说。我说他是好友，他不承认，岂不迹近招摇。哈哈！暂缓再看罢了。总之，丁此大时代使人技痒，匪日尚有余勇，不甘寂寞，不过尚有一二微愿，顾我颓龄，恐不及亲见有能实行者为耿耿耳。此间蚊蝇亦少，卫生运动大有进步，北京自必更妙。何时能把晤为快！即致敬礼！亦山兄均此问好。四号手示祗悉，惟措词太客气，愧不敢当，谢谢！黄介民顿首，九月二号。

【说明】收信人马鹤天（1887—1962），山西芮城人，早年留学日本，参加国民党并从事革命活动。曾任职于甘肃省教育厅，并任甘肃学院（今兰州大学前身）院长、国民政府蒙藏委员会委员等职。解放后在中央民族学院和中央民族事务委员会工作，其间曾被聘为山西省文史馆馆员。著有《内外蒙古考察日记》《甘青藏边区考察记》《西北考察记青海篇》《东北考察记》等。早在日本留学期间，与李大钊、仇鳌、林伯渠等参与组织神州学会（大同党前身）时，即与黄介民相交成为好友。

信稿后落款为“九月二号”，信前为“一九五二年八月二日于汉口”，可能是再次写完，或许是信前的“八”字为误写。

致陈劭先书

劭先同志如晤：前月廿三日来函，收悉一切，殊为恳切，不失老友态度，甚感。只得暂仍住汉，不作归计，以免乡居太闭塞也。似此我又不得不将我思想行为略述一二，告慰老友，非欲自衍也。我现仍日求进步，非敢故步自封。自前年解放后到南昌参加人民代表会议后，多阅各种书报，了解各种政策法令，并另借阅列昂节夫著的《政治经济学》一厚册，又借阅列宁著的《进一步退两步》一厚册，去春抵汉以来，除逐班学习外，另阅到学习资料不少，又借阅列宁著的《论马克思恩格斯及马克思主义》一厚册，并借阅史大林[①]著的《列宁主义问题》一厚册，及购阅《毛泽东选集》一、二卷，常阅《人民日报》《长江日报》各种社论，增加我的知识甚多。一切一切我知非进步不可，非慎重进步更不可。我辈本非投机，亦非变节，

① 今译斯大林。

随机进步，正恰素愿。请你放心一切。

兹小儿志梁去年参军到汉，在第四通讯学校学无线电已毕业，奉调来北京工作，特嘱晋谒，盼视同子侄时加督教一切为感。即致敬礼！并候俪祺。介民，十二月十二日。（1952年，由汉口寄北京）

【说明】收信人陈劭先（1885—1967），江西清江（今樟树市）人，与黄介民同乡。清末秀才，两江师范肄业，同盟会员。参加过辛亥革命，参加讨袁的“二次革命”失败后流亡日本，而后在国内进行过多方面的革命活动。解放后，曾参与组建中国国民党革命委员会，并担任国务院政务委员，以及第一、二、三届全国人大常务委员会委员等职。“文革”中受到康生等人的诬陷，1967年12月突发心脏病去世。陈与黄介民、徐药群等，在辛亥革命中奔走于南昌、临江间，谋办临江国民军，在日本时也一同奔走革命，后加入新亚同盟党（大同党前身）。解放后，陈与林伯渠联名推荐黄介民给江西省邵式平主席。陈、黄二人是几十年的老朋友。

复缪敏书

缪敏先生：日前接尔来信，据云方志敏的朋友谈我在上海时方志敏同志常到我那里玩，并照有照片。其接触时言谈品质方面，嘱我写些材料给尔，尔正写方志敏同志一生事迹一书云云，甚佩甚佩。我细忆与方志敏同志互认为好友确是事实，互换照片亦当有之，奈我多年来行踪零乱，亦被遗失。但与方志敏同志接触时，总觉他意志坚强，言论切要，深为感佩。如后再发见与志敏同志有关事件、文件，当随时奉告，以附雅嘱。即致敬礼！黄介民，一九五五年四月二十号。（1955年，由南昌寄出）

【说明】收信人缪敏（1909—1977），江西弋阳人，烈士方志敏之妻，比方小十岁，1927年两人结婚。原名缪细，后方为其改名为敏，同在红军中工作，江湖上号称“双枪女侠”。1936年被捕，1937年国共合作时应共产党的要求被释放，毛主席发电报请她到延安工作，并在窑洞外迎接她。全国解放前，得知方志敏的母亲还在世，经毛主席批准，缪敏回到家乡工作并照顾婆婆。毛主席曾说：“方妈妈是我们革命者大家的妈妈。”据知，解放后缪敏曾到南昌黄介民家中走访，后又写信希望找到方志敏的照片和信件等材料。

黄介民文稿选

大同党对北京惨杀案宣言

（1926年）

全人类同胞公鉴：本党成立已有十年，以民族平等、国家平等、人类平等为党旨，本党分子各本党旨分工效力，殊途同归，只求有裨实际，从不与人争夺，性质原与任何国家之公开政党不同故也。本党名义，除去岁北京一部分党友对上海“五卅惨案”向全人类发表一次宣言外，向未公开发言。今对北京惨杀案尤觉大伤人道，不得不再推诚相见，与我全人类同胞平心静气一商榷焉。

谨按此次京案发生，近因为大沽事件，远因为《辛丑条约》。然使无远因，近因无由成立。换言之，非有辛丑不平等条约之束缚，则侵害中国主权之大沽事件无由发生。是结痂所在即为《辛丑条约》也明甚。至《辛丑条约》之存废期限，不得胶柱鼓瑟，实当因时变通，方为真正国际公理公法。是则《辛丑条约》只适用于屈弱之清廷，当失效于方兴之民国，因各国既已公然承认中华民国矣，则民国与各国当以绝对平等为原则。中华民国乃采五族共和之新政体，则凡汉满蒙回藏所有版图内之一切主权，各国胥不得有所侵害，且以前所侵害者皆当失其效力。是《辛丑条约》与中华民国当不发生约束也明甚，则大沽事件之是非屈直更不待辩而自明矣。然此乃据理法言之，即以利害论，《辛丑条约》一日不废除，一日侵害民国之主权，即一日损伤各国之信义，则中国人民排外之风将日演日烈，影响于各国商业当可想见，是果为各国之利乎害乎？此本党主张根本废除《辛丑条约》为对京案之意见一也。

至自称执政府之段氏等，以前罪恶且不论，即此次对失败之外交不自引咎，反任意枪杀市民学生至数十人之多，古今中外无此残暴当局，真当天人共怒，罪不容诛！古有为匹夫匹妇复仇之义，矧今市民学生数十人乃为民国牺牲者乎！此本党主张追随全国人士之后讨伐段政府为京案之意见又一也。

至此次主导群众运动之徐谦等中途逸去，终乃匿迹于俄使馆，致牺牲数十青年而自身竟逍遥局外，昔人云："我虽不杀伯仁，伯仁由我而死"，徐谦等之自处是否合乎正义，当为明眼人所共见，须明辨是非，好作将来群众运动之劝诫。此本党主张对徐谦等当持纠正态度而为京案之意见又一也。

谨此宣言。是否有当，愿与我全人类同胞共商榷之。

【说明】1926年北京发生的"三·一八"惨案。此文系据黄介民手稿整理，但以何种方式在何处发表，则未详。

松风馆文草[①]
（1945年）

序

予自三十岁以来，浪游南京、上海、东京、朝鲜、奉天、北京、山东、河南、广东、浙江、安徽、湖北、四川各地，所草诗词文字约计数十万言。诗词间有存稿，文字除在《民彝》杂志、《救国日报》、《五九杂志》、《大学学报》、《边事月刊》诸刊物发表外，迄少存稿。其中因时立论，固多肤浅之言，无久存之必要。然言为心声，自问所有言论皆从心坎流出，关于国家天下之大事，要重公理而抑强权，其精神意志实属一贯。忽忽已越三十载矣，所志所事，百未一就，行年已逾六十，当知五十九年之非。此后有生之年，想文字因缘仍难断绝关系，所草文字当亦知所警惕，随时自存以便修省。渊明云：著文自娱，

①《松风馆文草》共计十四篇，有赋论、传记、祭文、墓志等。据知，均未发表，今选几篇分享。

颇示己志。窃取斯义，工拙固非所计也。时因抗战西来已历八载，所居在巴县西山之麓莲池松风馆，故颜曰“松风馆文草”云。

中华民国三十四年一月二十九日即夏历甲申十二月十六日黄介民自叙。

东冈记

东冈居士黄介民

川东巴县西山之麓，迁建区左家院子，司法院公廨在焉。门前有池名曰莲池，其下长溪日夜潺湲不息。池之东有高冈，姑名东冈，松篁灌木苍翠环绕，四时之景略同。冈顶一盘石，形同虎踞。予寓左院东宅密迩东冈，居恒小饮微醺，策杖散步，辙［辄］立盘石展望东西两山爽气，恰如双龙游衍左右，而会饮于嘉陵江者然。询胜境也。更西望唐兴古刹缙云寺之缙云山狮子峰，隐约可见。再西岷峨、青城，再西雪山昆仑，均属虚无缥缈，虽未能目睹，常引领神游也。冈之近侧辟一圃，公余时与妇孺嬉戏杂作于其间，豆瓜蔬果相继栽种不绝，洵乐事也。静言思之，当此全球血战千古未有之浩劫，而我得此桃源，若萧然局外者已七八载矣，何幸如之。是则东冈与予关系綦切，他时大难芟夷而出三峡，尤难忘怀于东冈也，因更自号为东冈居士，并歌以志之。歌曰：

风云莽莽兮变幻靡常，幽居深谷兮山高水长。西来数载兮得此仙乡，龙盘虎踞兮永矢勿忘。

四如乡记

东冈居士

甲申除夕前四日，大雪纷飞自朝至夕未已。晚饮微醺，围炉教次儿志梁诵古诗至《怨歌行》后，焚香静坐，默念班婕妤[①]此诗足以发人深省。盖

① 班婕妤，汉代才女，为汉成帝宠幸，后为赵飞燕所妒遭弃。写《怨歌行》以团扇自喻，末句云“弃捐箧笥中，恩情中道绝”。

喜新厌旧人之恒情，自古已然，于今为烈。历忆予之友人某某、某某[1]，留学东西洋回国，无他正当理由而欲弃妻另耦，乃自诩为保存一夫一妻主张者若干人，有为予忠告而止者，有径直遂而不纳予之忠告者，皆喜新厌旧之一念为之也。盖倡之者寡，和之者众。人心之邪正，风俗之厚薄，天下之安危胥系焉，奈之何哉！旋就寝熟睡。梦入一大城市，危楼杰阁不计其数，游兴未阑，精神疲困，倏转到一后街小巷，曲折奔窜甚久，难寻出路，甚窘。遇一火夫，乃导入厨房，复旋转小巷，始得出险。忽见大地空旷，黄童白叟嬉戏于其间，风和日丽，万类融和。平房甚众，比户而居，皆悠然自得。其中建一大厅，中悬三字大额曰“四如乡”。其后序文字较小，未及详视而觉。即闻鸡声报晓，不能成寐，倚枕追思，历历印入脑海。因念“四如”果何意义？是何朕兆，寻思久久，忽忆《诗经》有云：如日之升，如月之恒，如南山之寿，如松柏之茂。除此四如外，遍忆圣经贤传，无此四如连缀成文者，或有之吾不知也。具朕兆果为何意者？其将城市当乡村化之趋势欤？是则殊有研究之余地也。

忆昔念年前南北战争，武昌被围数十日，居民因闭城绝粮而死者不少（以下略去约五百字，内容为作者历来提倡“拆城”之主张和理念）。辗转反侧，触绪寻思，今以梦境相证，诚不如“城市乡村化”之为妙。而予“拆城”之宿见，当有重提之必要也。

又念古哲有云：人维求旧，物维其新。是则前所述《怨歌行》犹求旧之意，而“拆城”之见殆亦不失为求新之义欤？果城市而皆化为乡村，更均能如“四如乡”之风味，人人皆有“四如”之幸福，古所谓大同世界者，亦不过如是而已，岂不快哉！拉杂书之，作《四如乡记》。

---

① 查黄介民《信端》1927 年 12 月《致某君书》云：“……今之伟人，怜新弃旧者多矣！中山作俑于前，介石效尤于后，……宋家姊妹，有类人妖。想新夫人见解必能不趋时尚而重情理也，惟在足下善为处之耳……”

吴木兰事略

予在沪与吴木兰[①]初相遇于黄克强夫人徐宗汉家，高谈阔论，富须眉气，与宗汉相伯仲。宗汉向予介绍，得知木兰从事革命大概经过：盖辛亥革命时奔走甚力，并曾在沪宁一带倡组女子北伐军，慷慨激昂，足称女中豪杰。迨洪宪时袁氏颇欲重用木兰刺探民党内幕，其中曲折颇多，木兰不许，反回赣任秘密倒袁工作，为赣督李纯所捕，入狱年余，迄袁氏败死，始得释出。迨后与湖北知名之士汪剑农结婚生二子。惟素性过于急躁，因事与剑农发生冲突，竟至离婚独处。厥后更对长子督责过严，其子亦竟一去不返，多年不知其踪迹所在，木兰亦竟漠然置之。一日予与木兰遇于南都，倾谈之余，并谓彼革命经过，"旧稿不少，将来请你为我整理"，并向予索诗。予遂出黄海轮中读秋瑾遗集感赋七古[②]一首以赠，意欲其以秋瑾自期许。彼遂告予云："我实秋瑾竞雄女校学生出身，秋师实死于我手。"予为骇然问故，彼云"秋瑾被逮，绍兴知府某某将竞雄全校学生各别审问，秋瑾素日有无革命鼓动？均答不知，惟我年最少，彼时仅十三四岁，不知利害，便照直答：'秋校长时常演讲鼓吹要革命是实。'该知府遂决定将秋瑾枪毙，这不是等于死于我手？迄今思之，真是罪孽万分"等语。是秋谨之死于彼供词，确有重大关系，奈之何哉！外人罕知此段实录也。

厥后间尝相遇于沪宁一带，豪气不除，并能狂饮大赌，淋漓酣畅，滑稽突梯兼而有之。素本小脚而惯穿大足革履，人笑之，则曰："此乃真是改组派。"盖讥汪精卫为假改组派云。往往亦颇穷困，然出入党国要人之门，泰然自得，不轻于人。予曾戏云："你何不在某某机关随便挂名工作以维

---

① 吴木兰为民国女权运动领袖之一。1905 年，孙中山与黄兴组建同盟会时，吸收了二十多名女性加入，其中包括秋瑾、唐群英、张汉英、何香凝、吴木兰等人。后吴木兰成为"女子参政同盟会"会长，并在同盟会下组织女子经武队，但其生卒年、经历、家庭状况和死时情形等均未详。

② 参见黄介民"诗词录"中的《渤海轮中读秋侠遗集感赋》（1928 年）。

现状？”彼答：“朋友不能做部下，一做部下，朋友资格便牺牲了。”此语耐人寻味，然有见地。“七七事变”起，乃在宁昌办女子红十字会，奔走筹划，倡导抗战，不留余力。迨府院迁都入渝，彼亦追随至鄂，相遇于汉口旅寓，并曾同往某佛堂礼佛禳灾，更曾同往某山头访侠论剑，周旋数日。一日忽告予再访居院长觉生[①]后，当离此返沪工作，或仍理女子红十字会旧业云云。

后予亦即入川，迄未通消息。最后某岁在渝见沪报载，吴木兰被刺死于法租界嵩山路某旅馆楼房，凶手由窗外开枪刺死于卧铺之上。检其遗体，衣袋内满贮当票，并有司法院友人一函云。后予亲问觉老，据示“木兰初抵沪时来信，予曾汇寄小款，后再来信索款，予即患剖腹重病，迁延数月，未及回信”云云。似此则木兰之死实为伪组织汪派所刺无疑，否则不致穷至当票满袋，且留司法院友人函件在身。有传木兰为汉奸之说，乃诬毁之词也。

闻后为沪上某义士代为收尸安葬某处，并闻其次子某数月前曾在沪完婚。婆媳共居数月云。至其离婚夫剑农则自离婚后即皈依南海印光法师多时，后并转荐为苏州木椟寺主持，勇于念经拜佛，精疲力竭，仅数阅月而竟圆寂于木椟寺云。当印光法师由南海送剑农赴木椟途经沪上，予友周剑秋曾设宴于功德林饯行，约予相陪，得与印光、剑农师生晤叙数小时。剑秋与剑农素为知友故也。

木兰江西抚州人，死时年约近五十。回思交谊，心为怆然。迄今印光法师与剑秋、宗汉诸知好并已先后谢世矣！可胜慨哉！[②]

乙酉春月黄介民志于渝都司法院莲池公廨。

---

① 司法院院长居正，字觉生。

② 黄介民晚年致友人信稿中，多次提到白居易诗《感旧》中的末句：“人生莫羡苦长命，命长感旧多悲辛。”

修篁赋

并序

黄子遁居于巴县万山中莲池，已七八寒暑。乙酉孟夏，凭窗寄傲，薰风南来，见修篁摇曳于晴空，极萧疏闲逸之致，有感于中而为此赋。

远维洪钧之造万物兮，各予以天然之性格。历千劫而不改兮，神妙超乎生灭。伊修篁之接于目而洽于心兮，泻长吟而自得。曾经春日，桃李呈姿，花飞叶绿，结子盈枝。笋肥嫩而香甘兮，荐春盘以倾渝酒。采鲜荪[①]以调清羹兮，冒零露而搜林薮。怀七贤于往昔兮，频延伫而搔首。歌淇澳而神旺兮，慕切蹉之良友。流莺争鸣，瑶草成茵，谷风习习，不染纤尘。念炎威之肆虐兮，惯就凉而习禅定。或携儿曹以嬉戏兮，恣吟啸而遣兴。自秋徂冬，风霜冰雪，中空外直，夷险一节，永苍翠以凌霄兮，俯仰从容。比坚操于岁寒兮，松与梅具相同。

瓜蔓赋

并序

予居川东莲池左家院已数载。东向辟一窗，窗外层岩迭起，蘅芜满目，名曰蘅窗。窗畔滨岩，拾石筑一低长小圃，每岁种南瓜数本，蔓延岩上下，历夏及秋，绵绵瓜瓞，朝夕相亲，无间晴雨，至为欣感，而为此赋。

山居数载，辟窗向东，蘅芜常绿，展玩从容。每东风之解冻兮，农人告予以春及。渐风和而日暖兮，惊百虫而起蛰。种南瓜于窗畔兮。仅平行之数粒。渐渐萌芽，初成二叶。叶复兮层，抽条成节。逐节发龙头以前进兮，蜿蜒游衍而成绵绵之瓜瓞，唯当炎帝施威，经旬不

① 荪即竹荪，一种生于竹林的菌类，通体雪白，顶部有状如婚纱的冠被披下，亭亭玉立于落叶之间。步入竹林，如嗅到其特有的清香，则在附近数步之内，必有此物。有时寻觅不得，轻轻拔开黄色竹叶，见其赫然在目，快何如之！雨后随老父入竹林寻竹荪，是笔者幼时最快乐的功课。

雨，叶萎花焦，命绝如缕。时汲山泉以灌溉兮，如给婴孩以芳乳。终见繁荣而心喜兮，庶无惭乎老圃。嗟嗟！黄台之瓜，不可再摘，东陵之瓜，亦云遁迹。愿兹天府之土兮，百度维新。种瓜得瓜兮，慎造厥因。优悠以遣兴兮，不作无病之呻吟。静观万物而自得兮，乐我天真。

亡友传（续集）

（1954年）

据知，早年黄介民曾写过《亡友传》，并似曾付印过。写此续集开始的日期为1954年6月27号。今选录其三人安恭根、金九、金若山皆为韩国志士，大同党人。当时作者已七十二岁，完全凭记忆所写，记叙未必详确。其主要内容是写黄介民调解金若山和金九之矛盾。

安恭根传

安恭根，朝鲜人。日本吞并朝鲜后，安重根在哈尔滨车站刺死日相伊藤博文，重根死节，其全家逃散，恭根即重根胞弟，逃往海参威一带。后入俄国莫斯科等地游学有年，颇有智谋气节，以坚决反日为职志。后转入中华至上海，由大韩民国第二届临时大总统朴殷植介绍与黄介民相识，欣然加入大同党，慷慨倾谈，相见恨晚。后久留上海，时相过从，热烈策切一切。朴殷植初向予介绍安恭根时，谓此人比乃兄安重根智略更妙云云。后朴殷植在上海医院病故，时即嘱安恭根转告中华黄介民诸友努力前途革命云，可胜慨哉。安恭根后又绍介第三届临时大总统金九到予寓相见，欣然加入大同党，互相深叙一切。厥后抗日战争发动，上海尤为激烈。金九、安恭根密计令金九学生尹奉吉化装日本学生混入洪口长天节日庆祝大会炸死日本白川大将等，尹奉吉烈士死焉，此大有造于中华民国也。抗日战事日紧，国民政府迁都入川，予亦随府院到重庆。后金九、安恭根亦到重庆相见，时相计议。安恭根告我，数月前金九在沪被朝鲜共产党金若山暗击一枪，幸未中要害，卧医院诊治数十日方愈，始来重庆云。再后金若山亦到重庆相见。一日，予特约金九、金若山、赵素昂、朴纯等等朝鲜同志，宴会席上予系特别提议调解云：现在彼此都在患难中，无论朝鲜共产党、朝鲜独立党都被日本牵制，彼此又都是大同党同志，当以绝对反对日本为第一义，急宜竭诚合作，不宜互相仇视。座中都激烈拥护此说，金九、金若山都首肯。其各人心中究竟如何，予固难判定也。

其时安恭根早在旅寓失踪中，随后多方调查，不知真象，是否死于日机混乱轰炸中亦不可知。伤哉伤哉！此大略经过事实。其他详情再俟补充。悼以诗曰：

由来志士多辛苦，尔我相逢岂偶然？底事短期成永别，悲凉搔首问苍天。

【说明】安恭根的大哥安重根1879年生，1909年10月在哈尔滨击毙伊藤博文时，时年三十岁。安恭根于1939年5月30日在渝失踪，当时他是韩国国民党常务理事，负责该党对日情报工作。近有人认为，他是被日本间谍勾结在重庆的汉奸所杀。查黄介民《尺牍存稿》，有1939年6月《致安恭根书》（歇马乡寄渝城）云："顷始由友人转到前月廿日专片，得悉一切。介于前月初旬随敝院迁地办公，今始就绪。致专片展转押误，幸谅。果有何要事告知？即请函示，交巴县介收便妥。……介民顿首六月四日。""片"即明信片，可见当时急于想面见老友告知"要事"。

金九传

金九，金九单名九，殊奇特，朝鲜人。自幼艰苦异常，并曾在金刚山为僧有年。日本吞并朝鲜，下山协助反日革命，奔走各处不停。后到中华上海，参与大韩民国临时政府要职。某年三月一日为朝鲜独立纪念日，寓上海朝鲜男女大小数百人假法租界某教会堂开庆祝大会，金九主席。黄介民亦被邀请参加。介民即带去旧作赞叹朝鲜烈士安重根、罗喆一长七古[①]，书成一长幅，悬挂礼堂，并请介民演说，热烈欢会而散。厥后临时政府改组，金九被公选为第三届大总统，主持一切。一日，金九、安恭根访黄介民，安恭根介绍金九加入大同党，三人欢叙一切而别。抗日战争发动，上海轰炸尤甚，人心惶惶。金九与安恭根密计，暗遣金九之学生尹奉吉趁洪口日本天长节庆祝大会，化装日本学生混入会场，炸毙日本白川大将等多人，影响战事甚大。尹奉吉烈士殉焉。

后甚久，金九、安恭根亦间关到重庆相见。恭根告介民：数月前金九在沪被朝鲜共产党金若山暗击一枪，虽幸未中要害，医治数十日方愈，始来重庆云。再后金若山亦到重庆相见。予遂特约金九、金若山、赵素昂、朴纯等等朝鲜友人宴会，特别提议调和云：无论朝鲜共产党、朝鲜独立党，现彼此都在患难中，被日本牵制，又都是大同党同志，当以反日革命为第一义，急宜竭诚合作，不宜互相仇视云云。座中诸同志一律同意拥护此说。金九、金若山亦都相与首肯。其个人心中如何予固难判定，后闻金若山亦曾参加临时政府陆军部长云，后金九在重庆常相见深叙一切。安恭根则在旅寓失踪，多方调查不得真象，是否日机轰炸重庆时惨死于公众中亦未可知。再后闻战事急转，朝鲜临时政府须迁回汉城，予遂由巴县赶到重庆与金九、赵素昂、朴纯等等辗转宴会欢叙饯别。彼等即乘飞机共返汉城。予此后亦因抗战复员随府院返南京稍住，予时年已六十五，照规定可以自动退休，予遂申明退休，挈眷归江西清江家中，与各面友人音信疏阔。后闻友人云，看沪报载金九已归山中不问时事，被朝奸李承晚派人暗杀已死云。真正内容俟续。伤哉伤哉！悼以诗曰：

---

① 见《三十七年游戏梦》："乃感赋《相怜曲》一诗云：闻道韩亡两人杰，安公重根罗公喆……"

生来赋性原奇特，要在人间树奇节。朝奸相遇便牺牲，免看朝鲜罹浩劫。

【说明】金九简况，见“信稿选”中《致张凤九书》之说明。据查，金九曾名金昌洙，1896 年因杀了日本人被捕，越狱后在公州麻阁寺出家，后长期反日，多次被捕。其遭枪击是 1938 年 5 月 6 日在长沙开会时。他于 1949 年提出南北协商建立统一政府，并与金若山同往北朝鲜，与金日成谈判失败。1949 年 6 月 26 日，在京桥被暗杀。著有《白凡逸志》(自传)。

金若山传

金若山，姓金名若山，朝鲜人。△△年予在上海，由大韩民国临时政府秘书长兼外交部长赵素昂同志介绍同来见云，此青年是韩国志士，请予加入大同党。予系欣然欢迎履行手续入党，时年尚未二十。后数日复来向予云欲学造炸弹，请予介绍教师。予遂与同志易梅园商酌，梅园遂介绍其老友周平卿，并介绍平卿加入大同党，遂约平卿与金若山详商后，乃由平卿与金若山往东北奉天山中租一小屋共居密教造炸弹法约数十日。学成回沪后，若山见予总表敬意，与朝鲜独立党同志一致运动，颇具热诚。又后数年，金若山另具只眼，与朝鲜青年多人组织朝鲜共产党，予闻之不以为怪，以为未尝不可。但其后与朝鲜独立党积极冲突斗争，予则不尽以为然。如对朝鲜独立党最有大力之申奎植并为大同党同志，竟被金若山种种威迫气愤而死是也。后又某年，日本田中大将由上海转台湾，金若山一日告予云彼已定计由汇山码头暗刺田中，若失败请注意。后数日，田中上汇山码头，果有刺客击田中一枪，恰有一西洋妇人走过代田中受枪即倒地毙命。田中幸免救去，即捕获刺客二人处死，旋金若山与同志三人脱险逃出，予遂密藏同志黄鼎琦家中数十日，方设法免难。此实金若山一特别大计失败也。

后又某年，朝鲜独立党又为大同党同志为大韩民国临时政府第三届大总统之金九被金若山在上海击一枪，幸未中要害，医治数十日方愈。旋抗日战事发动，京沪不安，国民政府迁都重庆，金九、金若山亦先后到重庆，予遂设宴邀集金九、金若山、赵素昂、朴纯等等诸朝鲜同志，予遂唱导现在彼此都在危疑患难中，无论朝鲜独立党、朝鲜共产党同受日本牵制，当以反日为第一要义，彼此当竭诚合作，不当互相仇视，又同为大同党同志，特为此建议。座中一致赞成此重大建议。金九首肯，金若山亦首肯。其二人心中果如何固难断定。后闻金若山并参加金九临时政府任陆军部长云。此又一段经过事实也。后时局好转，朝鲜临时政府全部迁回汉城，予曾饯别，予亦随国民政府复员回南京。不久予年已六十五，自请退休回清江家中，遂与各方面友好少通消息。在家时有友人阅沪报告予云：金若山为朝鲜新军元帅，金日成之参谋长，已死，金日成为向其灵位致奠云，想系事实。伤哉伤哉！此予实知金若山大概情事，其他经过详情，查明再续。悼以诗曰：

之子纵横气，舞剑恨天低。如何不长寿？使我涕沾衣。

【**说明**】金若山(1898—1958)，名元凤，韩国独立运动政治家，他一生为朝鲜独立奋斗的经历十分复杂，曾任朝鲜民族革命党副党首兼总书记、人民共和党委员长、韩国光复军少将副总司令等。早年在朝鲜是“义烈(义士、烈士之意)团”的团长，组织过许多反日的暗杀活动，实乃“舞剑恨天低"的少年英雄。后来到中国更是参加了一系列的革命活动：他作为黄埔军校第四期学员，毕业后留校任政治部教员，参加过北伐，随后又参加南昌起义和广州起义，全民族抗日战争时期组织“朝鲜义勇队”与八路军并肩作战。1948年朝鲜南北各成立政府，金九在南方的“大韩民国”极力反对韩国单独大选的“联合国决议”，提出应由南北协商建立统一政府。金若山虽与金九的信念不同，长期对立，但此时金若山仍随金九同往北朝鲜参加联席会议，与金日成谈判成立统一政府，但以失败告终。金九回南方后被暗杀。金若山后当选为朝鲜民主主义人民共和国第一任监察相，朝鲜战争爆发后任检阅相，1954 年任劳动相，1956 年被选为朝鲜劳动党中央委员，1957 年成为最高人民会议常务委员会副委员长。1958 年 11 月，金若山在“肃清南朝鲜劳动党和延安派”的运动中被清洗、被处决。黄介民在 1954 年写《金若山传》时，说他“已死”，显然是误传。

黄介民诗词录

1918年

浔阳志感

半年三过浔阳地，任是回肠不说愁。冶绿妖红逞骄妒，好凭霜杀定阳秋。

甘露寺怀古

有时似龙虎，有时似莺燕。鱼水变风云，纵横惊闪电。分鼎地犹存，不见旧宫殿。鹃啼蜀道难，枫落吴江冷。滔滔扬子江，淘尽千秋恨。

由歇浦之羊城留别兰君

萍踪托肝胆，一诺重千金。歧路休留恋，相期一片心。

歇浦青年会二十周年纪念

死生千载上，感念千载下。公道在人心，杀身成仁者。

轿夫吟

贫富如天渊，我为无钱苦。人坐舒且闲，我行汗如雨。

车夫吟

人坐如木神，我奔快如马。上坡比下坡，汗更如泉泻。

旧历七月十五日夜黄海舟中感怀

游子十年来，悲怀知几许。何况是今宵，心伤泪如雨。

惜分飞·悼景条麓（定成君之父）先生

忽听鹃啼天地暮。秦岭飘风吹度，冷透珠江树，树头游子哀哀诉。　离合悲欢原有数，毕竟谁非薤露。无奈伤神处，蓼莪歌里同袍赋。

西江月·悼毕少珊王太夫人

十载天涯访友，贤孙哲嗣同游。春申江上月华楼，重见高堂白首。　闻道松筠苦节，百年大半悲秋。无端云鹤去悠悠，一束生刍空有。

何满子·挽申卓吾先生文龙父也

百岁原如一梦，浮生本类飞英。骨肉情缘都有限，寒来暑往分明。等是悲欢离合，奚论修短颜彭。　哲嗣风尘相识，不才蓬梗为生。歇浦重逢归故剑（介有古剑，文为由东挚归歇浦），何当干莫同鸣。惆怅洞庭乔梓，敢云太上忘情。

满江红·祝世界平和会

惨淡尘寰，愁听惯、杜鹃啼血。都为是、龙蛇起陆。互争优劣。羌管悠悠飞雾紧，胡笳恻恻横云裂。苦牺牲、多少好头颅，夸英杰。　德皇遁、俄皇毙，平民恨、差堪雪。待平和、整理兴衰继绝。大地同怀胞与量，洪炉共毁征衣铁。愿从今，兽道在人间，长消灭。

闵君肇鲁由粤募资来沪，救国日报赖以不死。复将添募于云贵川，奔走亦云劳矣！濒行荷示雅照嘱题，感赋长歌以答之，并代答同人意以志别云

救国诸生棉力耳，《救国日报》坐看死。团团会议议筹资，出使粤东推肇鲁。肇鲁答曰我当去，去而无成投海浦。我时在座默无言，胡卢一笑心窃许。归来囊橐果称情，精疲力倦身反轻。意绪纵横略停顿，从长计议复南征。君不见，南征悠悠千万里，险阻艰难备尝矣！岂其嗜苦如嗜痂？行不得行止不止。吁嗟乎，功名富贵本尘土，躯壳百年一流水。吾侪救国偶

游戏，明达如君应解此。入世常存出世观，方是倜傥风流士。玉照依稀似美人，雕虫漫献丑于鬼。相求相应一狂歌，休问投桃与报李。

1919年

蝶恋花·题张民权陆铁华未婚夫妇摄影

叔女低徊花着露，坐草论文，无限思量意。满眼烟云迷绿树，骊歌漫作高唐赋。　才郎且把横流渡，击楫归来，惺惺休辜负。木铎声声声急处，也应相应天涯路。

题幻灯讲演会四大先烈像赞

黄公克强

先生出，帝王没。卷舒一代兴亡手，仰见青空撑突兀。吁嗟我后生，思齐不让此人物。

宋公遁初

奸雄起，天地闭。渔父由来不帝秦，见危尤守牺牲意。一抔黄浦滩，千秋存正气。

陈公天华

国已亡，种将灭。昂藏七尺躯，难胜恨千叠。从容慷慨一身兼，千载沧流也呜咽。

徐公锡麟

入虎穴，得虎子。浩气还太虚，刻心不为苦。共和犹有恙，闻风谁继起。

1925年

忆秦娥·怀人

天涯客，关山万里惊秋色。惊秋色、西风黄菊，可堪愁绝。　佳人一去风流歇，念年回首真凄切。真凄切，灵犀一点。空存肝膈。

祝震旦旬刊

是非不明，真理日乱。外患内忧，足为三叹。伊何人欤，挥洒柔翰。创办旬刊，厥名震旦。振聋启聩，国魂呼唤。曰治曰平，大同一贯。指导有方，公明评判。一纸风行，声华彪焕。

渔家傲·感时用范文正旧韵

扰扰中原同与异，谁人坦荡存真意。戎马悲笳声又起。疮痍里，哀鸿遍野闾阎闭。　　漫道壮怀千万里，天心许乱人难计。菊有黄花秋满地。愁还寐，男儿不洒无聊泪。

点绛唇·感时用林和靖旧韵

枫荻萧萧，中原万里谁为主，哀鸿到处，凄绝风和雨。　　莫道悲秋，不解韶华暮。狂歌去，人回天数，展转天涯路。

送谢扶雅同志之美洲

天地何悠悠，诗书饶道味。坐言能起行，吾侪重豪气。之子遐方游，愿言凛三畏。大同期尚远，人寰仍鼎沸。林肯骨犹香，斯人良足贵。去去采风回，黑奴尚存未?

题赠救国日报旧友黄仁浩同志

回首意如何，浮生若飞雾。老我十年来，春秋等闲度。今古总才难，真才天下贵。嗟君海鹤资，纵横远游赋。辛勤倍牛马，磊落骅骝步。中原风雨多，还须强相慰。极乐属大同，人群真意趣。昔人惧亡羊，吾侪解歧路。霭霭君山云，葱葱洞庭树。清水涤征衫，庭帏申孺慕。天海一何阔，转盼重相遇。乘兴一酣吟，知音非旦暮。

题范广珍梅林

四野起彤云，黯黯尘寰暮。风雪卷长空，千山无绿树。傲骨得梅花，丰情一何恣。纵斜千万枝，清香过云雾。漫道天地心，悠然明太素。

梅羹同志之墨西哥主笔政赠此以志小别

不问千山与万山，乘风破浪去闲闲。相期好把生花笔，光焰长存天地间。

琼生文淑同志毕业南大后偕贤侄回赣省亲书赠数言以存纪念

同居半载惜离殇，珍重前途万里长。想像家山好风物，和鸣鸾凤曝朝阳。

1927年

与孔性安同志往中央党部折得桂花归赠佛民裕民车中口占

又见新开桂，何妨折几枝。满城秋气重，聊以袭寒衣。

色正同黄菊，东篱亦可诗。分香赠双内，言笑复言归。

祝周剑秋母鄢太夫人八旬寿纪

人生难得是高年，白发婆娑海上仙。舞罢彩衣思画荻，偷桃献母寿三千。

1928年

渤海轮中读秋侠遗集感赋

曩岁尝闻秋女士，成仁取义迈男子。秋风秋雨愁煞人，七字遗诗足千古。后到西湖览风物，复访秋坟拜芳骨。岳于苏白共湖山，一律流传成表率。人生生死本悠悠，驹隙韶光几度秋。无限男儿草木腐，孰为劣败孰为优。为感英风久叹息，又卧沧波读遗集。行间字里见精诚，沉酣哀艳生花笔。倚声数叠满江红，七律申江几题壁。宝刀宝剑烈士歌，风雨为惊鬼神泣。我读终篇海天暮，秋声淅沥穿窗户。渺渺予怀无着处，聊借长吟泻胸臆。

1930年

满江红·庚午立秋书感用岳武穆原韵

展转沧波、人寰事、萦怀难歇。自检点、平生经过、几番激烈。莽莽中原仍逐鹿，蹉跎老我谈风月。太无聊、四壁听秋虫、声凄切。　有何耻、终须雪，有何恨、终须灭。是男儿、忍把金瓯残缺。四海同袍盟道义，纵横策划倾心血。猛加鞭、提剑斩长鲸，回仙阙。

蝶恋花·乙亥初春感怀

万里江山谁是主，忧患频仍，莫把金瓯补。抚我头颅空自许，何时出塞吞胡虏。　底事颠狂心不死，公理难忘，赋性原如此。应有健儿千万起，鸡鸣剑气惊风雨。

阮郎归·乙亥春月京沪车中感怀

中原莽莽路漫漫，哪知行路难。行踪零乱意闲闲，曾看千万山。　头已白，寸心丹。江南春又酣。东风杨柳碧毵毵，逍遥独往还。

萧云群砚兄亲家挽诗寄季华

六载同窗忆昔年，青衿共饮小游仙。屋梁月落人何在，回首乡关一黯然。

杜子原姻丈挽诗

师门姻娅倍相亲，数载暌违意未申。回望家山多感慨，老成凋谢更伤神。

玄武湖荷院偶吟

漫道闲来喜独游，湖山佳处看撑舟。那知五岳起方寸，四海狂澜未易收。

闵居士非器同好敬书金刚经全部嘱题感赋以赠

乙亥季夏间，南都苦炎热。草扇未停挥，仿如居火宅。俄然降霖雨，身心顿时活。检点故人书，得展金经册。书法存诚意，奚论碑与帖。之子在何方，匡庐牯岭侧。书剑可凌云，高歌入幽默。悲智重双修，心源自澄澈。栖栖说仁义，无非回浩劫 。空王与素王，究竟何分别。大千沙界一浮沤，万古千秋如电掣。

题梁鼎铭松石图

先生写松五百株，我今侥幸得其一。高人自有岁寒心，光明磊落千寻石。灵谷寺边秋风爽，一时各走龙蛇笔。

白凡志兄六秩大庆[①]

邦家多难见忠诚，险阻艰难集一身。肝胆相期千载重，金刚山上老人星。

秋日与毕体珍同好游莫愁湖晚饮口占（二首）

其一

浮生难得笑颜开，胜地流连几十回。算是江南老游客，残荷零落更应来。

其二

斜阳芳草足徘徊，霞鹜齐飞醉眼开。城堞连云好风物，低昂今古几真才。

乙亥冬杪得家电继慈罗太夫人弃养由京奔丧回赣车过庐麓遇雪志感

家乡一电惊心魄，慈帏弃养关山隔。飘风一夜到浔阳，驱车晓碾庐山雪。山前山后几经过，数十年来感慨多。游子天涯类蓬转，家忧国难惯悲歌。此生欲住如何住，匆匆必又回京去。甲兵十万贮胸中，应否纵横恣游戏。

卜算子

故土别离情，小店驱寒酒。一叶扁舟渡赣江，霰打江头柳。　　漫道腰缠绶，心洗休藏垢。龙沙仿佛掩章门，心系跳梁丑。

旬日南浔往来雪

旬日南浔往来雪，零乱须眉寒恻恻。骨肉亲朋死生别，一一寻思痛肝膈。方寸风雷虽未歇，齿豁头童双鬓白。愧对山头松与柏，岁寒不改青青色。旧恨新愁心欲结，庐峰黯黯云千叠。万古千秋原一瞥，奚计浮生生与灭。随缘自在且逍遥，万里江山自辽阔。梅节颠狂一啸歌，鳞甲纷飞起天末。

---

① 白凡即韩国志士金九，1876 年生。

黄花冈七十二烈士二十四周年殉难纪念日独游玄武湖坐览胜楼感赋

江南气暖春方半，桃李花开柳垂线。钟山掩映玄武湖，一日风云千万变。可堪凄绝是今朝，烈士英魂处处招。民族英雄应继起，金瓯尚缺恨难销。吁嗟乎！念四春秋如电掣，黄花冈上云千叠。心香一瓣寄长吟，恍若凉风起天末。

1936年

忆秦娥·丙子春莫愁湖怀古

真奇绝，江南二月犹飞雪。犹飞雪，梅花数点，孤标高洁。　　莫愁湖上莺花节，风流遗韵堪怡悦。堪怡悦，低昂今古，云山千叠。

浪淘沙·怀往事

冰雪满关山，联袂冲寒。书生不解畏艰难。敢道元龙豪气在，倒海回澜。　　念载太清闲，往事堪删。白头老朽更痴顽。一息尚存心不死，匡济人寰。

归自谣·追念恢元道长

风雨夕，遥念名山心战栗。当时社友皆豪逸。　　风流云散情何极。愁如织，髯翁果否仙凡隔。

满庭芳·蓬莱旧事

读罢南华，天涯遥瞩，高楼胜友如云。樱花三月，士女闹纷纷。漫道神仙眷侣，频携手，满引金樽。堪回顾，莺啼燕语，几度欲销魂。　　昏昏功利重，成王败寇，蚁磨空存。念兴亡有责，极目人群。敢计鸡虫得失，诚心在，一扫妖氛。长驱去，成平有日，醉眼看乾坤。

临江仙·有感

念载风云千万变，交情散落若浮烟。天涯回首足怆然。几人肝胆在，犹着祖生鞭。　　老我颠狂仍自壮，纵横湖海小游仙。悠悠成败落樽前。虚名身外事，道义在双肩。

江神子·冬青树

南都百里小窗前，绕云烟，绿成圆。宜雨宜晴，风度总悠然。朝夕相看成雅伴，明月夜，影蹁跹。　　莺花三月艳阳天，叶层层，自鲜妍，不似垂杨飞絮惹人怜。最是高怀坚定处，风雪紧，态尊严。

赠王海公

奔走中原二十年，千辛万苦总悠然。三韩子弟多英俊，会合风云猛着鞭。

蝶恋花·秋夜怀良友

小院天高秋几许。黯黯黄花，无限昂藏意。雁阵南来人不寐，萧萧更听梧桐雨。　　五岳风雷方寸起。万里中原，郁郁胡为耳。子夜闻鸡应起舞，丹心一片存青史。

生查子·五十三自寿

南都秋气高，抚景怀霜露。挈眷小游仙，聊志经行处。　　人生须乐观，奚用嗟迟暮。六九到明年，更草凌云赋。

1937年

中大监试坐东南院怀旧犹忆刘伯明同志即前东南大学校长也

茫茫世事堪回顾，数十年来如旦暮。寻思一一足伤怀，云散风流渺何处。高华纯洁忆刘郎，肝胆相期引兴长。底事匆匆厌尘世，修文应召赴仙乡。嗟我颠狂太无着，南北东西惯飘泊。台城杨柳又依依，扰扰风云入寥廓。

中大监试有感

奉司法院令往中央大学监试法学系毕业生，中大即前两江师范校址，余母校也。

回首当年意若何，风流云散足悲歌。英才济济今犹昔，老我无成愧怍多。

游中大花园抚六朝柏临风怀旧

突兀撑空六朝柏，虬干纵横垂绿叶。危然特立几千春，历惯风霜成劲节。　　桐阴摇曳草绵芊，满眼榴花开欲燃。检点旧游浑似梦，不胜惆怅晓风前。

贺新郎・题赠安恭根同志

俯仰情何切。看尘寰、纷纷成败，循环无歇。往事思量千万绪，怕听猿声凄咽。漫道是心源澄澈。访友天涯逾念载，对同仇、惯缔同心结。争起舞，输肝膈。　　无端又听罡风发。太无聊，跳梁小丑、横行东北。万里中原存大耻，自属男儿昭雪。更说是、兴衰继绝。贮看新韩成独立，算杜鹃、不用长啼血。人共醉，金刚月。

1938年

同宗和卿同志挽诗

儒商展转卅年来，每遇知音倦眼开。底事生离成永别，梅花风雪冷琴台。

戊寅元旦志感

乾旋坤转又新年，斗室焚香结紫烟。念念常期通造化，归根认祖大罗天。

步和鹏程戊寅元旦偶感

国运奚分旧与新，人存政举见精神。河山破碎当明耻，肝胆芬芳不算贫。

取次东风吹解冻，还期妙手共回春。昌明大道终非远，风雪梅花意自亲。

再和鹏程元旦次日有感

相印鸿泥迹不沦，蹉跎岁月又逢春。扶桑小丑终归灭，大地英才自绝伦。

试看有时回劫运，何愁无处着闲身。天人相感堪相信，不必临歧问鬼神。

蝶恋花·抱冰堂游春有感

江汉初来原岁暮。难得春回，好把春留住。百草千花香满路，疏狂半日游春去。　　展望长空飞彩雾。可有仙人，翠辇云端驻。三世前因应感悟，何时再示详明处。

蝶恋花·戊寅春离鄂入川

江汉徘徊成小住。冬去春来，望断江南路。黄鹤楼头朝复暮，烟波出入无回数。　　试看慈航须普渡。南北东西，总得随缘去。也许颠狂无着处，人间天上多奇遇。

蝶恋花·江行见祥光绕日有感

无极由来生太极。景象洪开，好把根基立。天地清宁原得一，朝乾夕惕无休息。　　三月桃花流水急。变化鱼龙，游戏相腾掷。仙佛同行应感激，劳谦君子方终吉。

由鄂入川轮中次韵答体珍同院二首

其一

泥沙俱下大江流，莽莽风云在上头。舞剑鸡鸣存古谊，劳人心绪异闲鸥。

其二

宵征休计漏声残，莫怕巫山有杜鹃。应是兴亡关键处，半由人事半由天。

蝶恋花

戊寅春入川，轮抵宜昌，与庆山长卿剑秋德，婉诸友好展谒关帝庙见二神象，勒马望荆州，并静坐读春秋志感。

庙貌巍巍江畔立。勒马横刀，回望荆州失。往事悠悠空战迹，参天忠义千秋惜。　　武圣文宣原合一。一部春秋，万古相传习。东望妖氛长太息，回天终赖神明力。

戊寅春江行怀古十首

宜昌东山忆赵子龙

东山丝竹兴阑珊，此是同名另一山。虎将当年曾驻马，子龙忠义耀人寰。

香溪昭君庙

香溪溪水碧潺潺，人面桃花未可看。汉代和戎真下策，长令青冢怨春寒。

三闾大夫祠

忠奸贤佞亦相生，遗臭留芳共一鸣。一卷离骚传万古，恢恢天网有权衡。

三峡

三峡雄奇一日过，神工鬼斧倍嵯峨。阳台韵事今何似，暮雨朝云一样多。

白帝城

桃园大义凛千秋，兵败连营为复仇。鱼水君臣同尽瘁，祁山六出武乡侯。

瞿塘滟滪堆

平生梦想许多回，惆怅瞿塘滟滪堆。今日相逢如故友，心弦掀动笑颜开。

夔府糜夫人墓

闻道贞骸瘗此州，长江万里接天流。枭矶遗憾尤思蜀，蜀水吴山异样秋。

云阳张桓侯庙

阿兄遗恨失荆州，倒竖须眉急报仇。具见桃园真义气，桓侯风烈寄江流。

涪州忆山谷老人

吾家山谷太伊优，穷极无聊到此州。遗韵流风今尚在，果然传者非王侯。

忠州忆陆宣公并秦良玉

宣公忠实谪忠州，奏议江河万古流。良玉英名昭北阙，贤臣侠女各千秋。

与佛民裕民申儿游渝城纯阴洞

妇孺同游玩，行行入山林。展望金刚塔，依稀闻梵音。涂山恰相对，俯视大江临。乔木盘根古，清泉有暮砧。纯阳存古洞，幽静少鸣禽。花草自朝暮，玄门无古今。微忱早相契，延贮豁尘襟。东望还愁绝，吾民水火深。何时夷大难，抚髀思难禁。登高一舒啸，聊为梁父吟。

渝城渡江游老君洞

驾言渡长江，展谒老君洞。嶒嶝入松林，习习熏风送。孔子叹犹龙，千秋相引重。道德五千言，平生常奉诵。归根在自然，有无通妙用。今来沐玄风，愿得常无梦。绝顶礼观音，慈航能济众。万法惟心造，不辨风幡动。三教原同源，融通可相颂。都作平等观，奚须分伯仲。矫首望层云，依稀舞丹凤。牧童坐牛背，仿闻笛三弄。

蝶恋花・渝城观音岩志感

惆怅浮生心欲悸。夏去秋来，世事堪回顾。南北烽烟无定处，波波劫劫良难数。　　一瓣心香朝复暮。仙佛关怀，晴雨迷烟雾。百日光阴流水逝，还将轮转何方去。

蝶恋花

七七周年在渝城代表司法院参与抗战阵亡将士被难同胞纪念碑奠基典礼。

离乱光阴惊闪电。小丑跳梁，举国成长恨。民命真如蝼蚁贱，朱门不见归来燕。　　莫道千秋无义战。试赋无衣，昭著存经传。七七年年成纪念，终归踏碎蓬莱殿。

奉酬鹏程子余二兄赠别步元韵

敢道颠狂百不忧，烽烟满眼自生愁。曾经汉水飘零客，又作巫山汗漫游。

雅室推敲存古谊，中原风雨总同舟。天人含发基堪定，痛饮黄龙展九秋。

梦江南·渝城东望

真劫运，王杰怕登楼。万里中原无净土，蛮夷猾夏恨悠悠。何日沼瀛洲。

卜算子·吊吴碧柳

四海数知交，碧柳饶清影。真是儒家好秀才，往事堪重省。　此度入西川，并不嗟蓬梗。天末怀人足感伤，三峡诗魂冷。

参与开化大同华严法会感赋（五首）

其一

子夜朝香为什么，灵山楼阁倍嵯峨。鱼声清晰通三界，梵韵悠扬入大罗。
佛佛有情悲苦难，心心相印度娑婆。天魔又应高抬手，试看群生劫已多。

其二

柳绿桃红又一年，汉皋犹是艳阳天。中原万里烽烟重，瀛海千寻血泪鲜。
动植飞潜惊避难，圣神仙佛猛垂怜。追随五老登高阁，虔诵华严意黯然。

其三

连宵风雪掩朝阳，境见华严显佛光。搅海鲲鲸应解热，摩空鹰隼莫争狂。
还期晴暖苏民困，并祝丰穰转国祥。参与经堂劳圣眷，书生何以慰穹苍。

其四

大含细入诵华严，世界三千复大千。变化无端那可说，去来忘我究何言。
轮回生死终须了，善恶因缘各自牵。师子座前真富贵，高才难怪爱逃禅。

其五

诸天仙佛总慈悲，无奈群生各自迷。幸得经参三六日，为知轮转万千回。
亲朋骨肉浑如梦，冤债恩仇妙入微。我愿尘缘完结后，也能随喜到须弥。

华严声中观音大士诞辰志感

去年今日在南都，大士生辰饭素蔬。今年今日羁江汉，茫茫天意竟何如。明年今日更何处，予怀渺渺浑无据。踏遍东西南北路，赚得离愁千万绪。愿借莲台杨柳枝，长向娑婆洒甘露。

1939年

五九国耻日代表司法院参与国府纪念周感言

千岩万树映朝阳，鸟语花香引兴长。小丑跳梁终向化，完成大计沼扶桑。

读藏云室诗集感赋赠曾慕韩

川南才子人中杰，二十年前同救国。笔阵纵横百万言，湖海驱驰殊未歇。先天结下牢狱缘，几度幽囚南与北。盘根错节见利斧，由来大任多磨折。吁嗟乎！吾侪负有兴亡责，封豕长蛇应斩绝。复仇大义炳春秋，五岳风雷起肝膈。

老鹰岩快感离渝迁巴县途中

东风吹送老鹰岩，骀荡春容倦眼开。矫首云天应载拜，万千仙佛笑迎来。

己卯春暮歇马乡志感调寄玉楼春

去年春暮离江汉，一路江行恣缱绻。今年春暮别渝城，来此绿杨芳草岸。　　云闲天淡凝眸远，豪气不除肠不断。明年春色复来时，荡寇功成操左券。

生查子·左家院前步月

秧青农事忙，哇鼓渊渊奏。岭上白云飞，拄杖舒长啸。　　关山千万重，矫首怀同调。明月逼人清，幽意存神妙。

满江红·左家院感怀

恶劣罡风、吹我到、千崖万壑，恰好处、松篁环绕、高低村落。朝夕云烟舒异彩，而今始识山家乐。笑朋侪，傲岸好凌人，跨楼阁。　　风物好，忘飘泊。扶竹杖，观鱼跃。把诗书经传，从头探索。小饮三杯微醉后，天空海阔浑无着。更难逢，左丈喜谈玄，云中鹤。

雷打石溪桥小憩

小坐溪桥上，清泉细细流。百花香满地，菽黍碧油油。

山势如盘谷，朝阳出复收。风云千万变，随处足优悠。

大江东去・感时

低昂今古，数兴亡成败，千秋如昨。贤佞忠奸缘底事，漫道鸡虫猿鹤。覆雨翻云，朝秦暮楚，奚用知惭怍。滔滔皆是，人间谁问天爵。　闻说粗解诗书，名缰利锁，堪不为缠缚。检点平生狂荡甚，毕竟如何归着？一事无成，劳人草草，卅载供飘泊。猛然惊醒，孤怀应入寥廓。

点绛唇・有感

尘海茫茫，衣冠楚楚堪名世。心存匡济，随在应垂涕。　冉冉韶华，百载如川逝。江南佳丽，惆怅风生袂。

左家院东窗即事

东窗篱落菊花黄，翠竹苍松引兴长。斗室焚香金卷展，烟云绕缭映朝阳。

左树滋居停老丈暨刘老夫人古稀双寿（二首）

其一

人生七十古来稀，梁孟同堂戏彩衣。桂子兰孙争秀发，巴山阆水焕双辉。

其二

西来几见雪花飞，还我河山振国威。风雨鸡鸣东道主，称觞祝嘏醉扶归。

1940年

巴麓迎春词（三首）

其一

穿云入雾晓山行，妇孺提携腰足轻。如此桃源那易得，尚从何处问仙津。

其二

麦秀青青豆已花，溪桥水碧草生芽。春回律转三阳泰，万众欢腾兴未赊。

其三

小饮微醺入市来，熙熙皞皞闹春台。明年今日风云会，更在何方笑口开。

山居春景敬步鹤村社兄高台邱春日即目原韵（六首）

其一

衙斋相傍左山腰，独坐幽篁五气朝。菽麦油油千万顷，更观鱼跃化龙桥。

其二

春深如海万山中，策杖沉吟西复东。桃杏满林无限好，经霜松柏自青葱。

其三

登山临水任高低，大块同嘻物我齐。乍听枝头鸣布谷，老农含笑教扶犁。

其四

桃花烂漫出高墙，怕学三酸酿酒浆。舒啸东皋生意足，西畴莽莽发新秧。

其五

酣吟休得负良辰，姹紫嫣红锦绣春。燕语莺啼风日暖，池塘春草见丰神。

其六

花前小饮带微醺，兀坐茅檐读典坟。玩罢天生天杀理，原来玉石不同焚。

临九老志兄惠赠仁王护国经感赋以赠

天灾人祸本微茫，大劫当前足黯伤。多谢故人劳唱导，愿言相应礼空王。

紫薇

一年容易堪回顾，又见高台绽紫薇。老干凌霄有余韵，不同凡艳竞芳菲。①

① 后致友人信稿中云：“末句改为‘琪花瑶草共芳菲’，原句差强人意耶！抑改句或可采也，请为敲定是幸。”

渔家傲·七月八日感[①]

静里乾坤香一炷，平生一一堪回顾。离合悲欢如旦暮，愁休诉，从今莫草登楼赋。　　若个江东称独步，伊谁更叹儒冠误。秋月春风闲里度，须惊悟，挥戈返日韶华驻。

奉和公武[②]山居闲眺原韵

诗酒真名士，秋来兴倍酣。睨眸观野鹜，幽意入晴岚。

劫重龙蛇起，身闲风月耽。山居同豹隐，引剑试新柑。

予昕[③]同院老兄出示南云内史山居杂咏五律二首并其和章，伉俪唱酬各极其妙，嘱和欣然步韵呈正（二首）

其一

性定随缘住，从无烦恼侵。秋怀萦菊圃，逸兴绕枫林。

读史心弥壮，敲诗酒独斟。巴山风雨外，叠韵一长吟。

其二

静处松篁内，心清兴益赊。凝眸观野鹤，策杖采岩花。

野旷岚光迥，天高桂影斜。微吟动三峡，藻绘赐丹霞。

临九老志兄惠赠地藏菩萨本愿经感赋呈正

轮回生死事茫茫，救苦忘劳地藏王。惭愧平生心愿小，灵经诵罢意彷徨。

蝶恋花·重阳

驹隙韶光容易逝。又到重阳，黄叶仍风雨。莫道消愁无好计，登山临水神游去。　　十二万年如旦暮，揖让征诛、理乱良难数。沧海横流心欲悸，华胥梦醒无寻处。

---

① 1916 年 7 月 8 日为大同党前身新亚同盟党之成立纪念日。

② 即许崇灏，字公武。

③ 张予昕，时为司法院同僚。

咏菊

西风飒飒白云飞，灿烂黄花继紫薇。雅健经霜同傲骨，清高绝俗迈琼枝。
雄才鏖战披金甲，逸士吟香落玉杯。昨日重阳微醉后，故园三径思依稀。

殷铸夫先生挽诗

雅度雍容仰大才，当年几次晤公来。终逢国难驰驱苦，郁死蓉城太可哀。

煮酒

苍松翠柏映朝阳，莽莽风云引兴长。今古冲寒争煮酒，英英几个费思量。

巴山秋兴八首用杜工部韵

其一

气爽秋高日照林，松篁苍翠柏森森。殷雷夹雨倾千壑，斗室焚香惜寸阴。
大浸稽天原有数，浮云出岫漫无心。巴山风月今犹古，蟋蟀声连戒旦砧。

其二

策杖闲行日又斜，休言山野不豪华。清泉好酿黄花酒，绿竹深藏紫雾槎。
萝月新辉逾宝鉴，松风古调胜胡笳。兴来试读欧阳赋，云外天香有桂花。

其三

漫道挥戈返落晖，深惭僻处热情微。长蛇封豕争称霸，鸷鸟馋鹯竞猛飞。
壮士亡身家并丧，黎民爱国愿常违。伊谁饥溺真关切，衣不重裘马不肥。

其四

治乱千秋一局棋，人存政举勿徒悲。惠夷出处根天性，孔孟行藏总顺时。
钓渭耕莘征忍耐，出师借箸效驱驰。松林飒飒西风起，危坐茅檐动远思。

其五

庄生蕉鹿梦云山，真幻悲欢宇宙间。奚用金樽销块垒，更无高韵动江关。
心怀匡济当明耻，迹近奸回应汗颜。自笑逃藏同豹隐，非干疏懒误朝班。

其六

芒鞋草扇小溪头，伫望银河异样秋。方幸农胞歌大有，又闻欧战动新愁。
清高健羡云中鹤，闲逸何如水上鸥。四海苍茫波浪涌，神州自古胜瀛洲。

其七

兴亡有责计何功，百岁蹉跎驹隙中。垂老无闻惭往哲，万方多难怅西风。
常怀霁月三分白，惯见遥天一抹红。络纬争啼堪佐读，村醪沉醉白头翁。

其八

山前山后好逶迤，雨后新凉水满陂。采药务邀真善侣，拈花须折最高枝。
风云变幻殊难测，意志坚强总不移。试看秋筠多劲节，中通外直首低垂。

1941年

山居杂感十首[①]

其一

晨兴策杖走长车，摇曳生姿两岸葭。山洞喧哗成小市，鹰岩空旷著闲花。
风生天末看鹏举，人到江头睨日斜。心境双清思此夕，良朋倾晤乐无涯。

其二

疏林黄叶映朝阳，茗坐闲谈意兴长。饲犬有人谙训练，屠龙无术□□□。
危楼一角倾肝膈，逐日连番醉酒浆。漫道河山庆收复，疮痍满目总神伤。

其三

澎湃双江万籁鸣，清风明月快平生。登楼自愿闻天语，望古遥思上玉京。
铁树有情秋再绿，龙山藏气势难平。驱车重返嘉陵道，稚子欣欣献兕觥。

其四

卅年踪迹类飘萍，马足车尘未肯停。醉酒偶然惊四座，惜花常自步孤亭。
心源仁暴明王霸，世运隆污辨德刑。白发萧萧双鬓短，修持还应诵黄庭。

---

① 原手稿蛀残多字，皆用“□”代替。

其五

东南时见紫云蒸，同学那堪忆五陵。若个乘风舒骥足，几人逃世作诗僧。兰因絮果悲红袖，羽铩肠饥慨老鹰。历历思量无限感，云山愁思几千层。

其六

□□萦怀隘九州，中原危局尚难收。□□□□同千劫，风雨萧萧共一舟。王猛潜藏饶智略，谢安闲暇匪优柔。虞渊寒日追随苦，万里关山一敝裘。

其七

云水千重深复深，等闲忧乐莫惊心。应知天命须忘我，识透玄机好惜阴。午夜梦回思妙谛，三清神往觅金针。龙蛇起陆浑常事，遣兴聊为梁父吟。

其八

秋霖连日满龙潭，西岭蒙蒙失翠岚。青冢黄云思塞外，紫霞红叶忆江南。难逢老纳翻千偈，愿与弥陀共一龛。风雨鸡鸣虫唧唧，好将禅意梦中参。

其九

随班退食坐茅檐，那计年来白发添。笑看儿童骑竹马，时听父老话鱼盐。偷闲习静香成雾，小饮微吟月入帘。一卷□□□探讨，深宵捻断几髭髯。

其十

风檐咫尺傍云岩，瑶草长青自不凡。酬唱循环莲社友，推敲来往故人缄。清樽黄菊重阳近，秋水长天万象涵。何日人群归道治，全球荆棘概锄芟。

绮罗香·辛巳重九前二日大蘵词长招饮高台丘绿芳阁拈韵得是字

阆水巴山，浓云薄雾，何处堪寻红紫。惟有黄花，篱畔正摇霜蕊。好相随、策杖驱车，更难得、殊方同轨。会高台、豫作重阳，酒酣长啸大风起。　　浮生同属梦幻，多半苍颜华发，情怀何似？古往今来，闪灼大都如此。看娑婆、劫运方深，正苦海、狂澜难止。听乔林、伐木丁丁，□□□孰是。

蔚青女史挽诗（二首）

其一

情缘了结复生天，回首尘环应怅然。旷达庄生难遣处，婴儿啼泪落灯前。

其二

邻居海上几经年，频扰郇厨治小鲜。内助贤能人共仰，临风遥奠玉京仙。

寄赠书程叔

儿时同住祖堂东，五十年来一梦中。叔侄而今同白发，何时相见醉颜红。

1942年

民国三十一年元旦由莲池沟挈妇孺往歇马场看戏

青青菽麦接春来，巴水巴山紫雾开。妇孺提携腰足健，熙熙皞皞闹春台。

盟机轰炸日本东京有感

中原展望剧堪哀，无限精华付劫灰。天道好还如不爽，蓬莱宫殿没蒿莱。

1943年

巴麓东冈怀旧

独坐东冈望东岭，鹧鸪声里百花香。遥思四海诸兄弟，死别生离顿黯伤。

1944年

六十虚度志感

行年六十应知非，底事栖迟未肯归。最是尘缘难释处，万千同调赋无衣。

甲申巴麓清明感怀

日暖风和莺乱语，桐花漫山成妙舞。高冈兀坐一徘徊，千尺长松独摩抚。

万方多难倍思亲，狐裘蒙茸奈何许。谷风习习展长啸，注目寥天看鹏举。

1945年

敬题郑晓云同志大著精忠柏演义调寄大江东去用文山步东坡原韵

髫龄读史，便倾慕、禹甸忠贞人物。贤母庄严针刺背，方冀龙梭腾壁。运遇枭神，君轻社稷，孤愤何由雪。千秋凭吊，名湖长伴奇杰。　　自古传世文章，毕生精力，有所为而发。试看黄花冈上草，寸寸丹心难灭。风义回澜，褒讥阐教笔，削摧华发。复仇九世，予怀同印明月。

1949年

浣溪沙・枫湖草堂己丑冬感

退处田园乐命中，布衣粗食意融融。苍颜时借酒杯红。　　课读东窗殊逸豫，焚香重幕更雍容。圣神仙佛一玄同。

玉楼春・己丑十月三十通宵密雨感赋

寒天密雨通宵落，二次醒来眠不着。穷愁感叹更无聊，逸兴遄飞入寥廓。　　是非经过应忘却，随遇而安良足乐。几时机熟宴盘餐，狼藉杯盘千万桌。

鹧鸪天・己丑冬至

沦落天涯四十秋，须眉零乱不知愁。非言豪气销难尽，惟见长江天际流。　　澜已泛，劫终收，伊谁玄德卧高楼。心香一炷通三界，鬼怪妖魔一律收。

玉楼春・有感

茫茫世事浑无据，劫劫波波千万度。穷通何用苦萦怀，离合悲欢行我素。　　真空妙有殊难悟，心性昏沉应自怖。微忱终愿达玄穹，习必有成销念虑。

浪淘沙·己丑新年除夕醉饮枫湖草堂

百感到胸中，变化匆匆。昙花泡影概无踪。猿鹤鸡虫同一梦，转眼皆空。　　白发一衰翁，烟景蒙蒙。三杯村酿醉颜红。沁我心脾，惟有此是谓玄同。

梦见彭素民

磊落文章伯，伤哉不永年。梦魂三次见，意态尚翩翩。

不怕幽明隔，还期互着鞭。恳求仙佛祖，特许早生天。

临江仙·三更不寐历忆退处后几次大醉情事倚枕得词一阕

忆近几番真痛饮，狂奴故态堪惊。屡听神妙发洪声。林泉清静夜，鼾睡到天明。　　湖海飘零成底事，纵横漫结群英。严冬过去即春晴。鸡鸣仍欲舞，夭志惯三更。

念奴娇·己丑除夕

昭明酣醉，度中秋、清光万里同色。迨到重阳风雨健，又看丹枫落叶。扫地焚香，布衣蔬食，心性须明白。妙有真空，自悟奚用言说。　　回忆八载蜗居。毛锥乍突，颇惯餐风雪。一杖逍遥携妇孺，稳下长江停楫。小驻京华，归休扫墓，亲旧相怡悦。掀髯一醉，难忘己丑除夕。

1950年

蝶恋花·庚寅送春

骇浪惊涛常莫测。一叶扁舟，犹待何时息。古往今来如一日，须眉零乱何堪惜。　　蒿目时艰心恻恻。抚我头颅，不愿亏天职。醉眼送春归太一，狂怀难诉非缄默。

回忆旧中元节在洪都招待所望月感怀

洪都此次中元节，望月思亲百感生。尘债消除学仙去，三杯酣醉出寥天。

中秋日书示迅川

中秋骨肉聚堂前，村酿三杯陆地仙。多少人间离别苦，惊心浩劫一凄然。

随感录

忽忆数（十）年前在日本东京与同人多友饯别李守常兄回国即席赋赠七古云。

风雨一楼天下士，开筵珍重临歧路。休向沧波诉转蓬，黄龙痛饮相逢处。

风清月朗可无雷，使君休得惊失著。座中一律坦怀人，老夫不是曹操妒。

刘与存老友赠七律一首和答

入世颠狂数十年，随缘到处醉陶然。嘤嘤感遇怀良友，汲汲波奔理旧毡。

散发风前霞鹜隐，披襟湖畔水天宽。闲持贝叶真怡悦，饥即餐来倦即眠。

周宪民老友赠七律一首和答

江山无恙几番来，百度维新倦眼开。秋水长天同一色，念年重见倒三杯。

风云舒卷忘夷险，剥复循环任往回。我辈固然无我相，应知天网自恢恢。

庚寅重九在章门与始园笃卿登高午饮感言

章门曾过几重阳，此次重阳兴欲狂。良友三人同一醉，登高凝望水天长。

野鹤

昂藏何处又将冬，四野回翔万象空。多少人间新第宅，迷离都在有无中。

板桥画竹

尽可食无肉，不可居无竹。无肉不过令人瘦，无竹难免令人俗。肥瘦一律可生存，人俗难免失天禄。哈哈，人俗难免失天禄。不问板桥竹有无，板桥老人特爱竹。

偶感（二首）

其一

无端忽见好层楼，楼主如今未解愁。多少人间名利客，几曾能把忘心收。

其二

娑婆百感若难居，何处安居试再思。方寸光明无个事，忘怀忧乐意何如。

偶题

辛酸世味应多尝，免却浮生抵死狂。得失鸡虫终足戒，天空海阔任翱翔。

两江师范诸同学十六人聚会感赋

同筵多过六旬年，一醉高楼别有天。惟我须眉零乱甚，不堪回首□年前。

北风紧

天寒地冻朔风狂，老我章门不感伤。正好随缘知警惕，邯郸一梦熟黄粱。

为民呼吁

地冻天寒又一年，民生凋敝苦难宣。愿言天下为公者，饥溺关怀自不偏。

感怀

推移世运本非常，用则行来舍则藏。量力输诚天职尽，丹心一点照洪荒。

瑞雪偶感

满天风雪撼危楼，一醉能消万古愁。沧海横流宜砥柱，妖魔鬼怪一齐收。

庚寅有感

依稀荣辱与穷通，济济亲朋眷念同。愧我须眉零乱甚，光阴虚度一年中。

岁寒

又是寒风惊岁暮，每逢春至客愁新。飘零身世浑无据，南北东西一旅人。

西江月・梦醒

子夜神酣梦醒，东窗月暗星明。凝听万籁尽无声，一点灵台清静。　世事无须念虑，凡夫狂费愚诚。横流沧海概休惊，数理安能无定。

梦醒

明星一点照东窗，昨夜犹然引兴长。万籁无声尘念息，灵台清静自如常。

熟萝卜

莫嫌齿脱苦难当，萝卜横烧味甚长。似此一般难食物，只须烂熟便能尝。

阅列昂节夫著政治经济学感赋

衰庸尚有求知渴，雨雨风风阅竟篇。饥溺关怀如禹稷，无言低首拜先生。

熟茱

清晨白日照东窗，一饱茱餐味甚长。莫道衰庸能淡泊，茱餐原胜菜根香。

小饮章门醉后漫书

高楼遥望海天东，南北朝鲜战火红。治乱千年曾惯见，暂时消息一杯中。

青玉案・章门遣闷

彤云黯黯寒无际，浮世事、堪重忆。饥溺关怀徒有计。海天飘泊、风尘羁旅，载谋康济。　　日来更觉心为悸，礼佛求和被拘隶。展望家山应雪涕。数行疏柳、一枝藤杖、啸傲逍遥去。

蝶恋花・庚寅冬至

荒塚累累累几许，遥望家山、悲切良难已。须发飘萧回首处，凄风苦雨枫湖路。　　祖德宗功终有据，律转回春、浩气盈天地。是是非非休再语，优游策杖重归去。

蝶恋花・俚歌纪梦

魂梦连宵何处去，土改完成，展转枫湖路。无论农工兼地主，腾欢约饮纷无数。　　地主分田尤有趣，一霎从宽、房屋还原住。冬至明朝同念祖，奉思堂上猪羊祭。

偶感

湖海颠狂已十年，销残壮志不凄然。百花洲上逍遥去，应否穷通总听天。

玉楼春·无题

冰天雪地登高阁，屡听元音心快乐。昭明一训更谆谆，你我相呼示前约。　　我生自愧才能薄，一事无成甘淡泊。前途工作应如何，愿赐刀圭疗落寞。

凤凰台上忆吹箫·杂感

流转天涯、蛰居乡县，历年何限清愁。纵囊空如洗、白发盈头，总是逍遥自得。逢小饮、笑语优游。谈真理、心源开放、野鹤横秋。　　悠悠西山在望，一霎又徘徊，南浦云收。正低昂今古，啸卧高楼。幸随缘文史、任我凝眸。会心处，神游沧海、闲伴波鸥。

访绍庭即事

东湖湖水绉微波，缓步沉吟策杖过。访戴漫谈天下事，水深火热叹娑婆。

五一年元旦发笔（二首）

其一

波波劫劫又经年，日暖风和意洒然。从此天旋兼地转，般般喜讯到窗前。

其二

四十年来如一梦，颠狂白发应如何。随缘自在常无我，遇酒掀髯一浩歌。

江南春·新韩潮

无限事，满胸中。蚕僵丝绪断，泪落烛花红。天涯遥望堪愁绝，万丈烽烟东海东。

玉楼春·遣兴

园林日日风光好，浊酒三杯忘我老。抗怀千载足悠悠，安顿一身殊草草。　　原来尘事多颠倒，休得糊涂寻苦恼。听天由命乐陶陶，精气神完为至宝。

离亭燕·遣兴

惯向东湖长啸，闲趁夕阳斜照。水绉白波风细细，逸兴自然微妙。访友看图书，乍见绝裾温峤。　　连日远山清眺，朦眛未成诗料。无限人间悲切事，一律都堪凭吊。律转自春回，民众熙熙腾笑。

桂枝香·章门杂感

登楼作赋。正剥复相循，如梦惊悟。多少朱帘翠幕，雅歌微步。繁华顿歇风云散，苦零丁、尽成涸鲋。一般椎鲁、胼胝手足、互相倾慕。　　念进化当如进步。但争逞强权、须辨歧路。公理升张，一切岂无因素。千秋局势原如掌，只中庸、方是大辂。任他原子奇能，确是已经过渡。

1951年

庚寅冬雪登楼感赋七古自传[①]

浩浩长空飞大雪，开窗遥望肝胆热。天寒地冻梅花开，毋须再作广长舌（向曾结一小团体，以人类平等为主旨，五瓣梅花为口号）。我生赋性原坦白，悲智双修情切切。颠狂湖海年复年，块垒填胸时激烈。也曾负笈走瀛洲，济济人才眼底收。明月楼中展长宴（汉城明月楼大酒馆），三韩志士认同仇。安东烧参经鸭绿，泱泱大风真大陆。万里长城入缺口，车到京华卸装束。良友隆冬燕市中，美酒羊羔日相逐。李髯（李大钊老友）饯别占鳌头（仇鳌老友），京汉驱车黄鹤楼。敬叩纯阳曾借剑，删夷大难气横秋。盘桓数月归乡县，多方好友交相劝。颠狂复出别家人，从此行踪又零乱。由申转粤海轮间，吟哦不断文山传（黄海轮中诵文山集感作云："茫茫大海

① 原稿作于1951年初，又据1951年5月作者用括号内加注稿订正。——编者注。

挟风来，半世飘零百事哀。千秋一律兴亡感，开国还须殉国才。”）。汕头访友聊小驻，彭陈洪龚得深晤（彭素民、陈其尤、洪裕芳、龚石云）。由潮转识陈将军，三河坝泛尸无数。转入羊城惊耳目，几许银牌喧赌局。好友相迎住高楼，饱食荔枝过三伏。海珠酒店逢旧友（邹继龙等），高楼惯饮青梅酒。奇哉大风真拔木，白云山寺堪回首。究竟谁非与谁是，元帅又改总裁制。政局从此又纷争，众参两院停开会。知友群集黄歇浦，救国风云似龙虎（留东数千人回国组织救国团，成立《救国日报》，主张抗日救国。知友马鹤天、张梦九、黄日葵、喻育之等均在《救国日报》）。整衾潇洒又回轮，粤游百韵成五古。欲把文章生急效，握笔投身救国报。蹉跎岁月忽三年，数十万言何足道。忽然知好遇黄郎（黄申芗），促膝倾谈引兴长。嘱我主持工会事，犹同驽劣得康庄。入会提倡劳动节，沪上新潮遍全国。复因北大策划留法华工开会议，李侯（蔡孑民、李石曾、李大钊）约我代表沪上工人去参与。遂入北京复寓李髯家，半月归来独子道梁患病忽长逝。凭棺一恸切切悲，难言昨非与今是。聊将工会托陈侯（陈独秀），匆匆一返家山去。家人相见惨肝膈，停居数月事休歇。三十七年游戏梦，日日直书成一帙（予时年卅七岁，书成《三十七年游戏梦》一书）。翌年佛民苏纬（予之元配张佛民次女黄苏纬）复同行，仍到申江理旧业。乃知工会已闭门，无可奈何听呜咽。整顿心情定长策，大同原理须贯彻。李侯姚子颇同情，代表驱轮赴俄国（朝鲜时称大韩民国，临时政府内阁总理李东辉与中华全国学生会理事长姚作宾）。谋事不成可奈何，中途便已遭挫折。牵连我亦小逃亡，由董（董约翰）转绍住僧房。风雨凄凄伴鬼泣，闲来无事扫槐黄。事过境迁回沪去，如何更作生涯计。平民教育应提倡，谢郎（谢扶雅老友）绍我青年会。托名沧海一渔翁，日日驱车繁盛世。潜心编课殊安逸，新旧二年饶别味。忽逢道友（苏斐然居士）练神光，道藏精华千万方。年复年来事探讨，学仙学佛两茫茫。革命潮流又孔急，奔走呼号朝及夕（予时与江西很多同人组织江西革命同志会，予为常委之一）。更同知友返江乡，投身水利重民食。林萧相荐继一王（林祖强、萧炳章、王枕心），赈务兼来更充实。国共合作兼监委，国共分家离铁柱。又回歇浦类闲居，养晦韬光非一次（后国民党南京扩大会议先未得同意发表我为江西省党部执行委员未就，后未得同意又发表我为江西典试委员未就）。光阴苒苒六七春，似甘暴弃封故步。良朋叠次交相劝，祖先烟火不能断。大之人类应传种，吾侪希望生铁汉。乃结次室徐裕民，幸得生男恰五旬。政局又变林为主，覃居推荐为惩委（覃政先提出，居正同意向林森主席推荐）。驱车就职入南都，供职三年终若始。调院简秘仍供职，抗战军兴情岌岌。激昂慷慨又迁川，黄鹤楼头稍休息。妇孺同居武昌路，别住神堂（汉口开化佛堂）虔茹素。晨宵六六颂华严，减劫消灾行我素。翌春挈眷往川行，瞿塘滟滪看分明。神工鬼斧真奇特，川河山水展胸襟。良朋（毕鼎琛老友）同住鑫山店，观音崖上迁较便。百日又徙莲池沟，蛰居八载殊安善。元梁元旦午时生，是否纯阳命在天。得生二子真幸事，回思恰近六旬年。滞我修仙增负担，重将秃笔作祖鞭。抗战复员返南国，莲花桥上看风色。屈指衰年六十五，致仕退休归故宅。此时兄弟尚怡怡，邻族亲友互相悦。平生读书原复杂，儒释道都部分合。三家均有十三经，融会贯通甚愉悦。天路历程新旧约，回耶经典并喜阅。大而无当深自知，经济生涯计尤拙。中元竟至囊如洗，曾草芜词告宗祖。用舍行藏本自然，夭寿不贰修身俟。约计飘流四十春，于世无功家无补。飘萧白发意闲闲，五柳时看游菜圃。枫湖学院设私塾，借得身家足糁粥。昭明殿内惯焚香，春祈秋报时相逐。神道设教古有之，政教相胥不相触。因时制宜须进步，政教善自明纲目。时思一一真知己，老泪纵横黯不已。尚待完成亡友传，始得无聊成后死。北京知友陈（劭先）与林（伯渠），对我出处倍关情。自动为我草略历，函致邵老（邵式平主席）倍叮咛。邵老驰函到乡曲，特约来省意敦笃。参与人民代表会议中山堂，非关个人荣与辱。蹀躞章门已半年，参加各委多名目。前途能否贾余勇，慷慨从容共一轴。连朝大雪乐陶陶，几辈参军真幸福（小儿黄志梁在汉口参军，其未婚妻胡月宝在西安参军）。咬文嚼字一长吟，续续完成此一幅。

（随意直书，俱含事实。见解当否，另一问题。出韵重韵工拙均非所计也，聊以遣兴耳。风雅知友幸为正之。）

蝶恋花·偶感

庭院萧疏人意好。淡饭粗茶，食物随精糙。宦海升沉何足道，由来高处多倾倒。　　五七良朋花径扫。轮转宾东，谈笑相研讨。腹贮诗书供啸傲，眉端从不生烦恼。

节酒

去年饮酒限三杯，往往临杯限不来。此后三杯如再饮，自甘暴弃是奴才。

偶阅李白杜甫诗数首感而率书

千秋数诗人，莫不首李杜。试观李杜诗，无非写心素。

感慨亦长吟，闳诣殊难驭。平生多坎坷，块垒填胸臆。

蝶恋花·特感

三十年来仍一梦[①]，离合悲欢，漫把光阴送。仿似老牛推不动，泥深水滑四蹄重。　　此后残生何所用，南北西东，随处堪耕种。愿受一廛为民众，朝乾夕惕兴弦诵。

忆秦娥·无题

长离别，中秋风月殊怡悦。殊怡悦，如今回首，不胜凄恻。　　人才济济延真脉，茫茫尘劫原关切。原关切，如何援救，破除愚惑。

---

① 予前三十七岁时曾草《三十七年游戏梦》一书，今年已六十八矣，故云。

渔家傲·春霁

柳媚花明饶好意，祥和气到严寒去。公理升［申］张天下利。方寸里，优悠淡泊差安慰。　　斗室连朝飞细雨，三杯浊酒恣游戏。潇洒挥毫斜满纸。应不寐，长空皓月盈天地。

离亭燕·海藏精舍

莫重空谈闲话，胸臆不妨潇洒。燕语莺啼春意足，紫气文光相射，圆峤与沧洲，时映海藏精舍。　　满眼烽烟美亚，互噬终分高下。一幅百言玄妙语，总是凌空悬挂。方寸果无惭，万古千秋今夜。

何满子·怀旧

几许胸怀洒落，伊谁意志昂藏。时合时离千万劫，险夷一律如常。百岁频经波折，微躯幸遇千祥。　　济济才高运蹇，多多智足身亡。搔首问天天不语，茫茫因果难详。慷慨故人奇节，从容道友文光。

雨霖铃·感遇

心源澄澈。是非明，更何疑惑。章门历落胸次，萧疏白发，和平同策。瞥眼沧波，几许鸥鹏竞狂热。愿正谊常在人间，莽莽乾坤顿苏活。　　男儿应是何肝膈。又还看，世局多奇劫。人生蝼蚁性命，殊足慨，神寒情热。起舞闻鸡，更好渡江，猛勇击揖。纵受着，无限辛勤，奋勉何须说。

忆王孙·养静

浮生何处判闲忙，变化无端不可常。静定当然意味长。燕栖梁，又是春风花草香。

玉漏迟·春雨连绵

连宵风雨甚清寒，急望晴天皓月。绿柳红桃，受却许多摧折。不是深秋肃杀，又不是隆冬时节，希和畅，阳春有脚，百般芳烈。　　底事黯淡迷朦，惯子夜鸡鸣，徒存孤洁。往往明星不见，更增昏黑。倚枕沉吟展转，久不寐，东方才白。仍淅沥，续续似抛心血。

忆江南・怀旧

无限事，回首应难忘。更是汉城明月夜，七弦琴奏北方强。同调别河梁。

贺胜潮・偶感

加鞭整辔前驱去，究如何留住。平生心念到今朝，正好为霖雨。　　兴衰荣辱，云烟过眼，概抛开无诉。只知同调此时中，痛饮相期处。

千秋岁・无题

试思经过，匆匆如飞电。辛辣味，应尝遍。狂游蝼转磨，小驻尘惊扇。髯零乱，终同茧缚仍忘倦。　　痛饮休扶醉，走笔须穿砚。春昼永，堪频眷。仙桃尝璨烂，玉蕊曾时见。随律转，庆云旋绕风生院。

一剪梅・即景

柳绿桃红又一年。满眼云烟，满耳丝弦，秧歌腰鼓更喧天。欢乐无边，热闹空前。　　多少劳模意更坚。彼此相联，竞赛争先，保家卫国在双肩。抗敌加鞭，生产加增。

踏莎行・辛卯送春

又是新春，予怀渺渺，平居无语应长啸。登楼听雨望西山，蒙蒙烟雾难分晓。　　拔宅飞升，仙风杳杳，千秋能否心相照。倚窗景慕独徘徊，掀髯一笑千愁扫。

卜算子・遣怀

整顿杂心情，再上长征路。绿水青山又一村，放浪随缘去。　　徒自理冰弦，同调知何处。还望天涯遇解人，不草登楼赋。

桃源忆故人·辛卯志感用少游韵

人群谁是真情种，理乱悲欢相共。何用特殊麟凤，恰众都称拥。　　原因大地风雷动，仍是艳阳春梦。难得江城缘重，学习梅花弄。

贡权由樟树赴沈阳东北工学院任助教顺道过汉口快晤后书赠俚句

姊妹初生日，吾方服务年。今来念四载，世事若云烟。

去去长城外，前途景万千。吾真忘老朽，犹着祖生鞭。

汉口一醉

街头忽尔沽佳酿，一醉能消万古愁。漫道书生认真理，四时都是气横秋。

渔家傲·用小范原韵

江汉秋来风物异，原为旧意翻新意。处处秧歌朝暮起，城市里，勤劳见重浮华闭。　　南北东西游万里，退休自乐仍无计。物产交流人满地，宵不寐，街边睡倒贫穷泪（寓所对面街边宵中有一妇携四儿女都未满十岁在街睡倒，见之怆然）。

忆王孙·小楼微醉东绍庭与存竹青诸兄

花参下酒味殊鲜，妇孺谈谐意更妍。理乱兴衰听自然。告苍天，白发颠狂不计年。

七月十三号子夜风雨大作小楼漏湿不堪坐以达旦

小楼子夜变危楼，久旱甘霖未肯休。兀坐天怀真淡定，千村万落怨声收。

醉书

平生几次颠狂甚，痛饮纵横不计杯。莫道书生无义气，中怀常念一枝梅。

醉花阴·夏日偶书

毁誉称讥随所好，对我皆忠告。时节重真诚，委曲求全，自有人知到。　　千秋胜败分仁暴，此理非深奥。解愠并生财，一曲南风，便是无弦操。

醉感

素性颠狂一布衣，殊非临事定从违。青霞缥渺时相见，白发飘萧何处归。岁月如流原梦幻，因缘有据尚依稀。三杯白酒一酣醉，果否云罗拔宅飞。

辛卯立秋翌日大雨

昨宵竹榻难安睡，每次醒来汗不休。今夕甘霖沛然下，梧桐叶落共知秋。

沐浴有感

数十年来梦未醒，天涯流转喜知音。风云变幻寻常事，惟愿心身日日新。

八月二十二日偶感

回思百日真磨炼，数尺微躯幸尚存。莫道人间非火宅，何如云水落丝纶。

玉漏迟・秋感

海天飘泊，试回思、莫辨酸甜辛辣。莽莽风云，大地触机时发。不类腰金喝雉，更不类青萍藏匣，多欢洽。纵横醉眼，谁真明达。　　老我岁月蹉跎，竟白发萧疏，奔波忙煞。黄菊东篱何在，草庐尘压。又是秋风到也，固不计水深泥滑。终自察，一任自然生杀。

辛卯中秋自哂

湖海颠狂数十年，风云变幻阅千千。而今恍惚犹忘倦，零乱须眉尚着鞭。

秋风秋雨解放军

尽是中原好健儿，风风雨雨趁征途。真当慨喟兼崇拜，愧我衰颓不丈夫。

心铭

须眉零乱百无求，续续风云眼底收。一味疏狂待纯化，天空海阔日休休。

醉太平・闲意

辛酸备尝，神犹崛强，四方都是家乡。淡怀情自长。　　书香酒香，单衫竹床，热来无限幽凉。四时皆艳阳。

与民革同人旅行珞珈山东湖

须眉零乱对东湖，半日偷闲德不孤。天淡云闲人意好，惜哉能饮一杯无。

十月五日由江汉路斜风细雨中步行往四维路中南军政委员会参事室服务感言

天风吹我到仙乡，满地红花异样香。零乱须眉吾自赏，叨陪末座有余光。

辛卯重九中南军政委员会参事室三楼登高志感

天清气爽上高楼，长啸能消万古愁。四海和平无个事，狂风暴雨一齐收。

醉怀恒春叔

疏狂淡泊自由身，难得天涯遇解人。更是家乡生百感，临杯频念醉恒春。

辛卯生辰感赋

回思六十八年前，家喜悬弧告祖先。死别生离如一梦，衰颓仍着祖生鞭。

列席中南军政委员会第四次会议闭幕归寓适逢大雪志感

闭幕归来雪打头，三杯白酒醉高楼。丰穰有象明年事，零乱须眉不用愁。

雪霁

晴天寒气袭人衣，展望长空雪压低。散步逍遥无个事，天空海阔一枝凄。

偶感（二首）

其一

千夫所指无病死，九鼎一言死复生。无奈世人浑不察，孤怀耿耿向苍天。

其二

落井有人真窘迫，一石铿然意颇豪。人生生死分轻重，泰山何以异鸿毛。

无题

平生深恨结心头，一弹寻仇解百忧。湖海纵横无着处，空门逃遁日休休。

小饮

自然潇洒即神仙，未必长途猛着鞭。一日三餐无个事，心怀酣畅是杯前。

醉书

须眉零乱任尘侵，薄酒三杯便快心。抚我头颅余勇在，滔滔天下少知音。

倚枕口占

五更倚枕细思量，一曲松风引兴长。未识伊谁真远大，老年难作少年狂。

辛卯冬至汉皋大雾

凄迟江汉快经年，漫道颓龄着祖鞭。展望家山浑不见，神驰应伏祖茔前。

醉花阴·冬至

又是天涯冬至节，离恨动肝膈。念荒冢累累，空有儿孙，儿个真关切。　　幽明果否无分别，地主同消灭。雅不用多忧，平淡家风，自足相怡悦。

望黄鹤楼吕祖殿有感

重来江汉快经年，未到高楼礼上仙。荆棘待平仍借剑，敢将衰朽漫停鞭。

悼王希天同志旧草

男儿不幸生中土，惯听鸡鸣杂风雨。男儿何幸生中土，成仁取义真君子。粉碎虚空何必埋，死重泰山足千古。君生君死自悠悠，历劫奚论恩与仇。故人回首一长叹，黯黯黄花天地秋。

辛卯冬雪

危楼避漏中宵起，仓卒移床亦快然。风雪交加征预兆，明年丰阜慰群生。

一九五一年除夕

三杯薄酒醉高楼，江汉滔滔日夜流。世局烟云千万变，心安理得了无愁。

1952年

缓步

须眉零乱步朝阳，匪日微躯尚崛强。我自颓龄知警惕，从容无处不康庄。

怀旧

三杯微醉坐高楼，江汉滔滔日夜流。多少良朋皆节约，几人骑鹤到扬州。

书感

曾经春露又秋霜，亲旧凋零倍感伤。差幸岁寒风景异，梅花灿烂映朝阳。

辛卯除夕六十八岁感言

曾经风霜六八年，奈何还着祖生鞭。森罗万象无休息，又见朝阳到眼前。

书赠喻育之

三十年前一老友，重逢江汉更欣然。挽强压骏寻常事，互向征途猛着鞭。

壬辰六十九岁偶感须求真理

风尘游戏又经年，六九韶华眼底烟。万象森罗须得一，无人无我自悠然。

汉皋与刚木访始定

春寒往访不辞劳，四十年前一故交。斗酒只鸡酣醉后，微吟梅畔更风骚。

悼敖士英

周玉书告我士英在安徽大学病故也。

相逢几次谈衷曲，知你文章有自来。年才半百长辞世，使我悲怀郁不开。

过熊任远知乃兄罴士当年在黄埔军校遇难详情并知乃兄剑霜病故泸上云云

四十年前老同学，死事如今始得详。难弟难兄真足贵，天涯回首一神伤。

蝶恋花·壬辰春感

回首平生如一梦。离合悲欢，漫把光阴送。又见东风吹解冻，江头乍听梅花弄。　　肥马轻裘天下共。反抗强权，运动须群众。三略六韬都不用，从今四海兴弦诵。

元宵望月忆梅园

小楼兀坐望明月，忆昔知交几处同。最是梅园长别后，伊谁真解大江东。

忽梦安南知友黎虞天

忽梦安南当日事，伤哉知友失虞天。英机法借轰河内，壮士牺牲幻若烟。

谢赠喻育之同志赠我武昌开国实录一部阅后追念诸亡友并曾面亲教益之黄兴孙文二先觉

从来革命总艰难，险阻千山与万山。开国武昌成往事。知交零落涕沾衫。

天仙子·春思

日夜常流江汉水，燕语莺啼还鹊起。春来万象自更新，皆大喜。尘寰里，元弹[1]消除残暴止。　　结想非从今日始，犹忆当年呼我你。生生情况欠分明，蒙比拟。毋妄语，大意铭心思未已。

卜算子·微醉阅白香词谱笺

细雨湿青衫，返寓三杯酒。微醉陶然觅解人，词内多良友。　　不用空搔首，天地原长久。转瞬纵横大地春，风动堤边柳。

二月十五日子刻后大风雷雨

春来草木尽萌芽，惊蛰鸣雷促百花。七九早雷征预兆，丰穰大地慰农家。

春雪戏题

撒盐空中差可拟，未若柳絮因风起。道蕴诗才出自然，古今咏雪谁能比。

---

① 即原子弹。

君不见，无锡梅园万树花，马蹄踏雪三千里。小楼酣醉一长吟，老态颠狂有如此。

蝶恋花·用六一居士原韵追念诸亡友

四海知交曾几许。民主精神，一一良难数。隐显牺牲回忆处，悲凉辛苦长征路。　　无论春来春复暮。每一寻思，怕向人间住。明日黄花谁共语，颠狂直欲逃禅去。

春宵风雨

万物萌芽造化中，盈虚消息永无穷。梦回枕上听春雨，整顿襟怀挹晓风。

长相思·春兴

江水流，汉水流，流过浔阳到石头。朝朝弄海潮。　　人身修，我身修，修得大家好自由。世间无足忧。

又春雪

恻恻春寒今又雪，小楼静处尚围炉。街中来往人如织，多属劳模好丈夫。

自觉自勉

变幻风云总不常，随机穷达幸安康。真诚进步谋匡济，白首倾心地藏王。

闻雷

春雷惊醒昏迷梦，黯黯烟云一望中。粗茗香浓涤烦虑，襟怀潇洒啸东风。

绍庭过我漫谈

三杯微醉意陶然，兀坐神游天外天。良友漫谈真乐事，如同风月漫无边。

阮郎归·花朝怀旧

兼旬风雪见朝阳，东风花草香。粗髯白发兴犹狂，春来频举觞。　　云渺渺，雾茫茫，相期真意长。玄歌微妙复周详，中怀曾未忘。

师友

平生一念尊师友，离合悲欢未忍忘。大地纵横春景丽，知交肝胆几芬芳。

大风雷雨

雨风雷电撼危楼，楼内纵横水乱流。想见民间千万户，春宵肃杀顿成秋。

真理

纷繁万物一阴阳，邪正分明不可藏。究竟良心即天理，遑言苦海与天堂。

春日独步

车如流水去匆匆，我独街檐缓步中。更是融和春日里，精神焕发啸东风。

黄昏吃粗菜

街楼灯火已辉煌，来往行人意甚忙。漫道天怀能淡定，究何香胜菜根香。

怀亡友

参差慷慨诸亡友，先后牺牲几许人。抚我头颅惭后死，梦余倚枕独伤神。

壬辰清明一醉

壬辰春暮清明节，江汉凄怆念祖先。老我情怀千万绪，开张肝胆复陶然。

群众游行集合中山公园听三反五反总结报告

桃红柳绿艳阳天，大地纵横唱凯旋。无限贪污齐俯首，投诚归命众人前。

眼儿媚・偶题

春风和暖艳阳天，分队互争先。桥头杨柳，园中桃李，一律鲜妍。　　颓龄白发难重绿，还着祖生鞭。有无余勇，任人评判，我爱丰年。

感愤

一点丹心千载照，是非邪正应分明。忽思武穆烦冤事，一霎填胸块垒生。

知足

粗茶淡饭布衣裳,每日常闻菜根香。即是人间真乐事,何须南面独称王。

蝶恋花·壬辰江汉送春

世味辛酸经几许。回首追思，一一良难数。最是悲哀难释处，麻衣草履枫湖路。　　江汉风和三月暮。柳绿桃红,休得留春住。南北东西无待语,随方都望阳春去。

书赠王却尘同志并怀黄申芗老友

患难知交良足慰,颓龄互着祖生鞭。关联你我怀亡友,申老离尘倍黯然。

哈哈歌

喜今天，意安然，优哉悠哉弄笔尖。一杯酒，醉老朽，古稀将到自为寿。扁豆好，菜根香，书城自拥南面王。上下数千年，纵横数万里，治乱兴衰载满纸。只须一一细寻思，是非成败有真理。武汉解放恰三年，匹夫匹妇同着鞭。我得危楼占一角，海藏风味更欣然。那知子夜敌机至，举市电灯霎时闭。吁唔警报解放声,人言嘈杂有生气。斯大林,唱和平,切事实,洽人心。杜鲁门，快落魂，人面兽心不久存。真英雄，真小子，自有事实传青史。哈哈！忽忆三十六年前，狂谈风月漫无边。东京世界楼上坐，围炉煮酒倍陶然。与梅园，即席中，各草一阕大江东。哈哈哈哈哈哈哈，世界终归到大同。

锦堂春·汉口壬辰端午

岁月如流，劳人草草，天涯又到端阳。畅饮三杯南酒，美味清香。遥念汨罗江上，古哲风韵悠扬。再千年万载，竞渡龙舟，凭吊忠良。　　纵观沧海云雾，叹茫茫奇劫，竞赛兴亡。霎地飞机枪弹，相杀成狂。试问谁无骨肉，一间耳，何用称强。终愿和平世界，人我同存，地久天长。

蝶恋花・与绍庭游汉口中山公园清风别墅

烈日炎炎尘满面。良友相邀，缓步到深院。龙井清茶超盛宴。披襟话旧摇蒲扇。　夹竹桃花开已遍。绿树清风，到处堪留恋。逐队青年尤足羡。争看展览[①]成长线。

卜算子・独饮忆亡友

不作独醒人，痛惜诸亡友。一醉能消万古愁，莫戒杯中酒。　随遇成穷达，演进难言守。颠狂争取四时春，何用吟秋柳。

酷暑

连朝屈屈处街楼，扇不停挥汗总流。难得寸心能守静，炎威万丈顿成秋。

喜雨

中宵风雨顿清凉，万类昭苏感上苍。早起街头人意好，劳模多少喜洋洋。

杯酒

双擎老眼观人世，岁月蹉跎眼不清。杯酒触怀生百感，滔滔天下几知音。

玉漏迟・怀旧

天涯飘泊，细寻思，惯遇鸡鸣风雨。心绪纷繁，设想又多愚鲁。不愿章台走马，又不作江边渔父。谁为伍，大而无当，狂谈今古。　往往应景低徊，但形影粗疏，难言宾主。零乱须眉已甚，匡扶无补。匪日辕驹曲屈，更休论、鹰扬寰宇。怀凤羽，何日同声歌舞。

捣练子・虚惊

云黯黯、夜茫茫，密雨斜风紧闭窗。水龙三五奔过去，市人扰扰顿惊慌。

---

① 即“五反”展览会。

悼黄申芗

申侯本是人中杰，歇浦初逢吐肝膈。庄谐杂出惯长谈，坦白襟怀类冰雪。

时离时合意悠悠，底事尘缘遽休歇。故人江汉频回首，生死茫茫悲切切。

蝶恋花·六月六日[1]

髫岁痴呆知几许。死别生离，凄切真难数。今日颓龄回忆处，横生百感天涯路。　离合悲欢朝复暮。春去春来，轮转能停住？痛饮三杯惟自语，放怀一醉凌空去。

有感

古今事变总非常，夷夏而今不设防。思想如能真改造，奈何低首拜秦王。

酒意

街头车马日纷纷，烈日当窗酒一樽。心境果能甘寂寞，随时随地杏花村。

早起秋风

如流岁月又秋风，世局安危系海东[2]。确信强权终殄灭，欢腾四海梦魂中。

感旧

故人济济已离尘，世变纷繁日日新。老我须眉零乱甚，临杯微醉惯伤神。

中宵自策

襟怀壮岁太猖狂，底事而今百不强。尚有粗髯如戟在，秋风凉爽恣翱翔。

感时

底事情怀郁不开，和平谈判尚相催[3]。强权万一难驯服，杀杀生生有自来。

---

① 黄介民生于一八八三年旧历六月六日。

② 时值抗美援朝战中。

③ 抗美援朝进入“停战谈判”阶段。

夜行军

街头常宿几千兵，想见驰驱倍苦辛。伫立窗前应感奋，西风飒飒满天星。

江汉路千万改业解放军经过

解放成军千万师，功成身退意何如。千辛万苦仍生产，真是吾华好丈夫。

狂思

名缰利锁莫争先，万事优悠顺自然。醉眼纵横看宇宙，祥麟威凤落樽前。

俚歌遣兴

何日交通遍全国，环游东西与南北。千山万水备经过，随意挥毫写肝膈。

兴衰理乱总吟哦，写秃千毫不休歇。从今淡泊百无求，得号诗人殊妙绝。

国庆三周年

人山人海喜洋洋，真是吾华祖国光。念亿人群居五亿，由来民性尚慈祥。

十月二日有感

从今万事不干身，做个和平世界人。一味颠狂真快乐，千秋万载自然春。

壬辰中秋醉感并寿青霞

吾生忽忽七十秋，万变风云眼底收。栖迟江汉三杯酒，朝夕神游黄鹤楼。今日更逢中秋节，矫首青霞慕高洁。一年月明今宵多，月里仙娥更清绝。予怀渺渺归何处，纯阳潇洒素所慕。借剑当年尚未还，蹉跎卅载如朝暮。又借莲台杨柳枝，常向娑婆洒甘露。应无所住而生心，度尽众生犹未度。樗才如我更无论，落落悠悠行我素。老君皓首态巍然，隐显气化千万年。微妙玄通岂迷信，肉眼难观天外天。天上人间同一醉，祥麟威凤落樽前。

重九

天涯轮转又重阳，黄菊清樽引兴长。尤忆莲池沟畔住，八年重九恣挥觞。

其二

连朝风雨到重阳，小饮微楼类海藏。眼底云烟千万变，华严世界好徜徉。

习劳

筋庸骨软不舒张，数十年华委北邙。逐日勤劳真妙法，神完气足体康强。

自哂

七十老翁何所求，野心一点尚难收。百年未到仍称夭，淡饭粗茶乐不休。

甘地遗骸焚灰飞散恒河

桓魋石郭今何在，蝼蚁何亲鱼鳖仇。最是恒河好风景，云闲天淡日悠悠。

尚友

马克思与恩格斯，辛劳遗下万行书。须眉横扫千秋劫，算是人间大丈夫。

醉意

门临闹市守微楼，南酒三杯妄念收。妇孺围炉同啸傲，天寒地冻类无愁。

1953年

一九五三元旦发笔

桃红柳绿闹鲜妍，每岁春来快乐天。谁更凝眸尘外望，苍松翠柏矗山巅。

携妇孺渡扬子江至武昌春游遣兴

人间难得遇真人，岁月蹉跎又一春。我自逍遥无个事，朝阳过渡足怡神。

七十初度感言

蹉跎岁月几春秋，万象荣枯眼底收。游戏百年还造命，从今修短总优悠。

癸巳元旦过武昌山洞

武昌山洞一低徊，曾与知交避难来。安得人人成铁汉，千辛万苦不衰颓。

初春喜雪

晨兴遥望雪漫天，到处梅开异样妍。正有征途千万里，时存警惕再加鞭。

望月忆易象李大钊二老友

三人情合思明月，底事缘悭早殒身。留我樗才无着处，每看明月欲沾巾。

武昌乘车返章门花朝醉书

闲闲白首挈黄童，经过千山一夜中。又到章门观万象，桃花依旧笑春风。

由鄂返赣感言

浮生类转蓬，又别武昌路。驱车复驱车，重返南州去。黑夜过长沙，暗暗望云树。遥想数千年，贾生真独步。慷慨诸亡友（克强先觉外，指易象、张自雄、林修梅诸友），无由展其墓。一一细寻思，凄绝空回顾。达旦坐株州，沉吟不成句。风雨到家山，不草登楼赋。忘老外穷通，随缘行我素。

踏莎行·国际六一儿童节感言

午睡醒来，携儿缓步。从容展玩长街路。新华书店闹纷纷，随缘购得名流著(《列宁斯大林论中国》)。　　桂酒初尝，糖糕有味，香甜正洽和平胃。人间残暴应消除，儿童活跃真堪慕。

住近屠场

惯听屠门夜叫声，刀兵水火自相寻。人间相杀何须怪，四海男儿慎造因。

青玉案·自哂自幸自足

少年揽辔驱长路。狂荡甚，随缘去。南北东西无定处。当车螳臂，纵横驰骤，休计人谗妒。　　如今老大堪回顾，春夏秋冬等闲度。淡饭粗茶感知遇。须眉零乱，云飞南浦，又看西山雨。

忆秦娥·喜雨

天难度，狂风忽起甘霖落。甘霖落，昭苏万类，人群欢跃。　　兼旬酷暑身难着，今宵景象真堪乐。真堪乐，清凉世界，予怀寥廓。

农历六月十九日观音圣旦即公历一九五三年七月二十九号朝鲜停战日感言

三年残杀今停止，人类从今是一家。我佛慈悲一微笑，人人拈得自由花。

八一纪念祝词

中华人民共和国，八月一日建军节。解放军同志愿军，国内国外成双绝。尤其慷慨牺牲者，千秋万古遗芳烈。

江西省人民政府参事室黑板报祝词

我们每期黑板报，简单明了不深奥。相互批评大展开，人人快乐听指导。

酷暑

烈日炎威千万丈，寸心持静自然凉。当窗并有浓阴树，更妙临风透月光。

立秋

从今酷暑变清凉，莽莽风云引兴长。转眼岁寒冰雪后，桃红柳绿又春光。

一九五三年八月十四夜

五更梦醒身犹汗，任尔�床不见凉。忽忆天涯两知己，每看明月暗神伤。

仇亦山老兄七十五生辰诗以寿之

老骥纵横数十秋，非同王粲惯登楼。风云际会尤奔放，万里长征志未休。

醉花阴·连月读列昂节夫政治经济学后感赋并祝国庆

兀坐南州观宇宙，潇洒醉清昼。国庆近重阳，策杖腾欢，出入风盈袖。　　人群进化由争斗，真理终成就。试看百年来，剥削凶残，一律称强寇。

鹊桥仙·癸巳七夕偶感疚秦

情怀变幻，因缘难定，荣瘁还须自悟。悲欢离合互相寻，恰似看，玄黄云雾。　　栏杆月入，朝华来伴，何异蕊珠相顾。有情眷属竟分携，空误了藤阴醉暮。

初秋

初秋气爽晓风凉，徙倚窗前兴欲狂。万里云霞待收敛，长天孤鹜恣翱翔。

滴滴金·偶感

狂风夜撼林间屋，云暗暗，雨时续。万丈炎威忽变凉，待朝粱煨熟。　　须眉零乱光阴速，惯嗅梅香气清淑。游戏人间萎复苏，更何关荣辱。

癸巳章门中元节感言

去年中元节，思乡动肝膈。今又中元节，思亲倍悲切。

安得化幽明，死生两不隔。何如一木石，灵性永消灭。

何满子·自哂

早悟浮生似梦，深知世变无常。淡泊嬉游超胜败，惯逢明月飞觞。纵令岁寒酷冷，放怀欣赏梅香。　　亲旧随时代谢，大都生死茫茫。太上忘情真妙诀，中怀何用悲凉。一味清闲自在，任人批判疏狂。

秋风歌

秋风萧萧兮秋气凉，八一桥头兮望故乡。思念亲旧兮曷胜感伤，强颜为欢兮匪日徉狂。

南歌子·感遇

春景真怡荡，良机实自然。一时乖舛事殊偏，只据是非空论慕先贤。　　临水观鱼跃，鸢飞悟性天。长途跃马应加鞭，漫道既逢知遇不留连。

南州癸巳重阳

三十重阳才百岁，老残能否再经过。清樽黄菊须酣醉，修短光阴类掷梭。

癸巳七十生辰

已活七十年，不必苦回忆。安问行路难，迈步再前去。

偶感

痴到万分方是佛，高超三界不为仙。浮生恰似蚁旋磨，大家都是管窥天。天法道，道法自然。心安理得，回也长年。恬如心性，风月无边。

沁园春·苏联十月革命三十六周年纪念日章门遣兴

零乱须眉，重返章门，寥落知交。幸微躯顽健，扶筇缓步，心源开处，物与民胞。逐日观书，依时论事，珍贵光阴肯妄抛。风云紧，应随机迈进，匪日称豪。　　琴音流水高山，能实践，当知非系匏。看辛勤马列，坚强意志，情殊迫切，语不牢骚。剖解危机，消除大劫，一一分明奏宝刀。何须虑，怕狂澜莫挽，天下滔滔。

闻雁有感

宵征雁阵过衡阳，酣睡醒来引兴长。此景此情真勇迈，东窗犹未露寒光。

1954年

甲午春日大病愈后感言

常想病危时，中怀反平淡。人生谁不死，矧我死已慢。流转七十年，荣枯经已惯。焦劳天下事，往往日三叹。今又滞尘寰，景象殊灿烂。哈哈四时春，由一以知万。

端节俚言志感

我生果由何处来，我死又到何处去。如今久病复能苏，又是怎么一回事。

是否业缘尚未完，老朽颓唐成底事。浅学惭非宿命通，迷蒙如堕五里雾。妇孺欢娱过佳节，聊把幽怀托毫素。

偶感

人生原有命，毋为命所缚。真正求学人，当求造命学。

双梧

窗畔双梧茂，浓阴夏尚凉。不须愁酷暑，幽人清梦长。

阅古词

结想古人词，良足娱清昼。会意到忘形，习习风生袖。

晚景

绿树环窗秀，长空绚彩霞。开书见万古，随处即成家。

娄妃墓

女子存奇节，鬼神更相顾。言念古裙钗，特访娄妃墓。

忆少年

忆昔少年时，胆粗心不怕。坐言能起行，勤劳无日夜。一年复一年，渐渐成老大。如今更衰朽，一场大笑话。百事无一能，理应常遭骂。青鬓不常青，少年真无价。吁嗟乎！青鬓不常青，少年真无价。

三八七八感言[①]

书生策马事征东，慷慨悲歌唱大同。死别生离千百感，不安魂梦一宵中。

七夕怀旧

敲诗畅饮忆当年，往事思量幻若烟。风雅故人多蝶化，凉凉踽踽恨绵绵。

---

① 1916 年 7 月 8 日，新亚同盟党成立 38 周年。

甲午立秋

岁月迅如流，时哉又及秋。无求真快乐。心逸日休休。

五古一首

拘谨似辕驹，不如解疏放。处世不多求，思想渐高尚。　　一切顺自然，襟怀殊坦荡。入世与超世，存诚总无妄。

甲午中秋

七十中秋今过去，天涯游子倍思亲。浮生万事一回忆，凄绝难忘泉下人。

偶感

人生在世中，千秋如旦暮。何况数十年，一一堪回顾。

春露又秋霜，感慨存孺慕。一切听自然，不草登楼赋。

岁寒啜名（二首）

其一

赣水西山茶，佐以杭州菊。宽师莲花杯，沁心实清福。

其二

休用问忧乐，万事原如梦。啜茗暖如春，不怕寒与冻。

大同学会成立纪念日感言

三十九年前，高楼空誓剑。回头百感生，愧我身不健。

生死诸良友，一一难再见。世运幸好转，不才欣息念。

1955年

病中吟

眼底无多事，中怀感不深。只知卫生法，闭口食胎津。

大同学会成立四十周年志感

人间万事总如烟，何用回思太黯然。从今再立百年志，怡快劳动三十年。

忆秦娥

旅馆歇，人生百岁都如客。都如客，修短韶华，同归一瞥。　　今月仍然同古月，照人肝胆皆冰雪。皆冰雪，最难能处，无生无灭。

相见欢

情悄悄，下楼头。又到湖滨深院上层楼。　　千万绪，甚纷纭，不为愁。幸有劳谦风味在心头。

偶思

昔读阳明诗，首首动肝膈。今住阳明路，回思弥感切。

醉太平

诚心思真，调高风清。绮楼一夜听琴，实百岁希声。　　挺拔松筠，开拓心胸。烟消雾散云屏，更无论酒醒。

森梧

窗外有森梧，骄阳不为热。我心本清凉，似此更难得。

随遇能安闲，人间非火宅。哀哉沮以伤，文山安乐国。

旧藤杖

我有旧藤杖，伴行多少路。抗战十年来，巴山能健步。

今日置闲散，回思成孺慕。勤劳能健康，颇洽我心素。

六月六日

六十数年前，尚是孩提日。百感在心头，泪洒单衫湿。

可哂

翻手为云覆手雨，纷纷轻薄何须数。看尽人间小丈夫，我自为我尔为尔。

大乐观

一切皆乐观，精神生百倍。若误入悲观，凡百皆无味。何如狮子吼，狮子恣游戏。

酷暑

饮冰不为冷，吃瓜不除热，此心不清凉，永与烦恼结。

随意足

当热便思秋，秋来又近寒。更思爱春日，赵盾不敢当。何如随意足，总不辨咸酸。

立秋

桃李闹春风，松柏霜雪立。为天地立心，为生民立极。

静习

南浦有高楼，微吟当长啸，四邻人不知，明月常相照。

吃药

月来多吃药，颇识苦中苦。究竟心不空，徒劳又何补。

南浦

南浦满云烟，江流无日夜。我心清且闲，醉眼看天下。

自哂

曩岁见鬓髯，零乱白如雪。今岁见鬓髯，油润黑如墨。

年来且多病，微躯苦磨折。心逸百无愁，鬓髯自变色。

中秋

屈指数年华，已经七二秋。今日尤难得，南浦卧高楼。

无妄求

一心无妄求，万事平等好。平地好逍遥，高处多倾倒。

自得

我本好弹琴，不发弦中音。今竟作耳鸣，静听松风声。

三要

三要成主义，未必能实行。不行是空话，不可给人听。

人情

我不用人钱，似不负人债。惟当了人情，人情急于债。

韩文公善作文故草送穷文我不善作文用俚语送魔

病魔缠我已数载，坐卧不安在面前。今用俚语送魔云，送到茫茫大海边。

梦醒

五更梦醒睡不着，平生一梦彷如昨。寻思一一好笑人，不如暗唱梅花落。

偶怀李杜[①]

李白与杜甫，生死两朋友。诗篇不足言，道义堪不朽。

---

① 此诗写于 1955 年末，此后未见有诗。1956 年 1 月 15 日仙逝，此诗可谓“绝笔”。

《黄介民遗稿选集》编后记

父亲黄介民留下的手稿，包括日记、信稿、文稿、诗词等，由我保存了半个多世纪。这只是他全部手稿的一小部分，其余的大部分都毁弃和散失了。每当我偶而翻阅这些遗稿时，对其笔墨的神韵、文章的风采及其中透射出的精神品格备感亲切。面对这些墨迹，似乎斯人虽逝而音容宛在。

近年来，得知海内外研究近代史的学术界对黄介民所创建的大同党颇为关注，且不断有文章发表。例如，日本学者石川祯浩所著《中国共产党成立史》一书中，就有不少篇幅述及黄介民及大同党。我偶或涉猎这些文章，觉得手头的遗稿中或许有些资料有助于研究者们澄清事实，少一些扑朔迷离、牵强附会的说法。2010 年初，我将黄介民在 1920 年秋至 1921 年 1 月所草写的《三十七年游戏梦》一文（约四万三千字）整理后的文稿，投寄给中国社会科学院近代史研究所的刊物《近代史资料》编辑部，很快得到答复："决定刊载。"至年底，该刊总 122 号发表了这篇回忆录。编者按中说："随着史料的不断发现，海内外学术界近年对中国共产党建党前的研究颇多新见，其中曾与共产国际有过联系的大同党很受关注。然而，受限于史料的不足，目前不仅尚缺乏对大同党较深入的研究分析，对其历史的记叙也存在诸多不实之处。大同党创建者黄介民作于 1920 年底的《三十七年游戏梦》，对于大同党成立的时间、发展脉络、宗旨、参加者，以及与苏俄密使博达博夫的联系，均有详细记述，是研究大同党和中共前史极为重要的第一手资料……”

随后，又应编辑部的要求，选编了《黄介民书信选》及有关大同党的文稿二篇寄去，已见到清样，预计年内出版。

这里收录的黄介民诗词近四百首，为避免重复，不包括《三十七年游戏梦》中的七十多首。他一生所写的诗词，一定远不止这些。由于手稿的散失，有些年份的诗词很少，甚至阙如。他一生以诗明志、以诗抒怀、以诗酬友，此处所收诗词若多有缺失，是很遗憾的。

现将上述回忆录、信稿选、诗词编辑成册，自行付印，工作量不算太小。本应再对其中的内容或词语多做一些考订或注释，但就我的知识水平和能力是难以办到的，只好如此了。此书印数不多，首先是为了留给家人和亲属做一点纪念，再则赠送给友人或对研究近代史有兴趣的人士做参考。恰巧恭逢中国共产党建党九十周年并辛亥革命一百周年纪念之际，这也算是编者代黄介民奉献的一点微忱、一瓣心香吧。

黄志良谨记于华中科技大学喻园二有书屋

2011 年 6 月 15 日

编后语

从2010年底《近代史资料》总122期刊登了黄介民回忆录《三十七年游戏梦》之后，2011年6月我自印了《黄介民遗稿选集》。其中，除上述《三十七年游戏梦》文外，还包括《近代史资料》总124期所刊发的《黄介民信稿选》，以及两篇文稿和四百多首诗词。该书只印了一百多本，以赠送亲友及个别学者。后来，有近代史专家在发表长篇论文中引用了该书的多处内容，并来信希望用黄介民的手迹作为出版文集时的标题。有的朋友说，看不到黄介民先生的手迹，感到有些美中不足。

匆匆十年过去，编者年事已高，总觉得这是一件遗憾的事。去年10月，致电华中科技大学出版社姜新祺总编，得到他的热情支持，他认为此事有“历史价值”，赞同出版一本黄介民手稿选集，其中择一部分影印。于是，我用了半年多的时间，把手头保存的黄介民手稿重新翻阅数遍，在《黄介民遗稿选集》的基础上，增补了数篇文稿、信稿和诗词，仍用简体字横排并句读排印。同时，将《三十七年游戏梦》全文以及少量信稿、文稿和诗词手稿复印，合成一书，名为《黄介民手稿选集》予以出版。

在此，我要衷心感谢姜新祺总编、人文社科分社周清涛副社长、策划编辑张馨芳女士、责任编辑唐梦琦女士以及出版社为此付出辛劳的同志们。恭逢中国共产党建党百年大庆和辛亥革命一百一十周年纪念之时，能看到此书出版问世，上可告慰先人，也是我毕生的幸事。

黄志良谨述于华中科技大学喻园

2021 年 9 月

黄介民手稿选集

影印

三十七年游戲夢

予乃平民之子也父親名會軒業木商於鄱鄂潁甯（世居湖北清江）母族氏張世居清江荷湖祖父徐山外祖岐山均業木商為業予於前清光緒六年生於東里楓木内畔祖堂左首祖宅之斷者破盆圍籬殘蔽外財於父母劬勞之恩依稀彷彿猶存存於腦海之影父命就外傅旋老師數在祖堂受讀三字經續讀百家姓論語中庸孟子幼學句解等書計四載已十數矣雖讀不求甚解猶童稚也無所謂思想不幸是歲母親病故父親後時外出經商一姊二弟均在幼

目录

黄介民诗词录

黄介民书法及用印

黄介民回忆录：《三十七年游戏梦》

三十七年遊戲夢

予乃平民之子也父親名會軒業木商於鄂贛
世居江西清江東邑
省母族氏張世居清江荷湖祖父徐山外祖岐山均業木商
爲業予於前清光緒十年生於東里楓木洲畔祖堂左壁首
祖宅也歲前猶然罔覺甚戲外對於父母劬勞之恩依稀
彷彿猶存二於臘梅之歲父命就塾從老師讀在祖
堂受讀三字經續讀百家姓論語中庸孟子幼學句解等書
計四載已十歲矣雖讀不求甚解猶童稚也無一心謂思想
不幸是歲母親病故父親後時外出經商一姊二弟均在幼

維新以前因痛心痛心[illegible]常相向而泣

十一歲父命訪蔚如表兄之子融齋課讀二載繼訪仍在蔚

如訪表兄姓史仲森課讀二載四載中光以讀讀詩經

書經易經詩經等書時年已十四無思想常思尚不能有

類思想也年十五父命隨從賞商乃繼隨父往贛學賣

木業後隨至南京常州等處已歷二載年十六矣此時

思想漸見頗欲在商界中有所樹立父親深家事之性欲從

直讀書乃急復命往玉以農姓家居就讀於杜師儀甫講

授春秋經傳并八股文試作破承講文小子于時同學年

皆相差以在奇物道應童子試觀感之下我之秀才思想

（四）

殷見背違，乃大發憤，將以前所作備忘日夜研求，然有一二心得

問哉違，但不[illegible]，[illegible]書由聖賢之言，使實用科見一二，朱程思想在

内地同學有[illegible]，唯予為理學先生者，私心竊笑也。董年十八秋

季儀師因公辭館教授職，薦往振川就杜師玉方受課，翌年

後從隨玉師至秀性書屋，共諸同學新[illegible]受教，秋試文時，收等

課，後自得獵[illegible]史子集，時亦兼及聖學，提倡[illegible]受法，[illegible]

佛而前八股試論，已是之旅，乃玉師所以試論相授受，是年

予從以策論應童子試，試負，而玉師亦以是秋辭教職，繼由沈

師信蘇主講秀性書屋二年，均以經史策論授課，繼任師主講

者，為吳師嚼蓀，授課亦略相同，予時二十二歲，經學院王佳隆取

錄[illegible]才[illegible]通[illegible]從[illegible]梁[illegible]

昭若庭事福[引为毕生幸福]者以此时为最，而谓此戏梦者，童年一
段家也。此时予之思想果何如？将为秀才以得乡举，翻以天
下为己任乎？范仲淹乎？而未慕者，狂者胸次，实由殷性之屈
历经到师陶镜已就[弟]子之列，自尽也。且阅新出书
报，日贯科举是年即停，於是举人翰林之梦，皆终而学士博士
之梦[醒]，於思想界不免瑕瑜互见[革命]而革命
新机，或伏於此。惜续不开，卒致为国蒲？诗云：
握敬情，慨薛中原不为仇雠不为恩，只觉悲天更[膜]
黄道赤手担之三年，握虚必获乌草[马][样]以[何]
岁猿我志未[偿]人[亦][昔]，东[风]到[处][有][辛][辰]

更为成就强欲以坚固意志勤读以出外求学第一步，乃往于父，父亦慨然允之，于是（年十三岁）偕友黄衍帆同往上海入学校，距期不远，未几衍帆病故于寓，不能成行。以衍帆独往，不久亦病故于沪，予后表在家，静循悲愤，雄心壮志，几成槁木死灰矣。至中秋百无聊赖，成一诗云：

去年中秋节，共怀赏明月。今年中秋节，秋风摧萧索。落落暮烟太急，事业不可期。阳春何处觅者，相隔恍惚春，江流有时息，地恨难休歇。

肺腑嗟我飘零子，庭帏爱送慈，英也早跌马蹄。

歔歔愁阳屺，去年我叢义鹭鹚，从郎去，承志到江州。

记游兴阳屿，抚此感伊人，丹心照千古，愧我深为儿思。

执怀怜负了。

後游八境台题壁云

八境高台接大荒，凭栏俯仰动愁肠。欧风刮地英才死，重雨连天烈士伤。宋室苏公肝胆在，明廷杨子性灵芳。今古沧桑文武慨，要将流水笑赣双江。

此处为章贡二水合流处，故名双江，即赣江是也。汉来木筏下赣

皇恐滩，惊到文文山“皇恐滩头说皇恐，零丁洋里叹零丁”。

丁々力不觉窗秋又到，为有同席相嫌之感，以来钱到荷心

以兴家说到后有行路之时心绪……林芳记一诗云

浮生若梦知何处，我今又往江南去，遥望路了了无踪

愁无奈狂风折江树，风声雨声波浪声，报花飞声

不能停梦信花生，蝴蝶梦化中，怀秋愁惊难衰

思广转天涯，晚睡觉不到，愁觉红愁不解也

雅居遥望不见松岑删

无非愁苦生涯，后到吴城后题一首诗云

秋情满目临清秋，愁云万里水中寒，愁继两岸

惨风飒飒鸣黄叶，江心愁寒水天涯孤子太伤神

艱極無聊特忘痛君見紛紛世事渾浮特眼昏
空何以用千蝶飛帆帶雨來且把花生來入夢
從來錢追鄭陶何望廬山經題句云
卿然無限感鄭何由一望廬峯高習舒巍巍岩岩
迷高下樹樹景景出有無藏何待世懷朱子解經
游仙夢君師安得脫身塵俗外自有深處待茅
廬
乘舟後住姑塘出何以過彭澤縣想到陶淵明不為五斗米
折腰保其為人從彼行皖江中淺擱猶更境由蟻惱辛
乃由撥撥以同失志自當有詩云

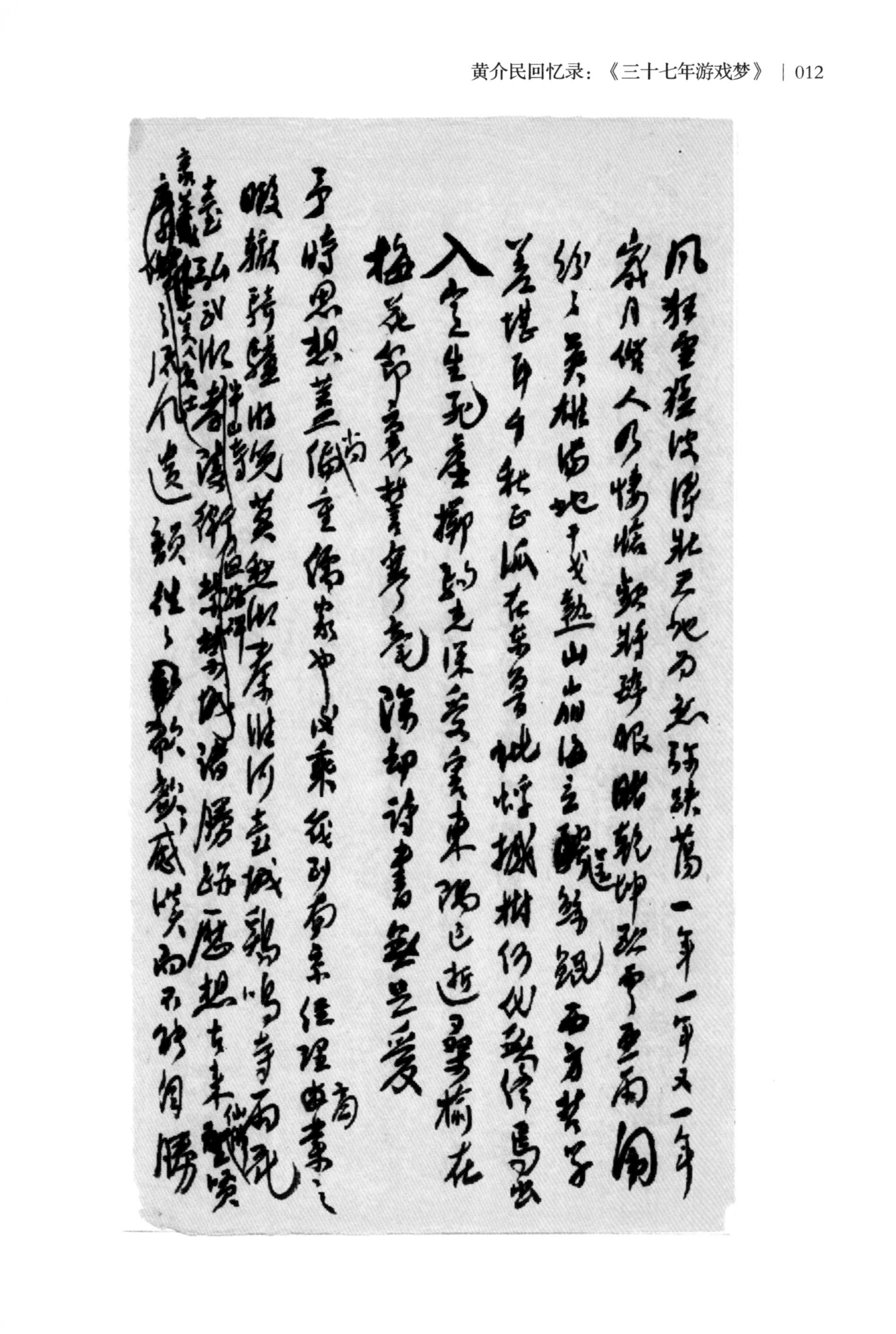

名时斯时改名觉有友戴季子口时为务本何更名为季子曰
义生平小说只见其忠予赞其有二一以革命救普通思
想一以[illegible]予族光人有特别痛史故中于时存校补各种
学外或阅老旅日韩资政员诸子书或阅已古离骚乐雅
记乐斯来走鲁迅特金钱神话一家谈译小册尤慕苏萧雅为
人书模仿其练时白展[illegible]引为神之是时日本革命秋收党
适因踪在青山练兵场谋炸以淫谋失败被捕共救人陈
报膺戴政美社会党约电暮救致辛被锁死戴章其
因在狱中有[illegible]二诗予时时诵不已亦曾引为神之其诗有云
戴氏汇[illegible]已十走因哀今内又因缘何中国味有
谁识狱车禅慕房多喜祥

鸠鸟鸣晴烟树皆然路遍潇枕锦褪风风雨雨之
众山多七十阿猿往侍门
是以中国革命风潮亦复日甚一日继以三月廿九广州之役黄
花岗七十二烈士起义于是脑海更大震动革命思想更大发
达从（已将）经事于社会革命，推从事于政治革命以珠园铸不它
矣然而先生也惟对革命二字虽天识
与两江同学（校外）集诸同学即从庭园叢集张伯鸿等成
时相运动或时偶与武侍探时李瑞清为校长钦员
盟至志欲经诸志士以以两江师范为革命大机关传
文佚武同所教也迄以志在阐发未得畅所欲
行乃后与兴刘子云彭亚侠紫时相过从商通声气以俟
时机及武昌起义全国响应两江学友奔走呈救惟予

[illegible]

予以[illegible]计东渡日本留学，时年廿九，民国二年也[illegible]

[illegible]江[illegible]

从南浔江城[illegible]

买孤剑

从道过沪，商访诸旧友[illegible]

强为之慨[illegible]，由沪乘海船到长崎，改乘[illegible]至东京[illegible]

[illegible]入日语学校受课，数月考入明

治大学政治经济科，于时[illegible]政治[illegible]

[illegible]研究政科，于时[illegible]新文[illegible]继选[illegible]

者为[illegible]王道[illegible]李林[illegible]

[illegible]哲学[illegible]坊[illegible]任食游戏之[illegible]

[illegible]而昔之[illegible]诸报出，极[illegible]时也[illegible]发生

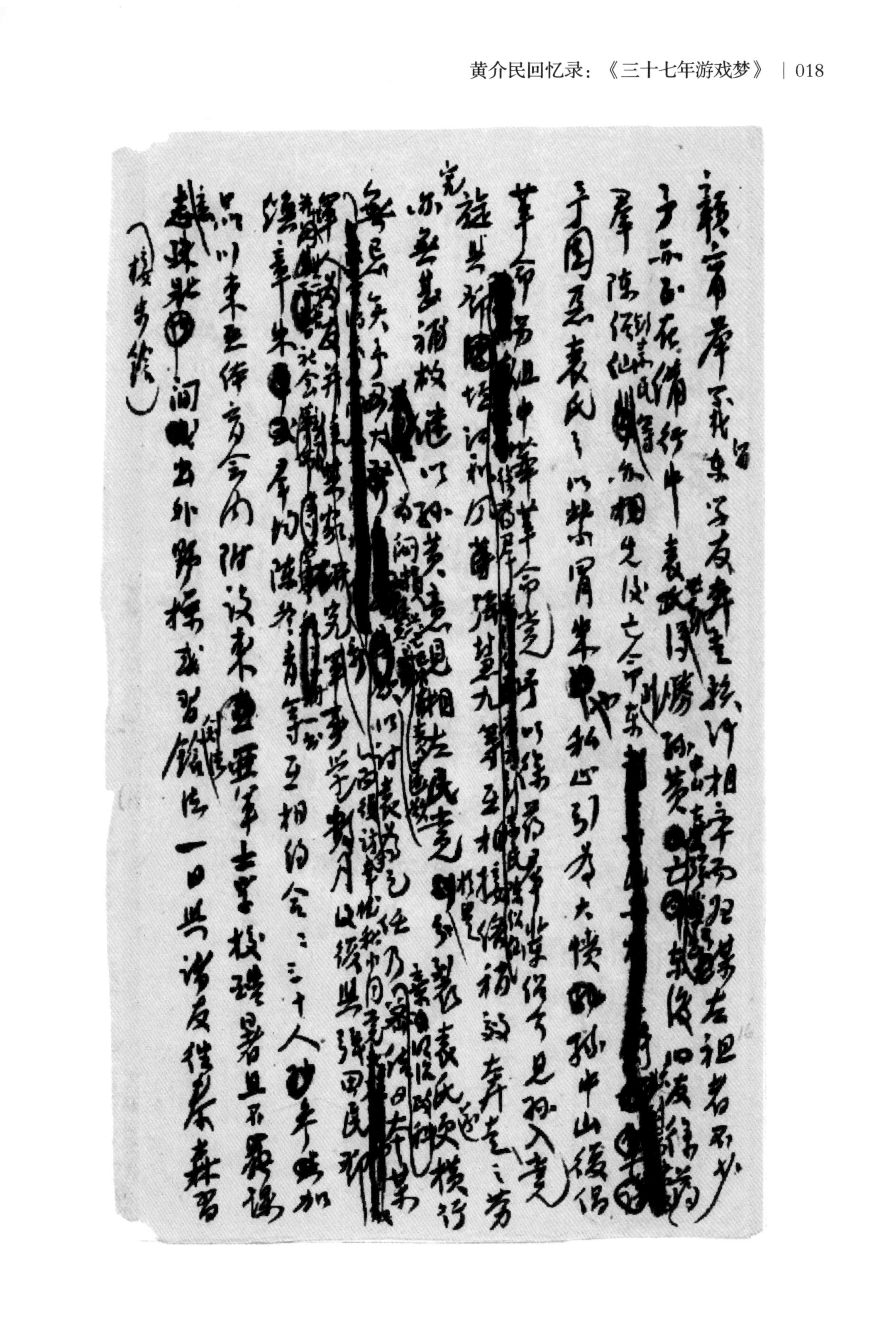

步锺吴兴黄霖生[illegible]红十字标霖生则在秦森军士学校毕

于初订交，欲以为生平一大快事，改军校以种子[illegible]

[illegible]学书以学剑[illegible]成之[illegible]颇若惚乃复与陈永青朱

[illegible]均等每日往青山习马[illegible]欲[illegible]炼成一[illegible]军人

[illegible]时曾题一诗云

提强压境浑常事　磨炼精神[illegible]等闲[illegible]

生辞为我[illegible]切马[illegible]山

[illegible]日[illegible]地折[illegible]腕有一枚[illegible]改事赴[illegible]

[illegible]旋行车中曾口占数语云

良医三折肱　良将三折肱　今方一折肱　还有二折肱

[illegible]未[illegible]减[illegible]隐[illegible]月出院

与陈永青朱均同商[illegible]饮食起居概不得自[illegible]

（[illegible]）

[illegible]数月后，方完全决策运用以救[illegible]医师[illegible]民[illegible]以[illegible]有能

气势煊赫[illegible]社会传[illegible]剑[illegible]以志[illegible]为武士道之[illegible]子[illegible]一统

大意以彼比华佗，以老国自命，泛[illegible]时民国三年中，而毒一切事业

成百无聊赖，困风尘，懊愤室欲之余，乃复深思远虑作天下

事，总以无得人才为务[illegible]聊络各派革命党中乃

后入政法学校，[illegible]讲上课，因该校为日本民党特设，以收容

中国亡命之士者，[illegible]直接联络朝鲜革命党，乃一面[illegible]

辰上野镜园谈会甚大，常有朝鲜人士居住其中，一[illegible]

宋渔父死状甚惨，遗尸狼藉，其母在傍痛哭，理而思之，予

与渔父无一面之缘，以义相感，而欲按志[illegible]下[illegible]兆

时仇亦山、易植国等主办留东学生总会，争救日[illegible]二十一

条，竟予忽遗，与亦山、植国讨论世事，亦[illegible]不自[illegible]其不以[illegible]

者。彼亦出名，遂访，乃得相识。梅园南来谋两广，夏陈务青息

彼亦约李武来相访，谈论甚欢。彼以排日故辞为师，官费将赴美

洲留学，约予往千叶海岸避暑，遂一游，并以海浴锻练身体。予

乃慨允。予并约刘季阁、聂南安等同往，彼时张东文、李凤亭

等，并在一家寓居一室，互相往来，每日入海水浴一次，或弄

小艇，或写字看书，论文，并携流烧菜煮汤，谈笑风

生。此数十日真是神仙境界。一日易梅园到一家海滨，由

刘季阁、张东文等约予相会，谈到中国学说，由周秦百家

盛出为最盛，化于汉武尊儒术，以为中华儒者

而且异同，得其真，且联诗予得联句，遂答之。梅园甚许

之。予和後修，对其非人也，坚硬其有不同，一联句

频自责中以何李武复有吴蛰来会，彼同深德其意

全学远者乎而深以正吉富学此意以马克斯学标榜[illegible]

吉富[illegible]君彼年也以返东京[illegible]年武[illegible]仁侨祖正洪邦

瑞[illegible]张梨民等相识时相往过彼乃[illegible]美留学生与梅同

同在时流之[illegible]诸相见自久一日梅因忽谓予曰我[illegible]并联络各省侨

来同志组一学会一面以学术相切磋一面以[illegible]团结以拥护共和

为特别精神予大表同情乃屡与[illegible]守常马鹤天

喜仲挺[illegible]仇亦山刘相[illegible]林伯渠中月[illegible]易象仰桓张伟

民黄介民荆植[illegible]风亭邓国桓徐镜寰张伯[illegible]

罗士[illegible]黄日钦[illegible]等数十人组织一邦学

会改张东荪彭一湖周[illegible]等同时在中华学会[illegible]乃[illegible]二

会合组名神州学会会[illegible]百[illegible]人[illegible]

团又益广奔走于学会有日矣[illegible]

高鹤天郭和民刘祖尧等皆参与共图颠覆缅怀极力鼓吹
倒袁时民国四年洪宪皇帝已出世也时先生倡会
开三周年纪念大会追悼宋渔父先生多仇尔山忽平孺华一
谷钟父子因外出犯已中宵今未幸抵发一挥（有补）而致文云
呜呼先生言念临然屡月展转于今三年深彼悬
而我多难谁谓铁血遗恨了先生怀抱四海
指囊之首不遑爱为国殉赖有激变义声中
宵中讨中折狼党屠戮民命草菅天地闭矣战
修贤俊民离失所呜呼噫嘻咄咄怪事猖外表权
神人共怒操莽弥彰独夫称帝缅怀先生兴去攸
整搓诚一以语群风四起缓有德踪了我师重举

發而復躊躇莫決于心，别有所圖也[illegible]

時辛亥乃以百感交集一章以寄君懷邪用之意[illegible]

附九如有來日最後一首即見亦乃印用其答贈詩云

我無家鄉容生死，遍處為家隨在認因緣，因緣那安

託天地本蘧廬，然少乃依此[illegible]，乡攬八垠鴻雁同遊

雀滄海又來風，遂懷舊城郭，白雲常開山水個傳

高國人心險於鬼，世道出羅蒼風雨，聽雞鳴舞

劍敗騷壇讀詩仍[illegible]，草莽英雄早空實霜

[illegible]氣成老[illegible]錢鐵漢飄泊天涯留落人互為集

何須終擾此解吾與儒生為政錯非此岸方相

客路世忘物整枯城貴外牛功名等糟粕瓢穀

莫莫留莫須采雲物一味逍遙遊塵寰于知[illegible]

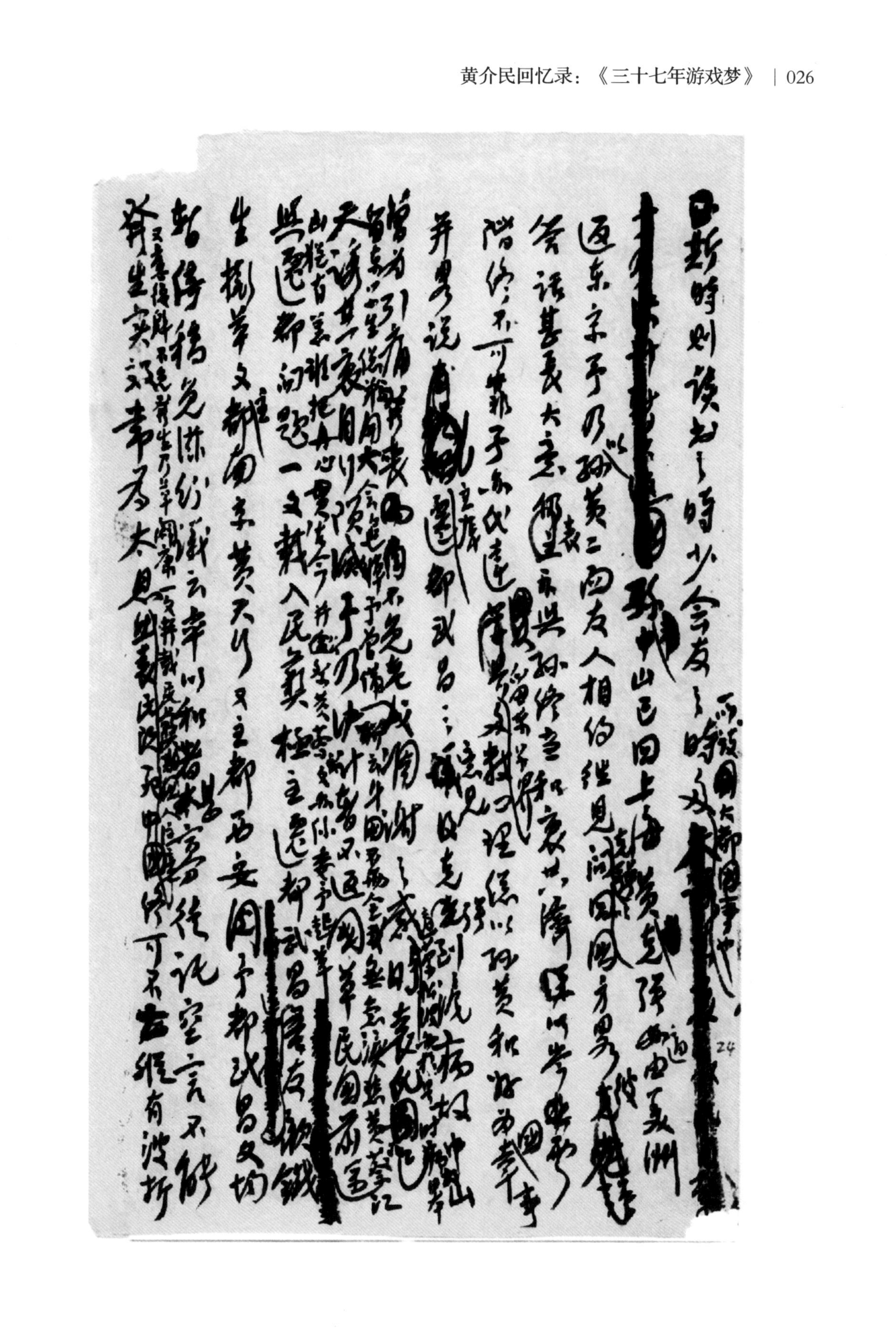

[illegible]房乱之范围内事。予前所谓别有所图者，乃从事[illegible]计

书房此次民房奔走，安定锡学任事之时期，时在民国四年

予年二十二矣

予之思想至此又果如何？乃一一整理而确定之。释也老也孔

也耶也，此予性分所有之二因缘，实[illegible]为谁家孝门弟子也

[illegible]孔[illegible]诵读矣。前在省[illegible]校时曾病，刘沛然家某

夫人嘱且赠信基督教，常为予说教，我予感其意，曾累

阅耶稣。后东渡留学，到夫人并西俗为伯[illegible]时任东京中[illegible]

国青年会事，[illegible]常在教会听讲，并曾一度[illegible]礼拜

释如向未要涉猎，但浪游所至，偶遇寺观佛寺，必依细[illegible]

而不忍去耳。赣州之光孝寺，桂树之通慧寺，常州之天宁

寺是也。[illegible]留其时伤由[illegible]图[illegible]际真如缘道[illegible]伯华[illegible]

该倩佛国你仍二小时回复世女士能桂先扬遍信论亚那求
世间有利益众生累有[illegible]须多从于佛书百岁之学者
首出桂老一偈请正云
我从何处来 我往何处去 如今百岁生 欲往如何往
能印回示人生如梦 刹那迁流 然其中自有不迁流者在耶
详研佛理不能劣也 并附一偈云
果若身何来 自知何所去 百岁如不生 应住便住
感不久桂老竟以寿逝 于并在传送终人当[illegible]挽诗一首云
性当亦诗教 言言示果因 今生成来世 会相对一偈神
大地风烽烟重出 眼沿海演生愿 有感何日再回轮
望其存对人世共有修将 早撰 时自挽联 首准备主来之句 以
桂老能殊圆成亦常遍往说佛圆成如何乎奉佛者好也

即第一步也。又留日东学界号称[illegible]之中，在[illegible]朝鲜留学[illegible]

志而无疑义者也。

乃一面利用青年会以便出入，一面[illegible]

[illegible]民[illegible]之[illegible]

感有光得我心之概。是时王克仁又适告余与野镜之朝鲜友人

均相衍，因窘迫流亡之韩国痛史[illegible]老[illegible]

时[illegible]青年会[illegible]伯卧室[illegible]法云[illegible]

置青年会于[illegible]之意有二：一为光日为相衍[illegible]一为是[illegible]

相衍为真志士于下，居上野镜数[illegible]知[illegible]识相衍，而又惧其

小节不谨，难商机要。今得此记[illegible]矣，乃即与相衍商

彼复大快，深表同意，并允即约朝鲜志士共议一切，旋即介绍

[illegible]构者，震义、金[illegible]、金良洙[illegible]

[illegible]尹[illegible]等相见，甚欢，中韩人士互相往还

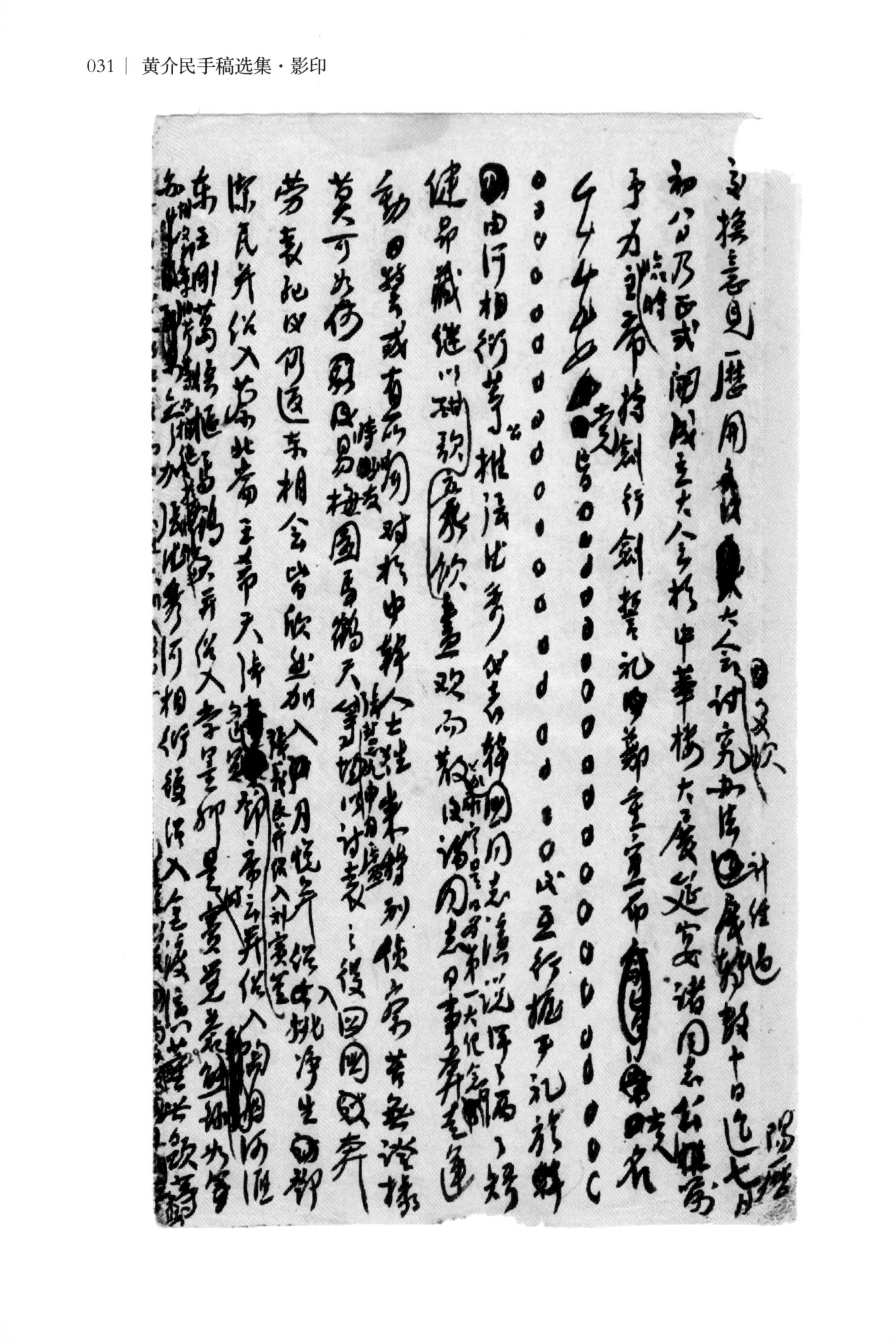

行期日在即，乃大会同志于[illegible]楼分袂话别并摄影

成立摄照片，旋复与梅园为[illegible]一词志别并书序云 会芳

东征数载负言旋，在途遇偕陈世与梅园游芝罘后

小饮共乐楼，酒酣耳热，用文山驿中别友韵赋写

大江东去一阕，以展怀素，并以别留东诸友

词曰

古今来去，问谁是，潇洒风尘人物。争些云范千万

次，凝猿啼如壁。乾隆被饱读，空[illegible]年病

热气如云，大安母[illegible]，回[illegible]伏奇杰。回忆蓬

岛楼，迷满怀无限意，随车西拔派豪鲸

宁梦把剑铸，弹[illegible]城塞[illegible]，[illegible]忧[illegible]灭

鬓[illegible]华发，相期珍重[illegible]同作寒月

於是乃书数十大纸备将识同志以为纪念梅园

同时写阅云

岛东云去有伟英集读峰堤其物不恨古人

吾未见魁儿语悦四壁阑补去城船横大海

轮蟾辞千山雪樵夕如此伟君真个人杰乃

逢指度岭梅舒枝南枝北早衔寒花发

五步至铁舟草宅 迅速难沪斋臧剑剥浮

云台侵净土一声 中钩发寄远珍重孤怀

谈何月 肝胆相照

问可谓英逞於 相视

成此诗则为在青年会三楼临行装见去客成以顾古剑 印刷此

示诸同志何新亚剑装 记本伟此剑乃中在伟从寄奔四 数以为题

剑一辛亥年中居以诗云

坚仰

不禁百感横生

十二月下旬，予乃与余樸之出(?)鄉(?)，由東京驛乘早車出發，諸友搬(?)到名古屋下車，因訪張(?)濟(?)安(?)深(?)叙(?)，留(?)宿(?)一夜(?)。到香(?)因換海船到釜山，後乘車到漢城，寓麗華園，已除夕矣。天候大風雪，融於旅(?)，何相衍(?)來，晚飯并商計畫，與諸同志接見。然為(?)……苦心，行止詭秘，有如盜賊，因漢城日警甚為精查甚嚴，取印……麗華園……時有日警……時何相衍……

余樸之精神甚壯，不為少餒，尹致(?)振(?)、金明植知已早返漢城，布置乃……安在鴻、趙蘇昂……負道中……金明濬(?)、尹弘(?)……朴……徒有無限深情，無限感慨。安在鴻更鄭重請予曰：朝鮮……已極缺(?)，謀恢復非破壞……不可。我……在內，日諜……之氣……破壞……到華(?)……致(?)歉(?)，……謹信一生平……友相見……人……百折不撓，并可同往中國……切予甚為大快，……趙蘇昂也……相一見，以故……歡若平生，使……來中國……計議，予乃……詩……

春饶留别湖滨诸同志云

[illegible]

牡丹绿花一册横[illegible]于予乃赋谢锦一绝书[illegible]云

论交四海为兄弟拜母登堂是一家多谢[illegible]

般物相赠牡丹花

[illegible]

静听松风寒飒飒[illegible]欢唱歌声甚雄壮[illegible]

近日千湖[illegible]凡大声歌者[illegible]千湖诸同志[illegible]于此[illegible]

音中千时饮[illegible]有[illegible]者我[illegible]

且[illegible]

人下者[illegible]

辛丑一月十二日寄别诸同志 出乡横滨之乘车至汉城 后大雪纷纷下 [illegible]

后随张甚于北刺[illegible]丑一拜箕子陵为快 以车至平壤 已属深

青丘风雪不止 因口占一诗云

我载千秋恨 来拜箕子陵 风云满天地 形影千家愁

青丘寒微有 说梦失依归 怀想一何极 回肠如结绳

以至安东换车 被日人检查行旅 将高丽[illegible]一小盒钢押存 因

日俄战后 日人以高丽[illegible]诗 概况 从智署[illegible]贵于以转反全 赔来得

事实 辩论[illegible]时 旅行[illegible]入火[illegible] 炮却炮为之事小深[illegible]

七国者病也 因金山往汉至安东 横道驿境数千里而国[illegible]村[illegible]

春三人民愁苦万状 共夫以人 拟贾等注之 实[illegible]禁度不一而足

后由安东乘车过鸭绿江入山海关 抵北京 而见日人[illegible]

[illegible]旅程之为之艰 [illegible] 出含揆之 往访梁等诸[illegible]

因其尤甲在京亚约也 当其尤此时适以事仓卒回粤 因章

曾留岭年后 抵得乃下榻数日 一览该事风景 [illegible]

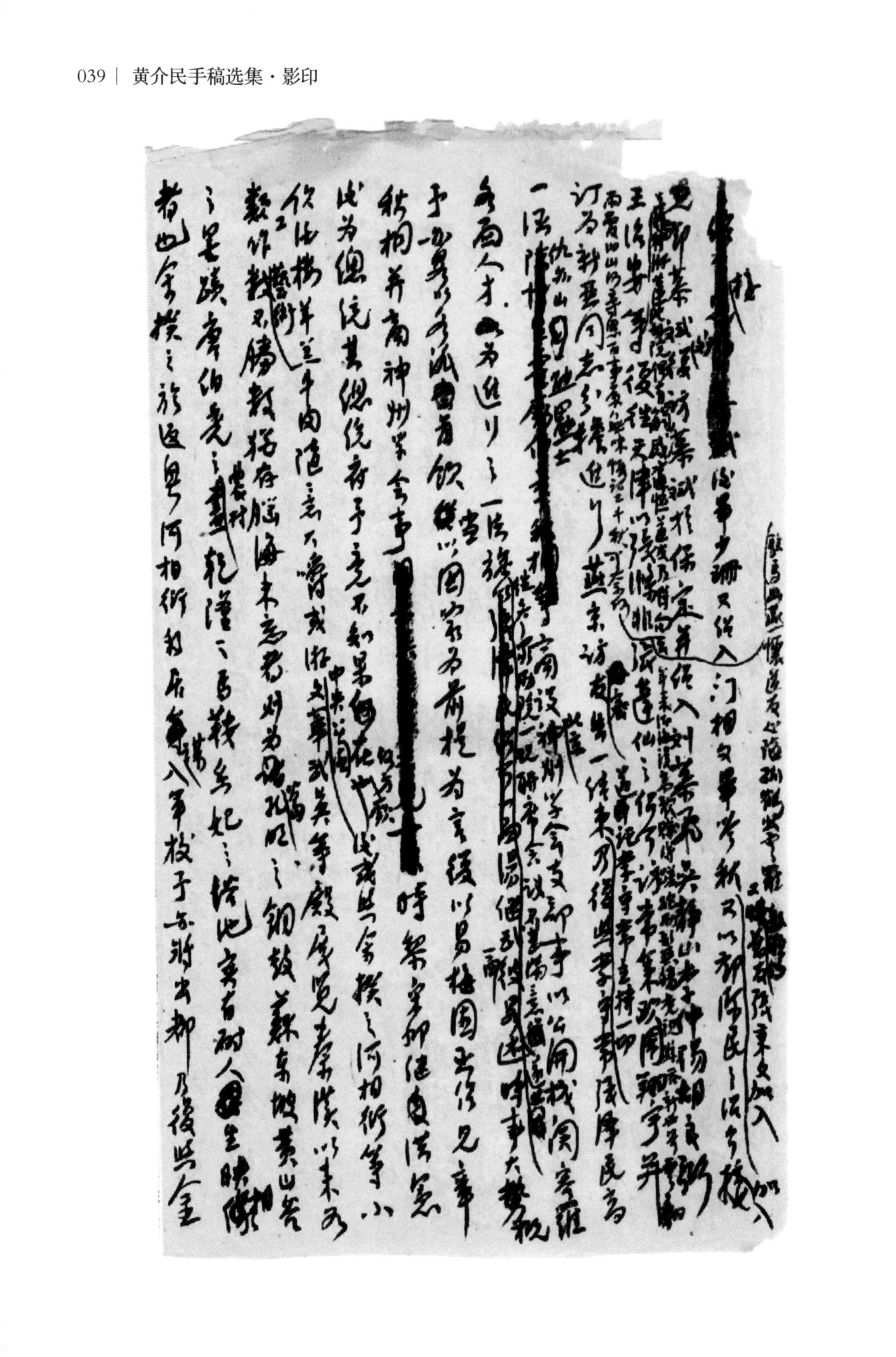

[illegible]

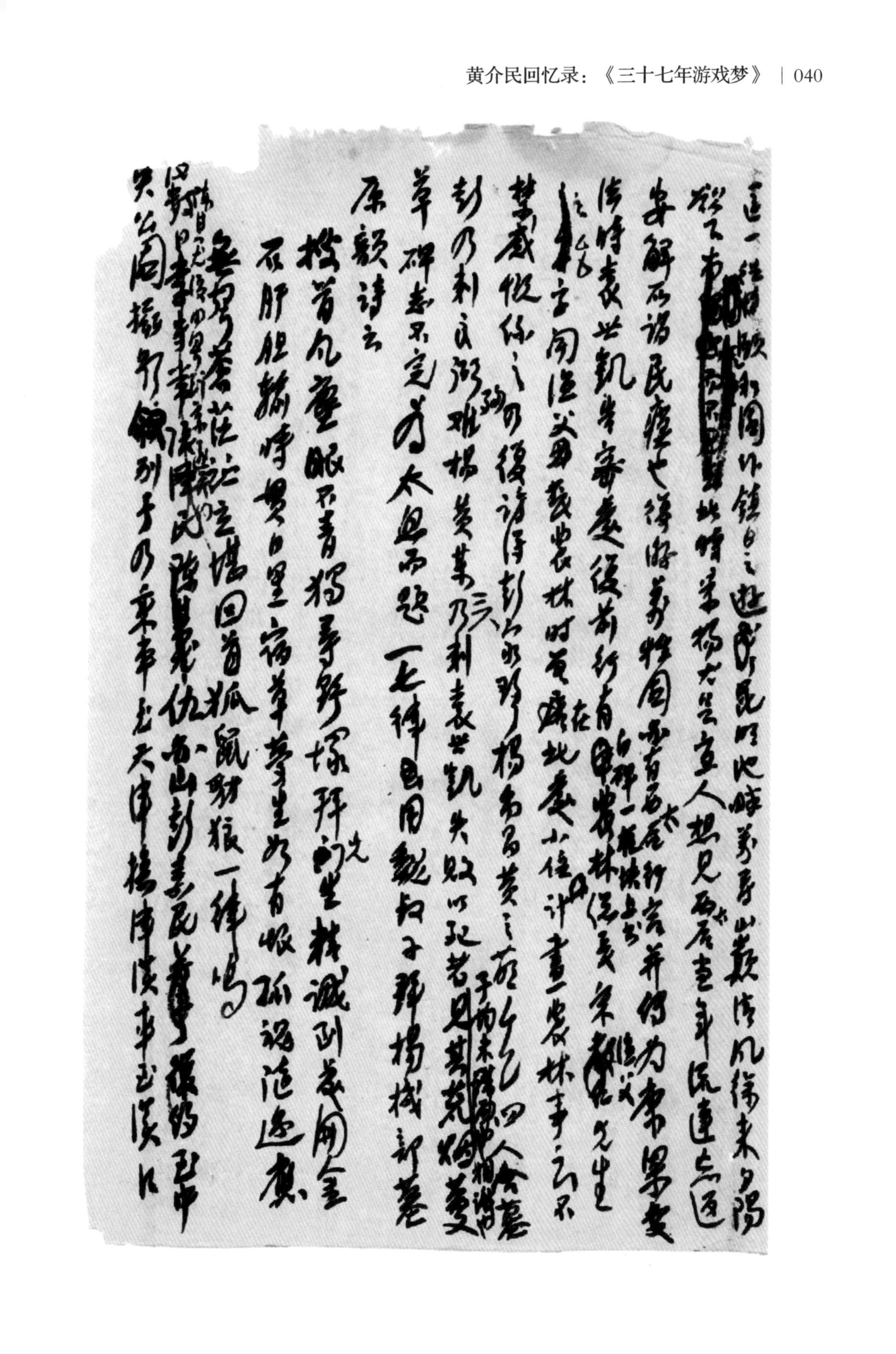

途中所见村落风景较江南为荒寒了下车宿燕台

旅馆便道过江登黄鹤楼观赏，作一诗题为

丙辰丁巳之武昌由宾岛江之广随车经辖京汉城入山海关

绕北郡过楼黄河而达汉口溯扬子江登黄鹤楼

、感赋

1

生平所好非人世狂篇行踪到此楼俯仰千秋观忽了

维楼争望思悠了为当云鹤修归去旅争波

楼

鸡不僊渺然将问鹦鹉剑斗羡荆棘会沧州

不

楼过者某载问生平孤水晴今随波江佳鹦鹉洲谁为

弔祢衡墓碑书汉处士祢衡之墓乃得句云

千载英奇气因时参一鸣悼慨王挝鼓走此一片心阳

之江汉水犹带骂曹声

旋到汉阳访伯牙古琴时已夕阳西下一望苍凉援为古风一篇

以为纪念云

漢陽江邊一巍巍山上高建院越高山流水盛名音
丹理非經營變徹上書拿相與荊州空自無聊歎
韓李懷才不遇今同伯牙才知得志尚已呼嗟乎此不
可忘子期究何在一經家歸無意芸葉前風泣前紫
瑤琴拍碎天地哀一曲寒風動千載呼嗟乎瑤琴拍
碎天地哀一曲寒風動千載

[illegible]

旋与列诸友乘小轮抵樟树镇，时已黄昏，乃渡河至薛溪陂[illegible]
偕岳家叔祖族怀至旦日乃抵家，与长仲相见，数年游子一旦归来，全家
对之真有悲喜交集者矣。是日约叙[illegible]二弟、四弟、民三弟、毅民，均适在家
晤叙一切。此乎静家者[illegible]后游收海之[illegible]又[illegible]一段落，时在民
国六年丁巳年三十四岁也。此时身内图家并与诸亲族酬友往还
者数日，因有感，或时展旧[illegible]则览一二往往感慨系之。夏季[illegible]九
由日本回国，与[illegible]由北京回家相[illegible]，均[illegible]里，时复相与遇从[illegible]形
欢后，以乡[illegible]由[illegible]回临江城，予复适以调解亲族命案往临城
遂常常来家，并与[illegible]计画，得亦临江学会于是遂组织[illegible]黄[illegible]山
等十数人先行成立。计[illegible]间[illegible]维图扩展[illegible]，旋适家[illegible]与
县[illegible]出[illegible]设计画一新事，并从入范[illegible]及商准以学校一切时适[illegible]
[illegible]已在该校为小学[illegible]年，[illegible]十六岁[illegible]
[illegible]

久矣未曾润泪眼 亦凡觉业满天秋 中怀自有无穷乐
异物萧条不识愁

适初予[illegible]直以陈为峯陈俗仙等由沪函电数催予乃复到宁
人外出时上庐首为陈勤业卿复辞之旧与旧蒋及张帅等话别
乃书赠二语云

万里河山悲鬼域 一篷烟雨梦浮家

旅东小轮往南昌临时随换东乘车赴九江复乘江轮至南京与钓叔一
晤入城与彭寿民游紫金山二人同题壁云

半世风尘两鬓已 满怀离恨问天寒 寿民续联云
销磨未尽英雄气 为把吴钩照胆肝

又游三台洞观音大士前题壁云

何时了却人间事 来作神仙住洞天

又游隐域大钟亭题壁云

渺渺究何在 钟声古今

於是介民別赴常州共三第一師印象事赴沪與諸君經仙時商一切

并告以新生事業由先問去并從入王民等[illegible]到沪從入何無名

[illegible]少[illegible]從入高至禁譚佛心早由[illegible]依沪相聯張慧

九亦到沪張贊之亦加入南英同居阮海臣[illegible]亦到沪同居在東首樓

叙大意遂與海臣亦并加入新生事業共契者只等樓化安南計畫

時中晚覌趙蘇郎婢生[illegible]到沪樓見黃同居阮海臣趙蘇郎中晚覌姚

净生係前年高至禁譚佛心張異先張贊之辦于黃宗今於老花

樓互相接洽多有詩紀事予南印帝[illegible]云

十年海上來秋風滿胸膛同飲一樓住聊以寫出意

但阮海臣黃國垣又將有所表行動

時蔡北齋亦早回[illegible]到沪趙蘇郎後從入斯李石石

予是乃根據東京請[illegible]致多南回來[illegible]說重遂鄭

重的早中晚覌阮趙蘇郎之海[illegible]國垣李石石姚净生并

予於[illegible]月廿八日行大誓禮於上海為本新[illegible]是日為第二大

紀念日設便宴會於南樓多有詩紀事予口占云

四海[illegible]風雲同[illegible]是推舉者相期共努力完成[illegible]天下

先是東京以時機[illegible]以加入中國朝鮮各[illegible]聯合[illegible]

中國公推予朝鮮公推張[illegible]為主盟[illegible]

[illegible]

擬議已是予與各同志先後商定成立本部

採[illegible]之總部內部[illegible]列八部并各部長總以某部幹事名之

以總務部總理各部總務部與各部幹事并各[illegible]

量推任總務部長兼職[illegible]性質而分八部如左

時僅擇已經事實推定總務部幹事中國三人朝鮮三人安南三人

臺灣一人波斯一人共係同志以[illegible]暫旅自由進行

時主上海本部時大概規模也 [illegible]

他处莘北常古[illegible]由是得的了[illegible]赞庭探[illegible]道也是矣

间闻列沧快睹一切与黄霖生所由来未说悟高多自情事中国

庐而内东京到沧后并为沧阳湘回行剑赞之礼之古剑即新民宝器

帅不赠者是也于是共乎北当[illegible]净生黄霖生中月庐画并予其会于[illegible]

家而[illegible]至广[illegible]一切并[illegible]述东京[illegible]内郎失惜情事知解同

志立[illegible]查并[illegible]人[illegible]

韩国[illegible]史会第三以去并失去了之与庐一张之[illegible]霖生[illegible]回粤[illegible]

再过某月返了于曾书赠玉楼春一阕云

短衣佳侠之涯游每品这好音佳回欲笔城有子曰霖生独佛

更家黄知夜 此未仙子随云霜后八千里云水去去传

交谊皆重天龙会风云无穷意

后月庐见前返了以见剑为题藏书赠[illegible]谈之

当时遣岛风云会一剑如同万万岁[illegible]其墨[illegible]

俄[illegible]海应[illegible]君 东北之行

净生[illegible]临[illegible]赵家即申晚观[illegible]有[illegible]改海复黄图

百年一梦将何似，觉重长逝马不停，昔由分离由我累，
此生何以报家庭。
所有分阅一切信已嘱托之弟鼎南寄正卿，偕三弟返家一行，邀请族戚
父老一为申说经修倒也，乃恩得然后如南日本受觉恩奏出述道梁恩
托神精病，大倡排日，并曾失踪，为日警构杀，正卿送往东京不明同济，并
责予施救失事了，云予为首当者，再申报复恩，念予已死而复恩予生
平原以牺牲主义共同志相纪，不若生犹执其手，求果此团体
乡一念以致死，是吾等意也。其精魂不泯，如入再轮回，其智慧必更充于
今世，又究何伤。逐埋然置之，此一面亟续将以为并剥道梁一函一面何
为中华共三弟谢氏秉江转逐家，遍与同志孙夫人庆国念设存五情
人者有言感为此将其道梁如何帝意回国去夫人之碑纪念，请予嘉
予生前应阅大计，男儿无奈，是亦情了斯时，其未能免除也，并贼隐
惩感狱一诗藏以资去念云
尝有刺白马反中原为逐鹿，初当刺关，身死成为蜀英雄悲

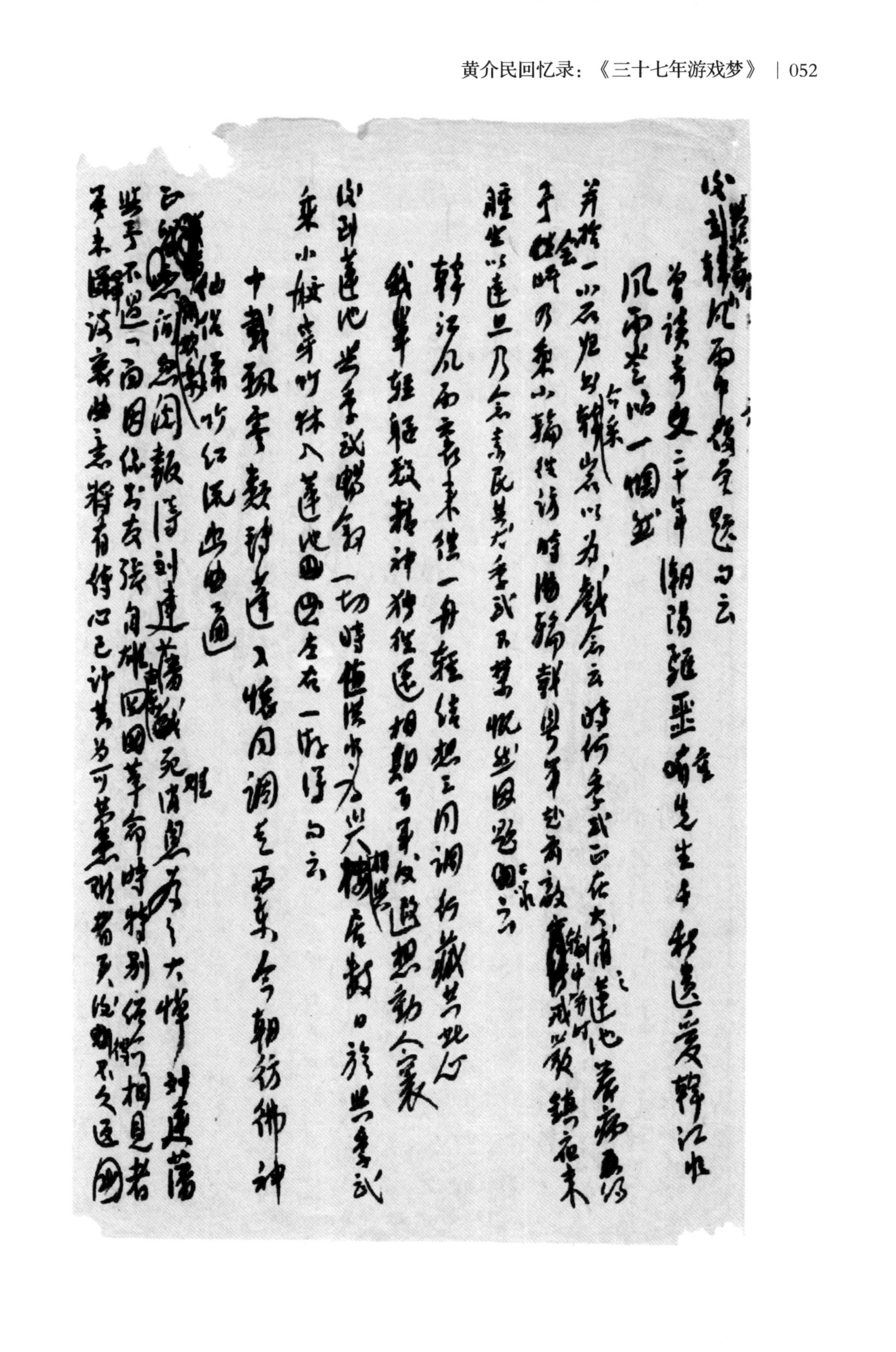

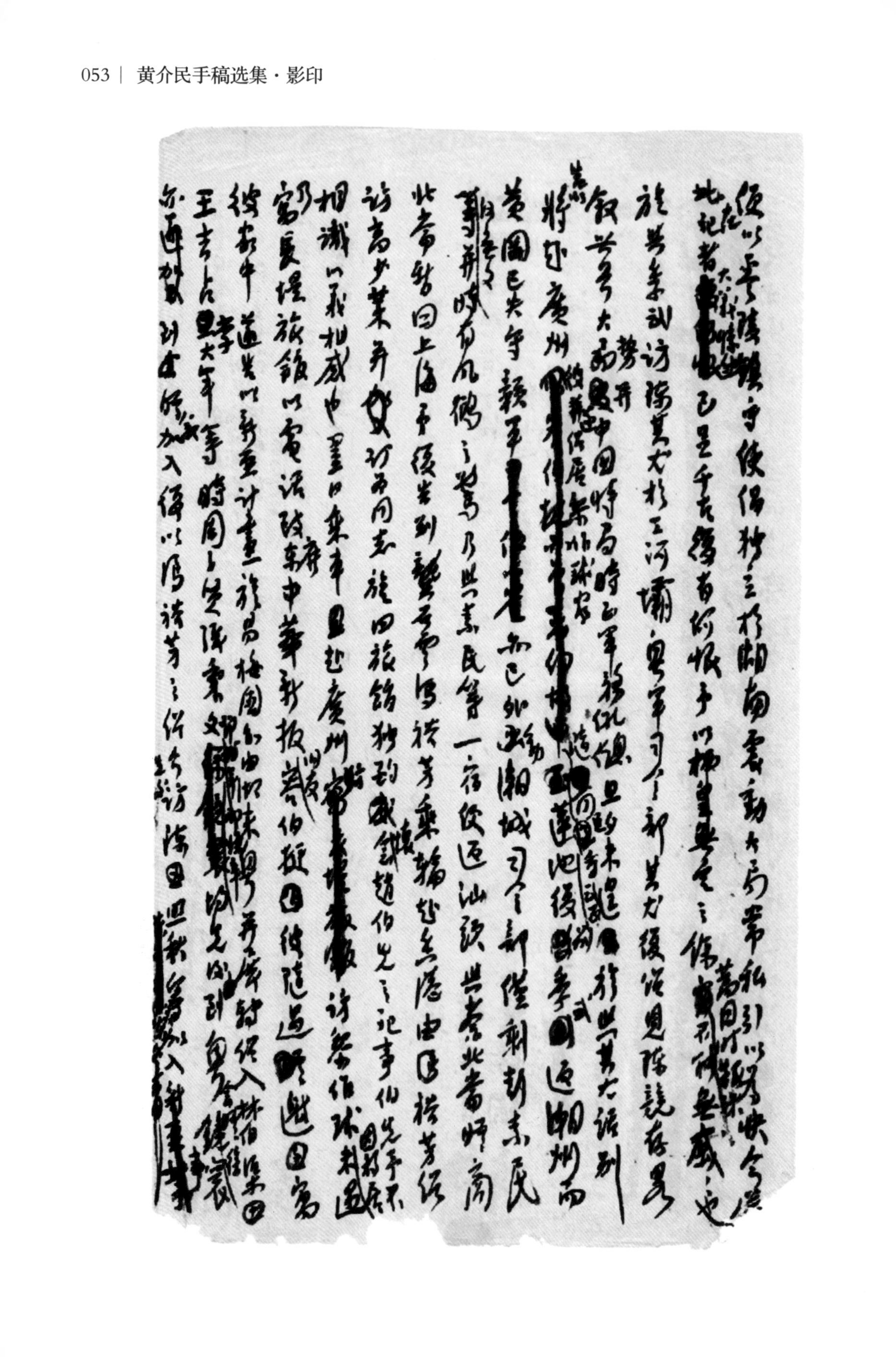

是时粤作球亦明有加入并作入公乙后遇周[illegible]一切[illegible]
[illegible]
又时卽係庭兼[illegible]帆峯[illegible] 果有格九楊
[illegible]粤会馆一切[illegible]排风帆[illegible]时叙一切并作
见益情踊互卽大喜[illegible]访陆芳人时叙[illegible]翌日与芳人大[illegible]
并陆[illegible]汉等寮小饮赋句于云
我生无限风尘感 [illegible]今朝出日洞 芳人复云
莫作[illegible]因相对泣 一杯且弔仰江山 [illegible] 芳公
[illegible]
[illegible]事[illegible] 一绪来所居在越王台下[illegible]人 月大[illegible] 风味
我与彼友或独游于[illegible]佛楼菩提树羊石六榕塔[illegible]
[illegible]花[illegible]珠江[illegible]黄花[illegible]亭日
西山诸名胜与夫光[illegible]大[illegible]并土[illegible]启元帅府及回会议
[illegible]海来[illegible]
[illegible]
及觉[illegible]现形[illegible]会议 一次纷扰不振[illegible]以为
[illegible]卽係庭在海珠[illegible] 狂饮[illegible]次因[illegible]题云

我回粤游海珠楼与都人宴饮酣歌[illegible]难惜当年春风去

原出自命与无热

因後与侣庭前小艇[illegible]笑游珠江是夜风月双清并唤某妓偕游

不觉因襟生感叹而谓之延人欤帝及惆怅明月清风惊别离

有城不免非常之地之味也因得句云

漫道昆前食荔枝风流难学少年时飞来红豆眼谁

莫立深夜情深理素衣

言情姐妹子多而无之也 一日在长堤闲步见生出笑之感随得句云

我家在何处我家在沧州沧州何不有秋歌秋水秋

後联想到陆佛楼芳楼并及莲塘青玉案一阕云

平生误了雕鞍去愿血性寻探处我自将愁了何所计

白云深处杜鹃啼月一例行吟素 筹寄[illegible]

霜剑气飞楼舞当年沧海春秋许把[illegible]胆

於是遂將身稿中所草身游百餘異事排敍首揭書於檀國
日報詩云
壽就越淪海天翻身地覆戲盤旋人力殘橫身直逐龍蛇一書
生別愛陽春曲所謂知者歸惟所對幽獨憐作者遠遠遊港
傷到南明高歌宴清夜良友忘情摧劍氣雙生數戰
氣為擁潮頭詩回調相期甚歡笑探帝鄉蓮池紅流
入幽竹將星浪衝嶽懷想一萬哭河見形勢將軍淨矣
盡迎抹吳國潮出風動竭欲去何鄉細相對贊像從一夜國
越風吹秀香港山麓美人偎雄飛華人亦唯伏雲霄老
陰雪荒邱種寡莪抄石憐他生錯流血腥臊事難
城千里江山錦入境談者觀銀牌珊瑚誰賭局錦綉長堤路
良朋忽見相擊劍屋在山岑風景尤佳假因超凡觀高山
越王台在月國傷歲救國一言一德從信宿神後竟
瀟河邦家慎手弄圈圖之局跳游於所欲銅壺園
六樣不殊皆

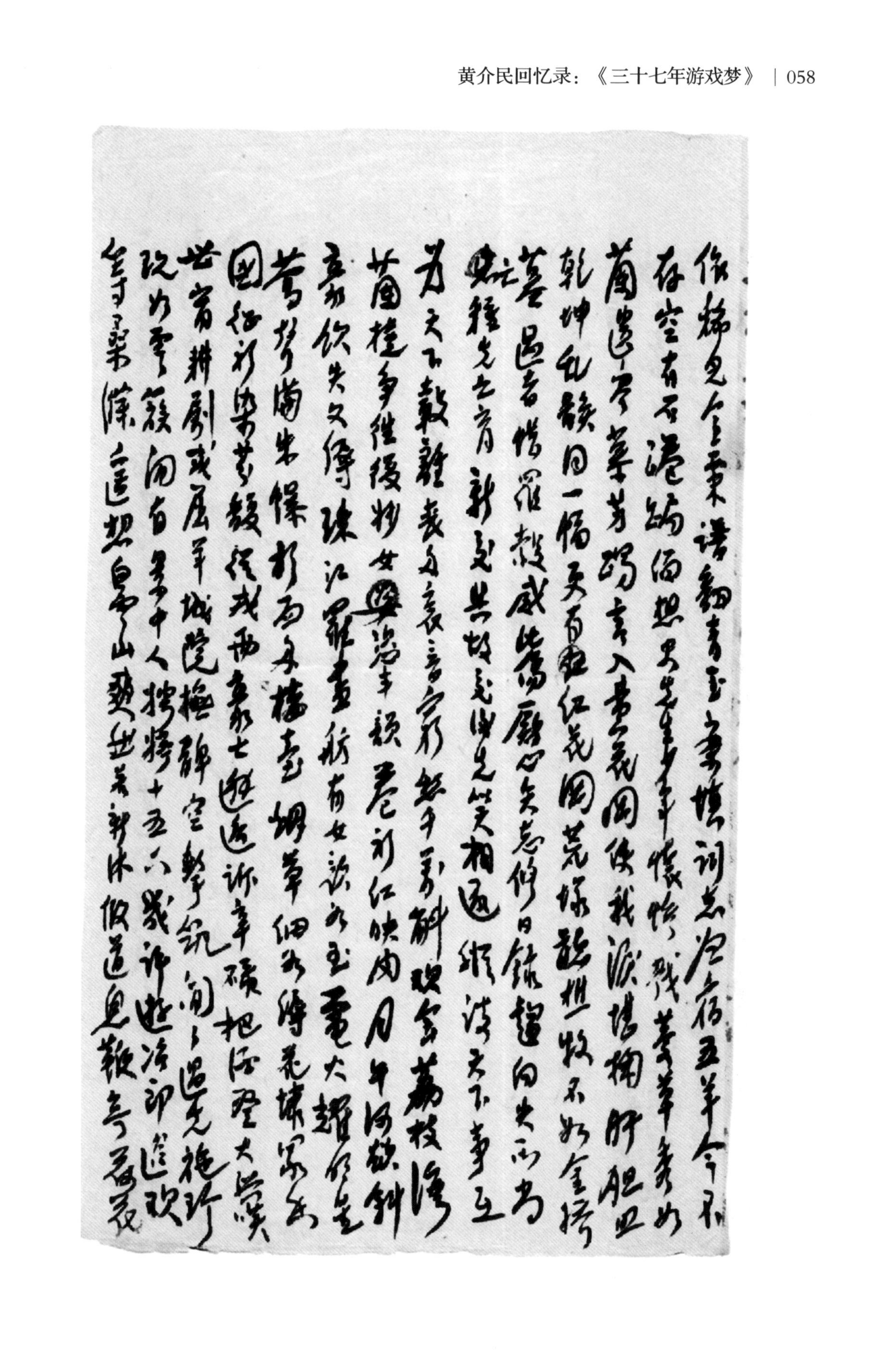

[illegible]

接到九妹信泉若梦醒在前观音堂参禅把偈谛
蛾子遊神眷连宵风救术悔恨致大风从生惯任一教养
森儿皇女短刀相[illegible]斗自[illegible][illegible]偿深不山岳奴丞短[illegible][illegible]
[illegible][illegible]君腾[illegible][illegible][illegible]归红尘是妙卿红尘即地狱回首一
惆怅韶光阴驹速[illegible][illegible]文[illegible]期访看[illegible][illegible][illegible]回[illegible]一
何[illegible]吟哦当枕边三五月份中[illegible][illegible][illegible]云[illegible]行行[illegible]行
行[illegible]教区沪渎

時余出为中国有[illegible]任那[illegible][illegible][illegible]之势乃革一统[illegible][illegible][illegible]其[illegible][illegible]
鲜耻远道于[illegible]可道传[illegible]语以[illegible][illegible]精[illegible][illegible][illegible][illegible][illegible][illegible]
被理发一道[illegible][illegible][illegible][illegible][illegible]并自杀[illegible][illegible]一理[illegible]道[illegible]以比[illegible]政
欲为[illegible]之数千年大地[illegible][illegible][illegible]二[illegible]同时[illegible]表[illegible][illegible][illegible]报为[illegible]在
村报[illegible][illegible]起[illegible]非常以许为直为政治革命潮中[illegible][illegible]子[illegible][illegible]
一[illegible]及但持二[illegible][illegible][illegible][illegible]不望耳是时祸福利害国子而不自
当计来者也

联络大睦俗夕黄日黄相见一见如同兴遂深昨并加入新亚事业计画
风雨来互相砥砺甚为[illegible]因联大於文俗见刘回美[illegible]得一见如故[illegible]
李彭张[illegible]俗[illegible]碧柳为[illegible]友[illegible]通讯[illegible]为未晤面[illegible]
柳俗[illegible]与俗刘回美回美与碧柳[illegible]为未晤相见而予乃先见回美
所谓中心[illegible]已久[illegible]遂与[illegible]以新亚计画[illegible]
[illegible]
刘回美[illegible]等并与谈[illegible]神州学会[illegible]为[illegible]
进[illegible]晤王宏实[illegible]幕韩均在[illegible]社相识[illegible]幕韩见予[illegible]
许可被国[illegible]诗[illegible]十四青年一文[illegible]
日[illegible]表日本[illegible]一青文[illegible]痛陈日本[illegible]
社[illegible]张[illegible]同[illegible]计一切[illegible]校庭并
在校报[illegible]编译[illegible]庭[illegible]新亚同志[illegible]北[illegible]中月[illegible]
后在沪时相[illegible]论[illegible]时相[illegible]
送予乃文兴大作[illegible]一文[illegible]荣於
教育善后方要[illegible]

不外鼓吹新亚主义，我辈所以[illegible]世界[illegible]为[illegible]生[illegible]

后袁氏不宁，累一手压日，袁世凯[illegible]伟世界[illegible]状

凡此皆[illegible]言者也

时梁启超[illegible]作欧战回顾谈一文，揭载京沪各报，且[illegible]

弟加盟战之[illegible]主张将以主新亚战为己一人之功，于乃后弟又

对袁氏以致其讥，其专为战之主动者实为汪精卫而争权以为时

国势及弟，我而所对[illegible]惠影响[illegible]为功[illegible]弟[illegible]功也[illegible]

民此[illegible]民[illegible]遇祸[illegible]

[illegible]

[illegible]

时孙[illegible]为同志，马君武、戴季陶[illegible]大本报社[illegible]

欢并随从[illegible]太炎[illegible]之故，后由戴季陶、太炎并介[illegible]王宠惠[illegible]

后孙叙加入太炎并从入李烈钧，时张继[illegible]后从入吕运亨[illegible]

[illegible]于是孙洪伊、吕运亨、申献民、赵[illegible]等[illegible]

约集朝鲜张德同志士男妇约百人开一大会于某校内，并约予[illegible]演说

[illegible]新亚主义大意，甚为欢洽，会场中有朝鲜少年王[illegible]

特请予[illegible]为介入军校，某军事于由张继[illegible]介为新亚同志，予乃[illegible]

吾乃以新亚计画一并同志加入同盟会，乃为王雄从入贵州讲武堂去矣，时参北商[illegible]

返台湾后，以中悦观列任广东向国会[illegible]辞职，[illegible]

乃王者与北京[illegible]开张此参则在沪时为于计画一切[illegible]

盛感赋相怜曲一诗云

闻道维新两人杰，平公重恢罗[illegible]，戏为侠慨艳之光，我为

徒容自引决，从容慷慨赴刑场，会不同同路节烈，生

死莫孟论，远怅空存铁血，为奴为隶为牛马，山河破碎

金瓯缺，撞君黄帝等是弟，棠棣花残至此，回我经东侣

返纪念首，虽京城踏残雪，热血一西明月，楼相怜向病河

渠别离，串惆怅出为何，满目疮痍，债恤切，人间唐痛毒

有此剑气腾横，肝胆裂，君不见，楚虽三户必亡秦，同仇更

待同心结，为罗现统兮，努力为道人模镜，锐劳到底

将黄日黄因争的为国，另为再学没，乃转入北京大学，[illegible]物色同志

非无相[illegible]别时惆怅，乃赠以诗以为纪念云

豺狼遍地阴霾起，同以平二千杯饮，死葬之怀魏衡向

北旗惨鲜以存一纸，我待前恨，未道遥遥梦寐底，气求忆

到此不作思现[illegible]一笑现相逢一律风尘士劫半挫诗气

纵横数弟兄非仅寻常论鄙郑要知彼

笔气金英姿飒爽年三十几风雨联床勿噤息家袁不

憇惜不惜对此京华谋救国致云理了互相惜天生我

才有天职临岐负作儿女如知道枕锻炙努力为风

黄雄一齐数转眼前途满载艰

马鹤天曼时亦以回精劳成疾咳血数次且老父八年未见值

岁暮归切乃与回黄同行分途返晋并赠以诗云

我来君又去难得有欢聚君今竟咳血想见中心苦

寻途珍重免我肝肠结君去返时定来秋风

又我怀临岐惜留恋岁寒重相见

中月屡节后从入罗剑仇罗俊侯为[illegible]同旧友杨少炯李凤

三月余先此到沪以后叙加入又直诉周[illegible]

文忠嘉洲来沪张世秀任且何经其[illegible]一切并邀郑重

往六三亭晚飯，於會勇劉（李石法）寄李於路（夾）者在美洲也。仲文殺彭巨擘

雇動歐洲新人會[illegible]組織聯絡事，同時周太玄亦與李石曾切

樓赴巴黎，辦巴黎通信社[illegible]平的假兄金

仲文同行，並[illegible]共擔任巡行新亞計畫一日實特約

金仲文、孫少峯、達曾琦、（王潤璵、石中、李守常、陳愚生）周太玄、李幼椿、張夢九

曾慕韓、黃崇瑩共宴於嶽南樓，互談一切，手議咸占數語

以志意云。

戰慕於霜綫奔走無休歇，為今嶽南樓我感甲以無

前途氣空茂，挹誼記無識

擬中國現後約自由太炎汲精衛孫[illegible]金仲文孫出發前途

曾琦擷庭并于宴敘中韓問係相乎乃並向章老太炎精衛

陳愚生述新亞計畫[illegible]互助周太玄願行予後

約張夢九、曾慕韓、黃崇瑩[illegible]等[illegible]別并書一詩云

張部宗於有周子好[illegible]天涯相逢一笑未及言

蘭臺信九[illegible]倒已也隨同調事[illegible]錢[illegible]揮毫[illegible]

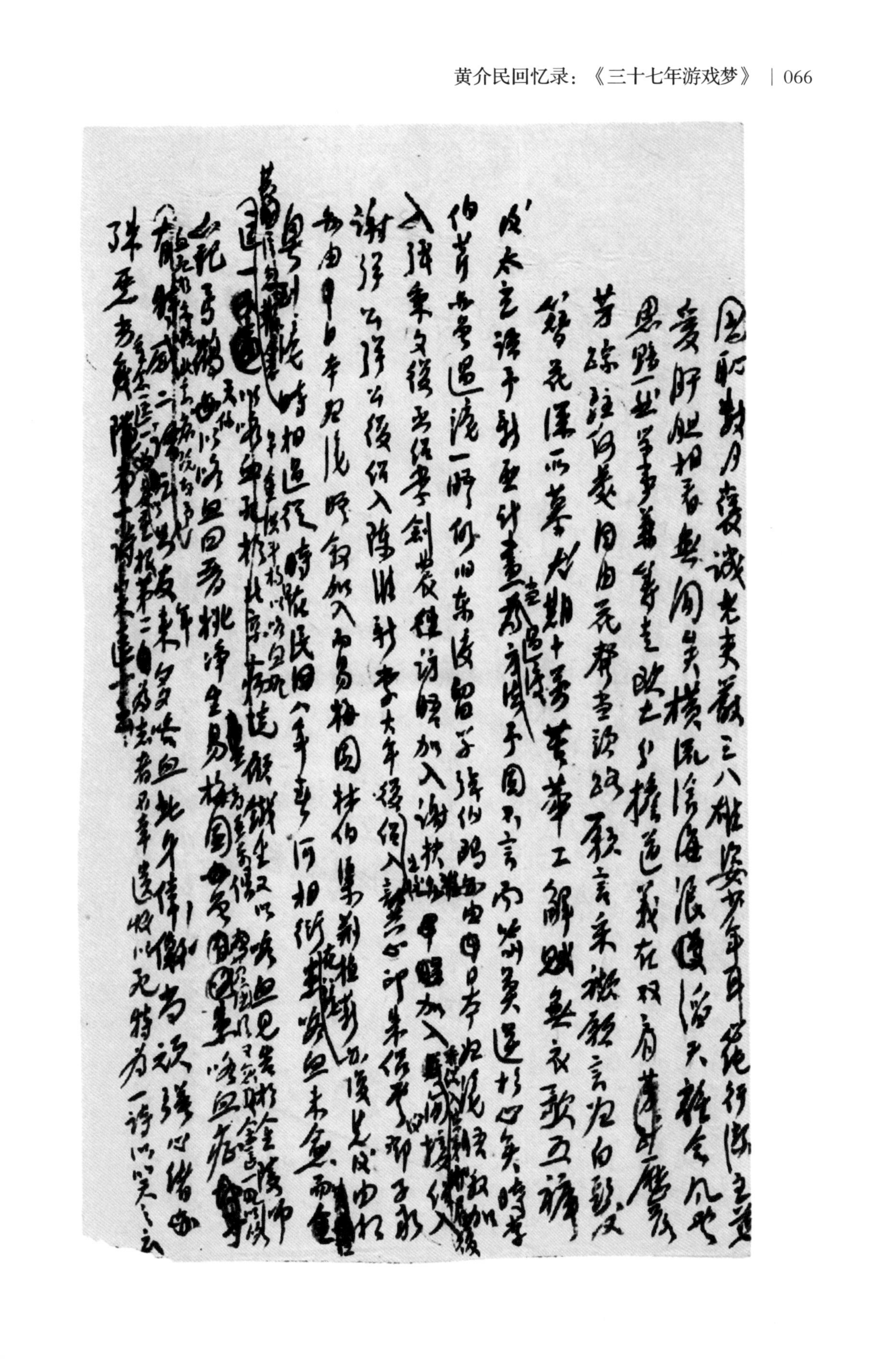

寒雪美墨照空愁黄，郎额剑全部郭沼迄来脉满天
下沙蛇相与同谁有战情皆相连在，维表无证无联至
相当不才一点有伟才，谁与历，皆觉伟佳荟情浓
難记中郎张限振难到故乡，为等为君许笔又山卓好远
好谋少来华历万无聊，是秋年，传踪后相遇，为君
送作名园游，岁手同望岁云暮，殷勤告我心必衡何日
难经雪衰帐寒宵急语，壮尚同为产英雄谋短剑
拨却毛根事，何血转家前蒿，东吾行，事变後君来
新了翻家千花，我时向秋漫，俺留雁者鱼沉无后
秋浪踪羊城兴中降一派纷济万斛，然国与转征留
燕蹉盘马挥刀驰中原，相期比他三军帅，从我眉
展长使独德南游，还路谁张，郎谋计终相许，从
连不一何其深，一律全部未与乙方期日，远卿停执、

未卜英雄翁孤愤急云吹但急云亡死别存其把天、
问何堂上电制那以单躯系休论短长何以期待
我今出云乎问天涯日暮。）
旅后离乱往南通过苏州入城访朱重明存其后
情晓钦并加入新更计书二时在苏
城，此犯作数授会行以后仍见其友生数人同游虎邱诸名胜，乃
总苏州感赋一诗以纪其事云
自笑飘蓬无定处，离乡不往金陵去，微道过姑苏访友生
南国名区今古著，寒山常飘）吴少年相随共游青门渡
临风犹过想吹箫人）僧佛秋声起夕阳晚风问信行后
行无意相逢五人墓一般惟愿平一例细平民敢犯权抄窃
然溪渡直到虎邱山远望狮岭湾烟雾曲径通幽幽径幽
千年古迹不留我，暖气闲眠春真猿白莲池上斟谈经
是印开道休免书剑池果然鲁公字二仙亭下少踌躇更
上层岩睹佛字回首阁后望苏台城墙连乎锦花布

姑苏台上梯烟看想见西施昔人妆浮屠高压吴王坟
神工鬼斧筑宇图工成杀匠千人一场惨事民权弟
纷君权死少堂可道早计若口空埋试剑石憨泉数生荆
剥[illegible]儿场鹤场亮雄门身在人会一律秦风露生公新公弥勒美侪
仰乾坤奇来往归一集放浪士阖门劳华王孙慕恩事少泯小昌
知龙笼柳烟花出高富转由骚遥涤穿衙巷绕意红情满相
遇长空路托刹那古寺留连日云暮若五六严一径遥数点
寒鸦著枯树道出寺升沧浪亭毕竟高贤风度至今
以象范希文此战人豪振天赋有余未尽严意来拜墓他
时兵一炷寒寒有时俯意悠悠又把襟怀互相诉楔视楼友
意气明朝[illegible]雪再前缘
德烨来重阅一诗云
时危奔走阳射狼因恨东夏传成伤风对鹤原歌多难
村寒妃枕上病逃亡倚闾老母鬓垂白贯禄盟兒口中贵
难得蒋姓舒慕义力排氓倚娇朱郎——

是日乘车赴金陵，值大风雪入城，饥饿欲绝，生机几毕。卿范殷出而入
星谒见和叔与诸高男发，蔡雅婴自径入城，访刘先佛、金夫妇
遂与其长讲何民权，又慕信并订为兰友，复谒王良，拜访
从人辛 鉴谊袁猿，复访桂周成[illegible]于欧金陵刘佳庭，并
会晤[illegible]竞吾，[illegible]向佛理政治[illegible]，乃推老伯华，惟一之佛友杨
仁山居士高弟也。于绿柳居旁鸡鸣寺[illegible]等名胜过游
皆有金陵杂咏一诗以纪其事云
千里关山满风雪，乱离羁旅自寒恻。恻恻金城俯瞰秦淮
河，良朋卧病秦淮侧。积劳呕血虑情急，幸得相逢
生相悦，母拔思量百感生。[illegible]鸡鸣斗话离别，临朝鸣
台[illegible]周林满树梅花发，鸟鸣凌空振振截寒姿
雄垂青六朝柏，城南遥望想紫金，[illegible]隐逸仙
亲友相看情切切，飞鹤辞月龙开筵，前花比时你[illegible]
截雁声声萧萧，十年风雨无何有，岁岁[illegible]
至今中原走一番，欢笑一像神我难来，欲我听音

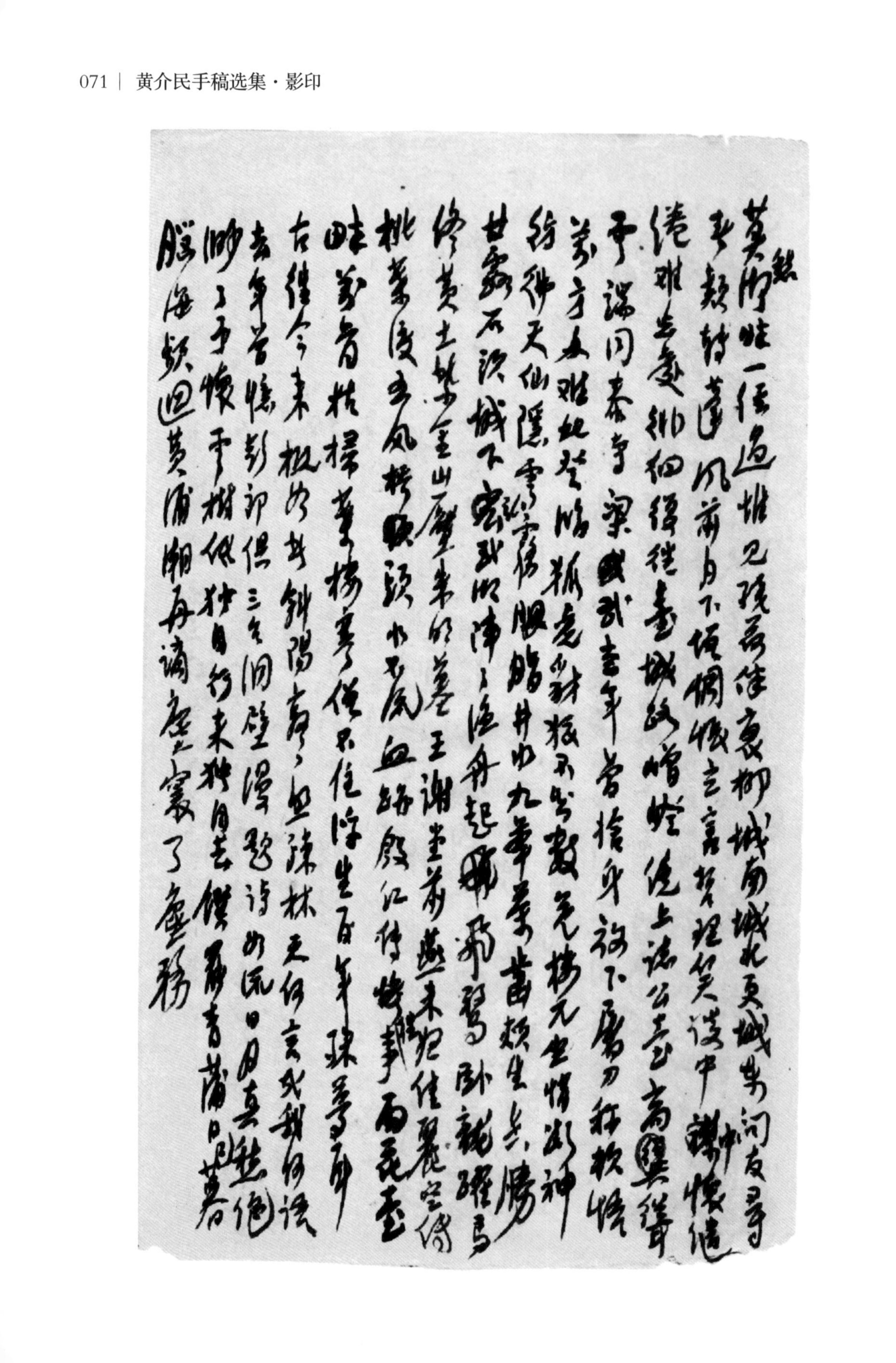

時在民國八年冬中也，[illegible]先生[illegible]加入新劇計畫并從入夏某某之[illegible]
[illegible]之請從入八人，王雅楊[illegible]加入并從入丁秀衡等社後進
王雅楊去六年來從事計畫一事失敗，[illegible]先生後於此時為首航
由粵來滬，相見甚洽，亦加入新劇去[illegible]，以詩云：
久慕真誠士，從遊[illegible]裏，[illegible]家丁[illegible]亂，肝膽更芬芳。
天地如荊棘，風雨尚[illegible]，相期珍玉[illegible]，到[illegible]寄河梁。
時[illegible]權亦加入并從入陳[illegible]民、程天放[illegible]由[illegible]鏡[illegible]
劍農[illegible]從入[illegible]此時為從陳芷汀亦[illegible]加入[illegible]
丁蘭亦後從入謝鏡[illegible]等[illegible]後從何乃人[illegible]
[illegible]於以丁蘭君并[illegible]
人後從又羅士[illegible]
[illegible]送葬[illegible]二日返滬，有傷未盡中[illegible]留東
學界中[illegible]頗有排日[illegible]并與日警衝突，中國學生
傷且被拘回者數十人，黃[illegible]生[illegible]等[illegible]
也。以前亦年[illegible]入者[illegible]以白旗送黃[illegible]

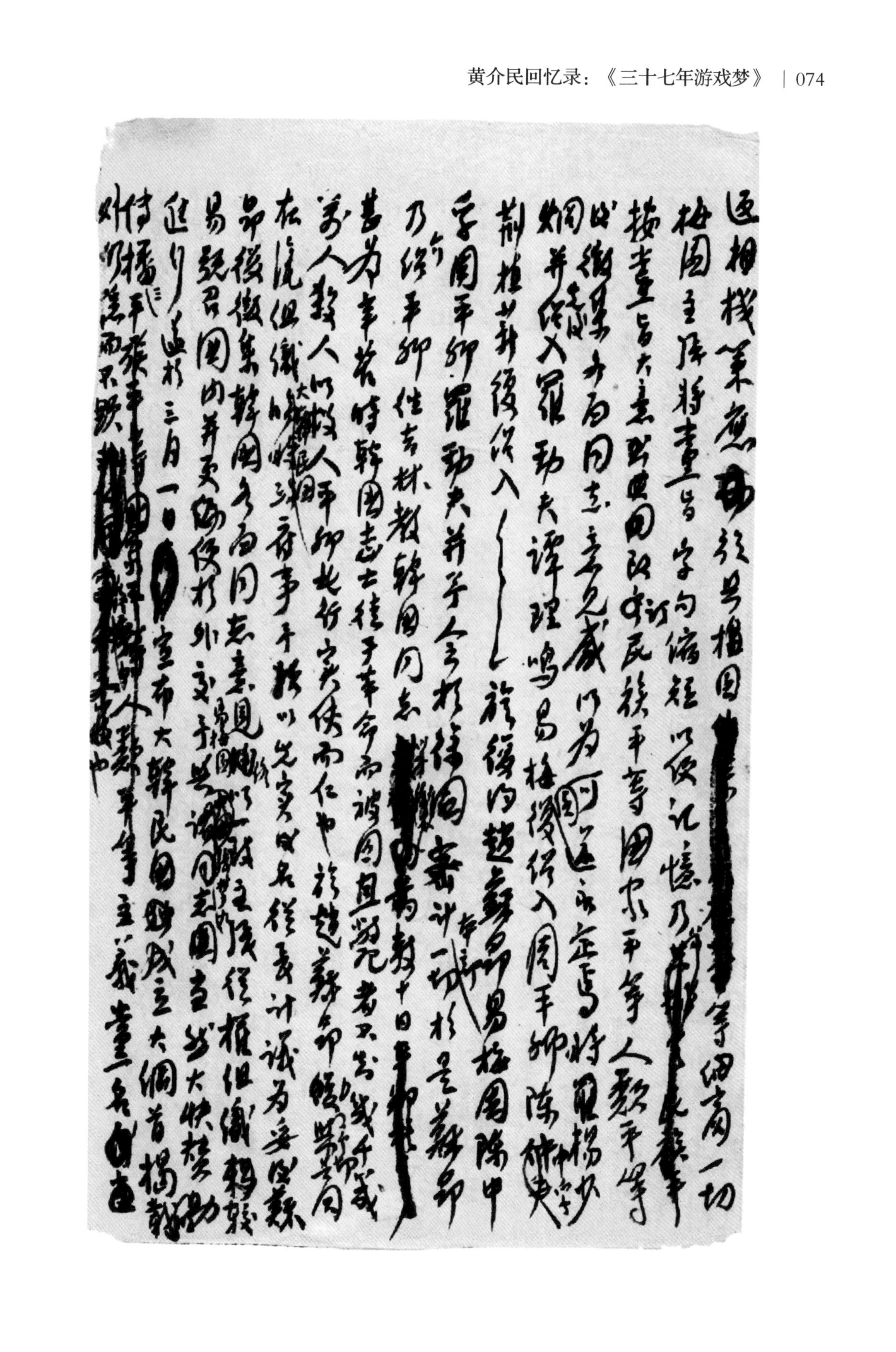

彭执诸君到临时人事接洽[illegible]与千年[illegible]来与我倩同[illegible]临时[illegible]到[illegible]努力[illegible]进

时尹默振亦到沪并经[illegible]道员何相衔则孟[illegible]来竟[illegible]

则在汉城城中以前结表大韩民国临时政府人员数[illegible]晚为

总统李承晚为总理赵苏昂为国务院秘书长金仲文为外交总长

李东甯为内务总长李始荣为财政总长东甯[illegible]申睨观

[illegible]新至计书申睨观时为众议院副议长孙贞道为正议长

政组申睨为司法总长[illegible]中文[illegible]部总长朴[illegible]

第[illegible]上海民国[illegible]志[illegible]来为[illegible]仪[illegible]

九等诸则并由[illegible]见周太玄等[illegible]一切时日未考[illegible]也[illegible]

[illegible]山亦时加入陈中孚周平卿并经介入黄[illegible]柳予亦援经入黄中[illegible]

[illegible]诸等时亦到沪并经介入者[illegible]青[illegible]日[illegible]风日[illegible]

北京学[illegible]大学[illegible]事[illegible]作[illegible]于时一面在[illegible]

国日救华文鼓动一面以神州学会代表名义与上海各界人士

提倡组织国民大会随与大会诸同人质问南北议和代表唐绍[illegible]

美来[illegible]借款一切并[illegible]日人以主权[illegible]

争中日军事[illegible]东京[illegible]学界[illegible]被捕

[illegible]段祺瑞[illegible]等不[illegible]数于是全国[illegible]大起

[illegible]京[illegible]以及各地罢课学界罢市罢工四[illegible]举动日[illegible]首[illegible]而北

京大小学生五四首义之许德珩陈宝锷黄日葵周炳琳康白情

等[illegible]始幸脱险而出后到沪奔走[illegible]

[illegible]学界[illegible]代表[illegible]回国[illegible]刘四英[illegible]刘振群

皆代表之一中而上海[illegible]

[illegible]各地学界[illegible]代表来沪于是全国学生会

上海学生会的前[illegible]于黄浦滩头全国学潮[illegible]于此[illegible]

由黄日葵[illegible]许德珩陈宝锷用[illegible]康白情[illegible]

[illegible]加入新亚计画一时相[illegible]特别振群[illegible]叙加入刘四英

[illegible]九[illegible]入批作实四英亦[illegible]同赴四川运动[illegible]

一阕赠别四英兼致吴碧柳 因碧柳生平喜[illegible]诗人[illegible]

一派[illegible]尚未[illegible]词云

去岁初逢黄歇浦，默默相看，静到心相许，曾把肝胆相共吐。
今来百感难无语。若然两个逢，杜甫韩苏书生共把臂。
囊补将截作编，飘泊长会，读谈笑空今古。

得书卜算子一阕，始到狱作复并序云

仁寰在日本因公入狱，本载有释而排日问题适起，复与旧
黄劬吾同学迁沪入川，以谋救国人道而侠也，成狱以殉之。
狱年屯奇男，垠垒盟怀抱，谈到鸟鄞百岁生，一向非
人道。此去入两川，想见哀猿啼，何日重逢大地，共把
金樽倒。

时隔甚久，在黑军中来书，仁今为思齐，如许胜甚快，加入新型计画，将
自新从入马，醉后参思旅去，别甚读留了，昔日欢情，忽来一阕，并
序云

思余肄業震旦大學畢業後[illegible]日[illegible]山東問題發生主動
[illegible]講[illegible]被[illegible]革出乃[illegible]校而去將由粵
之法乃父青航先生時任粵軍總參議兼署[illegible]事
早為同志也
座指同人居最少二八英姿絕等[illegible]一處狂風驚拂
袖[illegible]藏[illegible]健神[illegible]胄　君到潮陽[illegible]為[illegible]
[illegible]畢業三年執[illegible]道[illegible]恨[illegible]同袍且抱中原[illegible]
[illegible]
無詞譜以贈之云
[illegible]著意惜殘紅殘紅本解興衰一夢中何
[illegible]惆悵[illegible]飛蓮
程天放[illegible]
[illegible]海[illegible]迴瀾在同調不[illegible]山不為鄭思肖天馬[illegible]
行空[illegible]相[illegible]

时罗季则由上海别回湘作留别诗赠我，时有一部开好蝶恋花一阕云：

欲把金樽聊写意，为怕行人，握别增伤感，衰草斜阳棒
手去手怀潇湘雨，等是飘零无处南北
东西一线天涯路，休问风前，暮柳空相期，万载同翱翔

是时我与同志去春安定中国学会，李风亭经由所到沪[illegible]
[illegible]道路亦以予学话算搞道渠通国以定留
法方针若弟于神州学会事务而道渠若弟合益为形沈静予心
有一点一[illegible]日于此月庐风亭及道渠同游半淞园小饮得句云：

不我佳年到风云变幻多——一样雅况作来生致相期视晓
外把篱评娄婴

予不知自何处得相期视晓外之句，更不祥之兆已伏于此矣。
后道渠作书来淞园将记一文，无[illegible]闲适可喜，终即学道

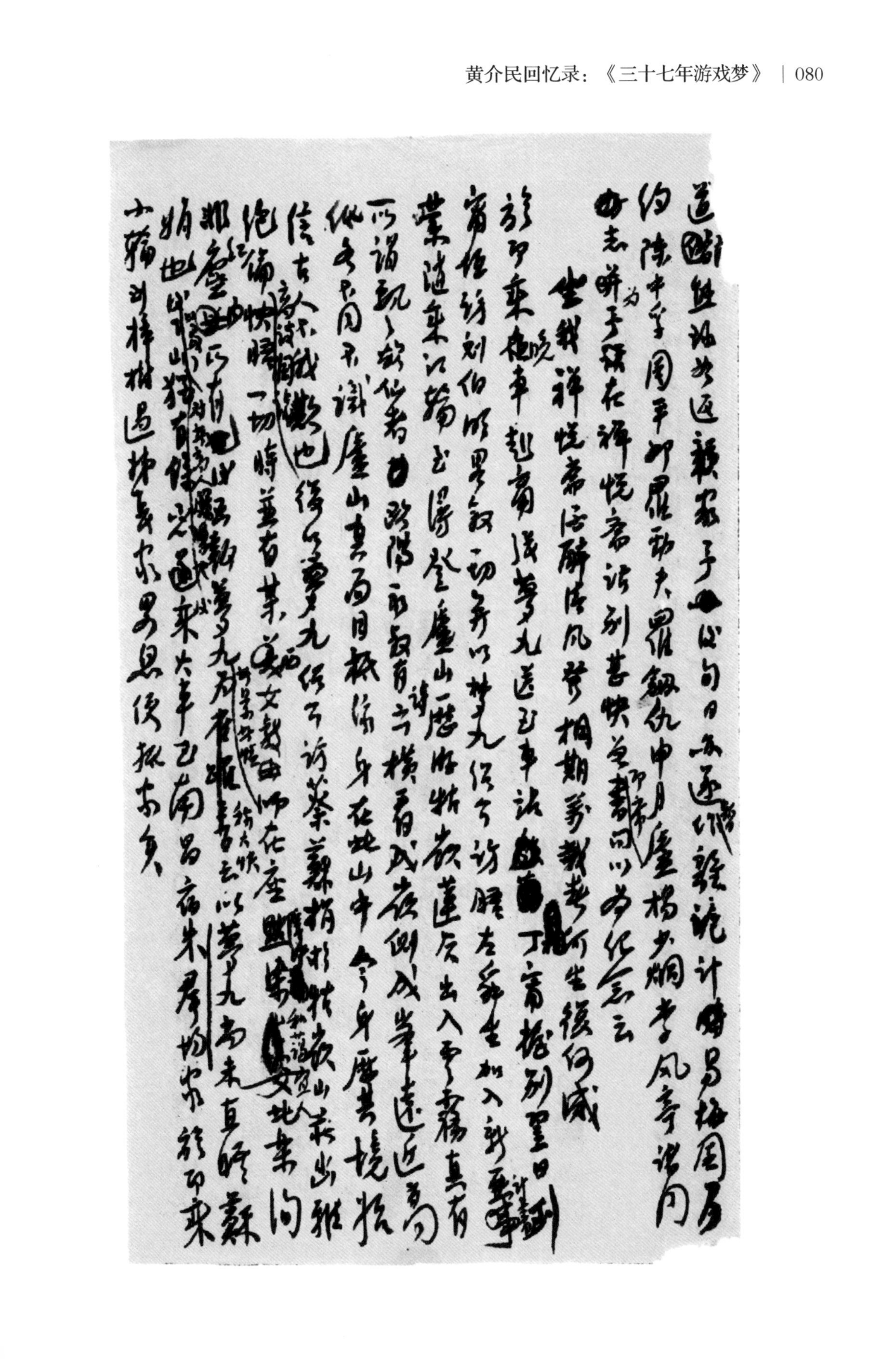

[illegible]

时二年新民学会在前其作囊约均平快乃兴友朋砥砺之日

民国七年二月十日民在吴城一第班

昨与诸友

共道谋生或开谕今事或随意闲叙或[illegible]翻阅如史幽居

书事不殊不可及得时中共于附海洋未曾内容之学又去发一段意也

谈以族中父老诚修谱牒公嘱任编纂之役窃恐被制度本

非国家[illegible]任道此道遂呼代表班以家族而户晓加以审择周体无

恐不问中情将有不可思议得随存改良之意择述化之理

无形大同思想者亦不相转谓道于师王子往里乃以肖孝讲说

上于师自任以资孝其文云

为人子者当为天下之事一推为己任希又以为先天下之忧而

忧后天下之乐而乐富(?)而显扬(?)或因于家族於后乃为益后者

法平之道一以贯之　物有本末事有终始将为所先则近

道矣欲(?)公诸众人共其先天下而创修族谱是乃

君(?)乃此意也自粤自我祖宗从公定居东里以来历世三十余

年八百其间忠孝节义之可考概彪炳省郡邑志书者
代不乏人种名欲逐难为缕举钱以人生如何朝夕进思
所以继志述事广我艺术一以生中兴业抑又大有感焉
黄老无为孔孟继百家并举学说纷繁其理愈明
周秦而已逮至汉武君感念大董仲舒罢黜已凡
儒术伦常激至专加学欲君为患以致今数相袭
戕风夫父继之助君为虐三纲之说成著于是臣与子妻妇
死者死而君不知凡民之膠漆而魏而书而处家而亡所
清其中专以庸儒操纂之推波助澜势不可遏三纲
之流毒弥甚于洪水猛兽千百倍而惨酷裹异
然国觉老不出其理之果何在是出董仲舒罪不及矜
者可胜慨哉一以积弱极而返时移世变民国肇造民

權勇殺而君儞以身殉之夫婦之間爲因而互有相當之職責
與權限各行其心之所安枕無事乎此倘與勉除三綱之
理大自是研究名高層其稱之世宜變也於是讀我先
孝節之義之語例不禁爲咸然以發其情然以思附仰千秋矣
而難得言之隱痛存也昔者盧騷之論教育云人性本
善社會使之爲惡慨乎其言之東海有人西海有人心同理
同良不誣也蓋夫已古有焉是斯世之所主唱其超越
家族國家兩主義外究與共黨先生說互相出入者果新
聊其所存人子者豈不可忽孝思匪化又即匪標異
他想吾於新先人所啟望而不虞諱者是則修譜之微
意而聯與我族父老兄弟共商榷而交相勉勵者也

我拟收文族同修君家收仙田泽坑搓烧富贵壤观前
汾溪黄富陇上也提倡蒙校辛勤为前辈先新
凤祥鹏之诸族老也赈恤解囊捐助为众君同当道斯
言鹏之修族则程诸族后族长也谨
请事用为收道业成风在本年助理修文华山祖泽文摸前岸
地为惠收衡播乃与三弟敦民及当道谋鸠工程修数日告竣
一诗以为纪念云
墓道排横百草青天高日向道数而生仿家书剑
令猿当谒及箕裘久更新当地称之致大有
一江秋重伏宿犁见斜阳把火稼菜道义哉
文华百拜鸣

頌武孫彩乃借道梁弟甫王錫代呂雜家趨流因王錫命龜
昇者神精高袁在外游解其恐結哉就醫局渡[illegible]
江驅過孫夫人在時敗為款不因前此立碑了款皆不便復
行階心照詩以侍昇日亦未[illegible]道梁[illegible]于心終
不能忘君自欺故也回憶此[illegible]叙述[illegible]九王客真淫夷城
批作實固居華國禁呈一面重理文字生涯一面與諸
舊交新交相接洽[illegible]道梁則在華洽教旨
会写洽又亿留洽計此呂則道同往神精高院一次祝說意圖
出武外出困數高已數年無時于意不良適也
但于此段在家時曾得一夢甚異每一憶及輒為頭[illegible]
佛祖堂前門者洪水滔滔有一蛇從水中來身不甚大而甚[illegible]
長蛇那蛇那其時卷不知其相也者在祖堂前一繞而去水

也亦随之而退，却於祖事前大路泥水中拖一横痕路，醒

而惊讶，历历未忘，乎非真人白日幻梦，但我未有若此梦之

感以动乎神会者，因斯其必有应兆，间或疑及己身

以为此次外游，将有性命之虞，[illegible]何谓一事[illegible]者留

痕路之数，欲到天年，不贰修身以俟之，终至[illegible]以

为虑也

时予于梅园正在神州学会事务而创刊上海晚报与救国日报

间相嘱广道四重九节与浮生九游于梅园，成题，载请我

于梅园云

作我来天地中，怀文感伤，风雨乍离合，振翮高飞翱

翔，慷慨大丈夫志，从容观四方。登临一长啸，沧海飞

范之

紫莲亭亭光由赵榴庭往祀一着再回粤，莲亭继见函乃
由榴庭转致陈其美一函，书着其信中以喧取方信用其材云
尊旨并闻星甲刘晓谈之，係浅感实似隐霸之会得彼春哲
大有益，第一呼为山绣党之势，当见竞公素所怀抱，并见同好
奋斗精神。虞其前途，益胜所稍，吸者仰同国情达情夫
韩国吕运亨二君，极为紫切，同志进，尝弟以金复先生电促赴
津与竞公接洽，云之此真千载一时之盛举，无异尊函，弟亦从旁
从赞真王，弟以情息二君在北关於南贝责繁重，函易衍
拟以竞公此举实数据贯大非寻常可比，似亦宜以聘方昭
郑重，荐得其以代表竞公名义，遥浼相邀，为之艺也之下出于素
及其热忱义勇精干，想亦不致辞地破除也。回忆曩日东居实之宾
共计从此且为一人之胜惆，下果得吾人下速来欢晤，尤弟私衷之所
切望也。此间一切如可告，然不备附六不只素存为竞以八切此候教

予数寡学其中年苦读著文献名国术一癫狂许宣言革命影
此都教一笑无言终身继世迴澜壮志金石坚衡锋陷阵乏
先焚萬筆事明情况奇特直摩秋毫数军旗掌权狱将奋勇
爱国士果了禁固围平生仰反刘可得真气相傲泪如雨
同群相惜无奈此郎大方笑讨残贼黄浦潮头又高衣冠
似雪伤心色英才晚临更弄绝一往无前百练刀且嶽风
雷起方寸一身飘泊步鸣毛风雨为将易鬼神泣海角望琛
叹息相逢一曲风入松杉调商量加细密历传百载逊朝
暮辟踏计壹政而改更贵财欲言忽上无能识襄别
离赋相期浩气万古千秋事须谈笑作来去
时李夫年以以表明会[illegible]年出救主到底泥蛇阶世何入为同志者
平後[illegible]树同白[illegible]张[illegible]九温
城挑拨演王獨传朱俗中谁于共识挤像偏图拢晓新
潮于[illegible]新亚细亚一致[illegible]表大言论新亚主义印大同主义对
中国时与新非洲新国会无论已而今后为国会对政府存废将

成问题。盖当时潮流已趋重社会的革命，中国亦受世界潮流
而工潮、而商潮、而农潮、学潮，学生为革命运动之先锋，于是
对工界之情形同样注重。
一月发中华遂于[illegible]中华工业协会情状，并将帅手加入，催促
行于学界青年再三劝[illegible]决意继续使学生从事劳动
运动。时在去年六月，王劼侯早随三弟至民治学校，完全指导，将
遵导学校入中国公学，补习功课，并托吴瑛、柳棠、乔山等训导其
一面仍在华法教育会学法文，[illegible]与王独清、余家菊
中华工业协会事务所矣。该协会原采理事制，时黄中节
为总会理事，于中节离沪时推[illegible]理事，推荐予
以该协会继任，议改于大会，改理事制为代表制，由各业推出代表组织代
表会议，设总务部、事务部，以总务部统管之，另推一人为对外代表
通过，即以予为总务部主任，兼对外代表，于是并约刘清扬、
张国焘、李一、孙镜亚、黄白、侯英、李碧柳、陈楚河、汤振军等加入工会
助理，为工界之先声，时彭素民、[illegible]周静斋等
[illegible]潮汕来沪并入工会相助进行，[illegible]楚助
其育说留矣。

於杭清扬树赴南洋公学学生会筹款募捐一场演剧返北京王特请则楼捌
赴清留学乃并约予同为同人同游西湖以作诗纪念予以工会事先返
遂同校游西湖宴饯亦同情学生三随后到杭并设一大宴会于一品
楼以饯别清扬为首予以四字草帖诗成赋一篇云

西湖缘分新生信早岁畏游未游得去年今宵第一径遍百年湖光
双登画湖烟执手行隐以丁宁父女生死别情伤风雨一声啼
山光乍泛泉声咽纷纷情绪依然人不算陵湖潮杆肠一年
容易又东风春梦乱了难数时逢出走分飞莫劳燕欢言作
别西湖中相携共夜西湖道白杏红梅映芳草傍车彷佛欲
销魂强承而去鸟倪惝黄昏下独倚凭馆小饮似盘杯亦留
未有秋暖在园大数步遥遥后烟火星火二三隐烟雾颠
狂杂痕竟争先笑谈相猜笑跟意明朝折柳游此去猜逢
水草满湖船细数重温别后现但然遐想天地间我为何事
人间来握手六桥烟湘水泊子两心至于凭依时了要宜尔了
且抱中秋名胜数雷峰塔断白云庵三潭印月鸡飞舞
花港观鱼吊予诗昔时未玉今庆上山石依依引路问佳村

百花岩峭崚绝上千公基刀着乐凡来三傍苏堤白堤漾
云树名泉斗蹊古今墓析梅咲别有春花林下余了是相对柳
人络绎争朝拜荐表华上灵隐寺飞来峰下冷水泉
一线天中观音住对析云崖石佛图石刻罗汉猗五百尊的
木雕绕相等神工鬼斧尚奇绝日四相但无五蕴空之智者
神妙莫若秋南高峰村北高峰中莲花龙井洞相接天
柱韬光但寻刹 三生石复读相阳下山雨霁日常午鲜饲鼓
棹更何处岳飞父子剩坟墟一时忠孝哀哀争偶泪数
有桃利是非邪正今古洪卿秋瑾共武松比墓相连义
侠同红颜无命吴苏小小心宫灵犀一点通西泠谈事空
陈迹骚人墨客争相惜钱塘名士谒仰视得阳好友辰
太息细绯广将上高国第服乾坤思渺茫乱人情共逢
醉辛我同情惜情唐王郎刘阮同赖都无谓我独卿冊
歉笑不已■御了什了雨相形徒为云俦共飘萍
西泠桥下春涛深浊泥香女貌如玉斯坟一片傍孤山

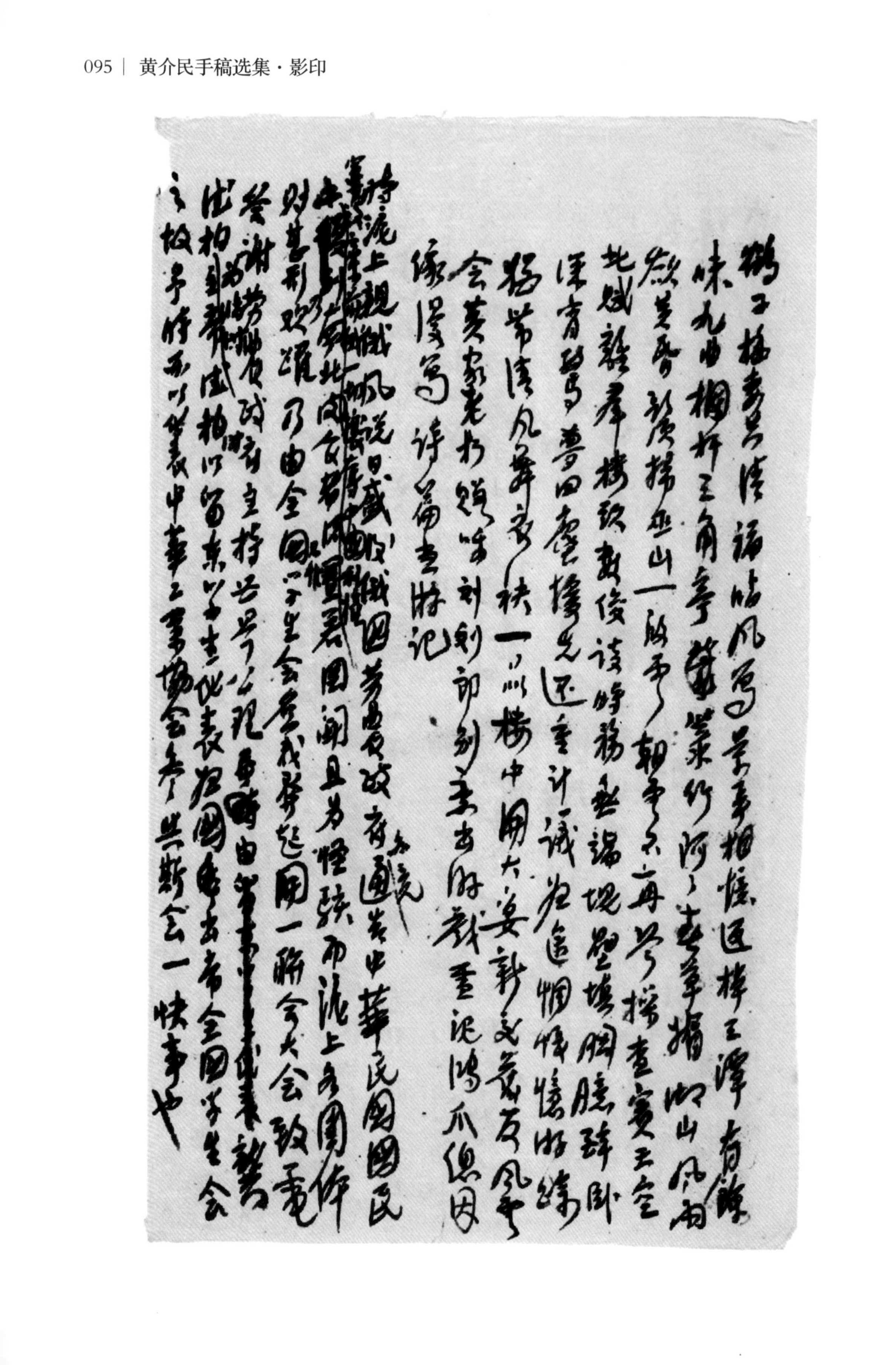

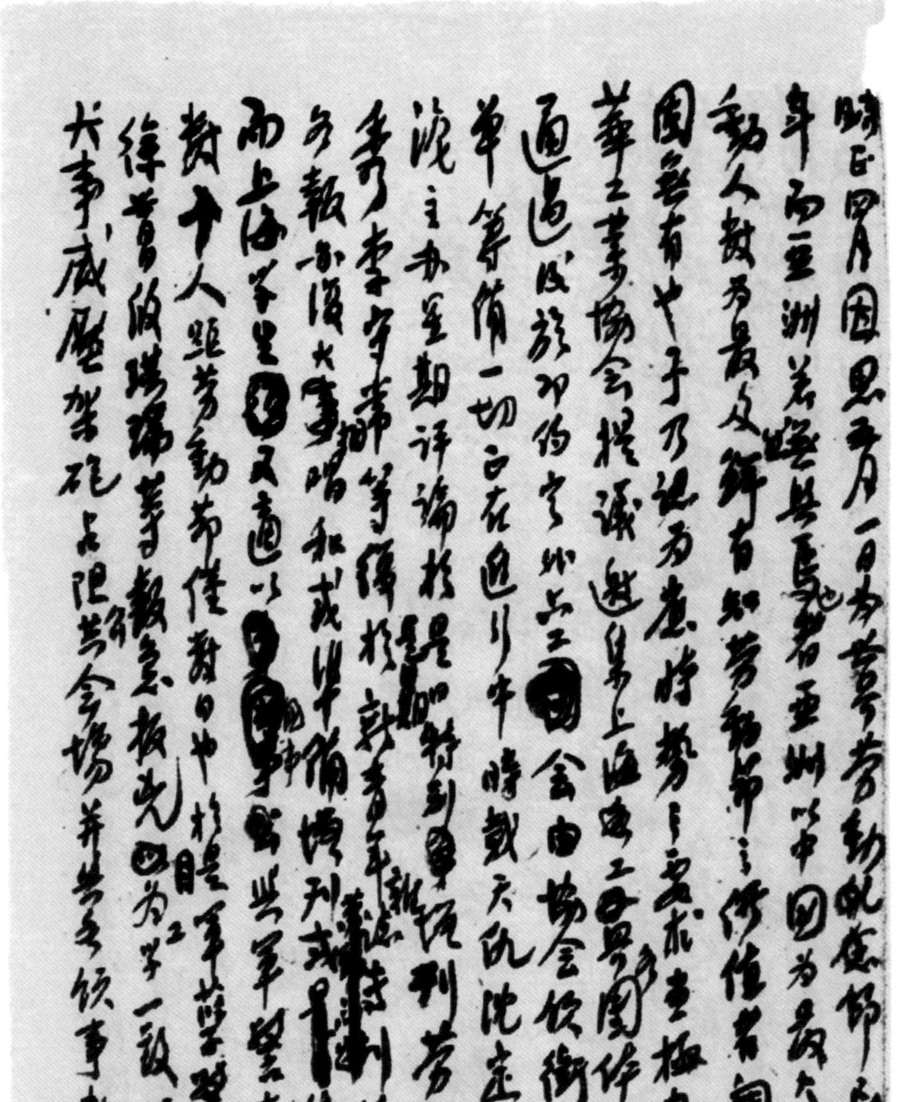

时正四月因思五月一日为劳动纪念节已风行欧美数十
年而亚洲若暹罗若日本皆有之亚洲以中国为最大中国以上海劳
动人数为最多又鲜有知劳动节之价值者纪念会之举实非
图无有也予乃认为应时势之要求并极力提倡遂向中
华工业协会提议邀集上海各工界团体发起劳动纪念大会
通过后旋即约定以上工团会由协会领衔先期散布传
单等备一切已在进行中时戴天仇沈定一等四五正在
沪主办星期评论于是加出特刊号纪念刊劳动问题陈独
秀李守常等编辑于新青年新青年特刊劳动纪念而上海
各报亦复大事增加或出特刊或出特栏传刊以为劳动纪念
而上海学生会又通过以全体学生出发大街演讲分送传单宣传
数十人组劳动节演讲队日中于是日工人亦罢工
徐谦等数急极为一致如将群众劳动乃
尤事威压架炮已阻当会场并未领事款多文字租界而

中国学界[illegible]自由出入侦探四出疑鬼疑神如临大敌而中华工业协会事务所则已被勒令解散如全国各界联合会全国学生联合会[illegible]之劳工神圣劳动节纪念等字样[illegible]实属过甚准告时期予之精神自由有过无不及者少数但事在剥削[illegible]实力且出[illegible]性[illegible]原属平和的社会运动[illegible]不宜[illegible]政治革命采用乃与渴望青年一体南下于孙总中山陈独秀戴天仇等均以[illegible]过激派[illegible]为是但此时沪[illegible]国人有[illegible]难避[illegible]出[illegible]何[illegible]殊难预料此事为予所[illegible]端[illegible]后数予亦主办他人或可规避予则责无旁贷[illegible]一不幸惟有牺牲[illegible]时陈[illegible]九王[illegible]亦闻[illegible][illegible]国过教育乃[illegible][illegible]劳[illegible]往道[illegible]来说[illegible]

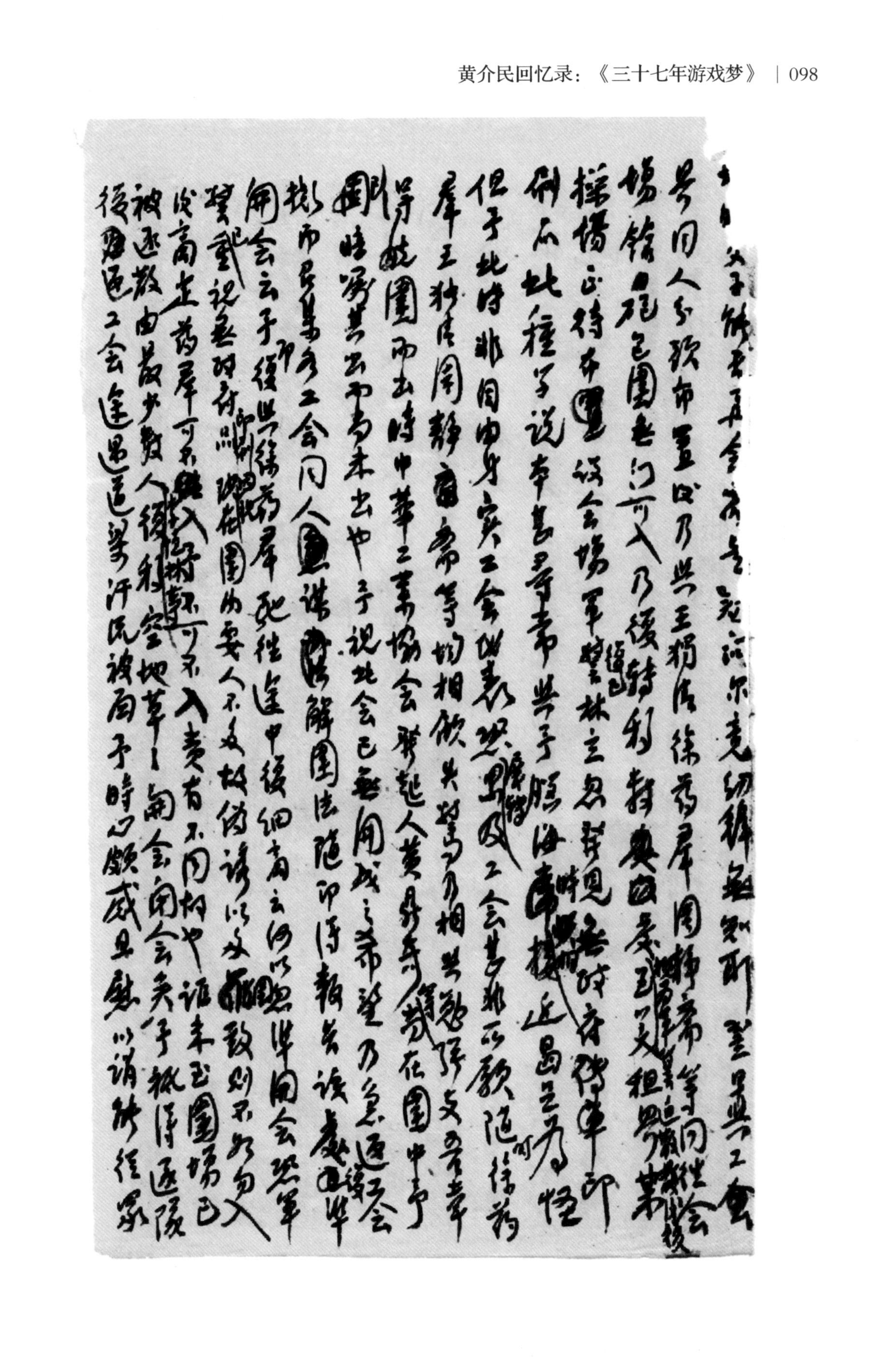

奔走于此是年予黄[illegible]且时已经过险境乎一时几牺牲性命之忧矣稽瑞

工会印刷局各工会代表议决一面发招劳动界知识政府印刷品罢

七工会劳动所之一面宣布劳动大会讯产情况一面以七工会名义我

[illegible]市府（农政府）[illegible]之书[illegible]以表[illegible]工界之

之表意者而在[illegible]回溯五四运动之为学潮之中坚而五一

运动虽不及五四之北然亦足为工潮之初步[illegible]

之先声而予个人之劳动梦亦在此一小结束也

此时则王赖清赴法留学并谋进行一切会书务一仿云

东风一夜悲千绪，良友依依话离别。等是长空片叶

飘，忽东南更西北。任事思量信望然，初逢黄浦雪霜

天。身世苍凉文武悦，难同年少[illegible]恩观，命之滔世佳

公子十七十八春，令中位主持谈论，辨实难贤者为识

将当后来推广[illegible]到蓬莱数载，[illegible]依[illegible]兴无归

大地风云变年归满腹赋归来行囊萧瑟文章
富且把孤怀托毫素千言万言未已奇篇下一律
平民赋平民质屈千年马后继封剑一样三纲
罗网学存献父顾言悲悯萧之邀晨警贤依附彻如
数聚烟水千重等闲去何时何地再相逢此情
此景长相忆一樽浊酒醉长宵林课塊垒填
胸臆

时民附近有股百道渠第遍于南缺钱陪济法留学一
面何处识有女习出文字言道与友人论及世界语将月
着及全球之一日现在社会竟未用世界语设着者道渠
长道又有世界语学校之设遂家多道渠等
数此叢習之二以为他日之用计务虑等道渠亦遂欣然从
于言之于校民国四年当在沈报封白于之遂与道渠每晚

同班矣，係教授为识人某也。予日则办理工会事务，与朋辈
相往还，夜深归则一面在中国公学补习英算等课，一面在华
侨教育会学法文，虽足勤劳，以为年少不[illegible]，且其性本
好读，初不料有若何[illegible]某也。时张梦九亦正准备
赴法，时相过从，计画大同事业，于后组织入周公谋，李公谋
復組織[illegible]黄[illegible]，復組織入黄[illegible]，于後访问黄宗汉办
遂加入。一日梦九携出五年计画，特约易梅园中晚观王
[illegible]林森作[illegible]彭素民、周公谋[illegible]一切，梦九
行动[illegible]，適李石曾由北京来沪，相约工会加入中法协
进会，共谋海内外工学幸福，予遂决定[illegible]籍与一本字常
业一[illegible]，乃从事通讯，暂时寄居工会，[illegible]出街，累
赠予[illegible]物，旅[illegible]自有限，包裹与坐电车被盗，失去十之
帮，予以独身，不习浪费，故[illegible]少年往往有之。且楼下林寄
何主保[illegible]，以[illegible]，失了便了，领补物件，改日再补

眾時仍無力為予先父而繪像遺像尚置案傍遺
果遊時身向遠隔，路首旨再素似而以書予為意
父也若予必定為難受故默默未忘也，以難日予遊由甫此
回從約計寄留不過半月而予九月十二三日內赴漢遊
草書絕一詩以為別人云云

乾坤為人人才少，怕在塵寰嗟獨影，十年訪友漫遨遊
遊歷天涯行路多，斷校昔時集鳥群，罷風大地山河
大中遊駒仍飛黃，歇浦頻頻相與曲江公文章氣節
節人間重，對信梅花南回夢醉來風雨五塵機大
厦少傚作樑棟，青傷素性原蕭灑，乎自飛揚自
寫有難為今焉悠悠矣，計虛發與許易春秋暖戲
廬山去為訪仙家，躍乎鈐素乎，保自廬山回一寸相
思千載遇，西那展轉再吾征，戲為南行又北行東西而

政于家里情风月雨间人世论入世界超出三千大千结
游戏相当好人家庭不作脑战斗胜负五年沧海再
相逢正风雨大会新天地
醉梦九死一生——相识并任工会事（你通讯）端节前夕九时于[illegible]
九月雨夜沪寓事发萧逍第刻尚在世界[illegible]校受课来
好中——
光是刘黄秀自修算继续北大将回国前数日通沪，逐来时竟
在沪常来谈，送行直到沪，报载整不可在宿娃住宅几
犹乐我殺已在待桑[illegible]在狱中更时
在会里日低宿访刘伯明不遇，遂问得整宅一所在后往下读但见
荒烟蔓草，阁小屋数椽，传犹在宅为善猜孙儿，惟不忍晤谈
将来甚为感伤，乃将以言语安慰，后访白醒吾于智署，已
他少不遇，后访王继于北师范校长以赞事记为往来，国不二字
系在该校就业后驰函报告津州陈其尤又革文段校因日数稿

予時反若然痛苦之為痛苦，尤能勉勵精神，復進入城至劉伯
服眾取出行旅來之號，玉漪前車站適遇卿友崇君并及
本卿門樓談，[illegible]伴送甚[illegible]，鈕大書送與集，云於[illegible]車九坐
整理其懷，[illegible]感而集，以此痛苦紀念今日果為何日？屆指
計算為七月初八日，忽有憶此大慟日者，文子之壯是也，是日為
吾黨第一大紀念日，直接同接為此日精神而震蕩而犧
牲者已不啻數道梁子[illegible]，[illegible]勃勃一代之，欲何啟予愛
國者是之巧合也。於是痛極而痛觸諸進思情及旅素愿
夢方知應在道梁第[illegible]子孫文、嘉義時道梁已數載保為
子女所鍾愛，且為[illegible]子孫，嘉永所[illegible]有其北理或然也
精神不免困頓，乃食至千數片[illegible]，車旅過鎮江金山，因念滬海
秋為從事，已涉遐想，忽見車壽境內一小蛇迎面而來，予

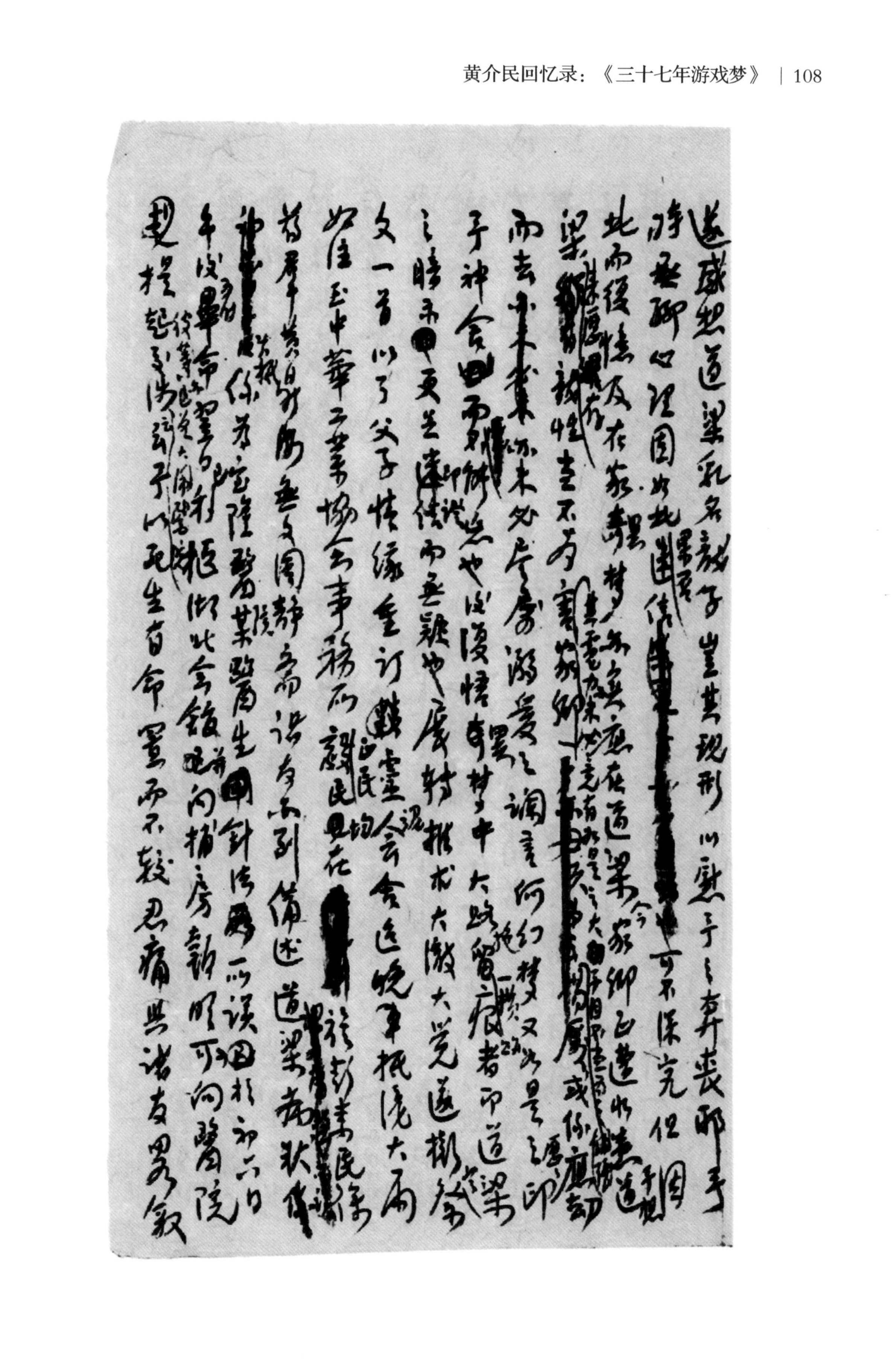

在京往返设法断又得交通分散于大同民族民同性一

室成绩不足表述且不能望与印与朝民族民同性出会联络

稍大惕一同表思并嘱大请以常来去

呜呼道业难死不死纯洁精观修[illegible]净土究空一切我心

不苦为苦为鬼夫携子子先出同来我与不毋求安求神

沧洲会尔、永怀斯旨晨钟暮鼓

杂录 时为重东亚大联合血病返往，设法得华少

并与民族民同往一百样境地

期望与民族民使回

会袂寝处于工会矣

访陈独秀

大同计画

[illegible]康白情等诸先生由京来沪，时相过从。时刘清扬女士由南洋回沪，互叙一切。吴碧柳亦由普陀山旅行回。中国公学（长沙）闻道梁女士病故，即来[illegible]，与予闻先生[illegible]。梁女士[illegible]山在苏州病故，[illegible]机尚在湖南会馆，与碧柳同在中国公学均为道梁教师，旅邀碧柳共予往，遂约往两湖会馆，历阅[illegible]山道梁旅榇，不胜感慨系之。曾作一诗云：

寒云蹊了弟无来，莫道襟怀郁不开。出处一律
师生成能学，终成立雪才。

旋张伯鸥由天津来沪，过访，闻道梁病故，深为惊悼，慨叹为国家之损失。即道梁前在日本患神经病时，知[illegible]伯鸥爱[illegible]，随伊与张国焘并予同往湖北会馆[illegible]探视，欷歔命去[illegible]于旅舍[illegible]由日本[illegible]来。至予问并早归予文一首，内有吾素镜[illegible]等语[illegible]。乃为道梁自幼[illegible]数之恩师也，[illegible]交侠之[illegible]。并无聊之感伤，太上忘情，良难能也。

[illegible]

黄[illegible]生

務須檢其遺稿并所書日記閱讀思想多無復瑕瑜至見文字亦閑或
我諸雜出尚數少年实錄迺之閱玉後前來
錄帶十元之日特別攜帶一張詞云

世上事不幸之中有大幸我今踏半行行遠路到都歸罢了
三兩程登車遂厚綫下車時摸了摸衣袋只剩十元錢不知誰拿去急怔怔
探消息
一說捨了無不還一說捨了也只還想來訴與父父們了不要气急不加
無但說失了便罷了十元錢失得好一則教我谨一則教我想

閱之之餘回憶往事向于父遺容時回想前果存在悉念使予难受
世蓋粉不滿生死悔恨乃為
可勝慨哉可勝悼哉須檢其件得予多年于此中月蔓李凤亭及石道
冤累将半稿因詩稿閱玉相期說总外之句不禁大駭因当時行出去
不祥之讀令人起戚成詩讖也自爲駭怪者久之於清談茅由瓊州
未泥時叙一切只達寒須修只達宏未叙寒達宏初由美洲到了泥城

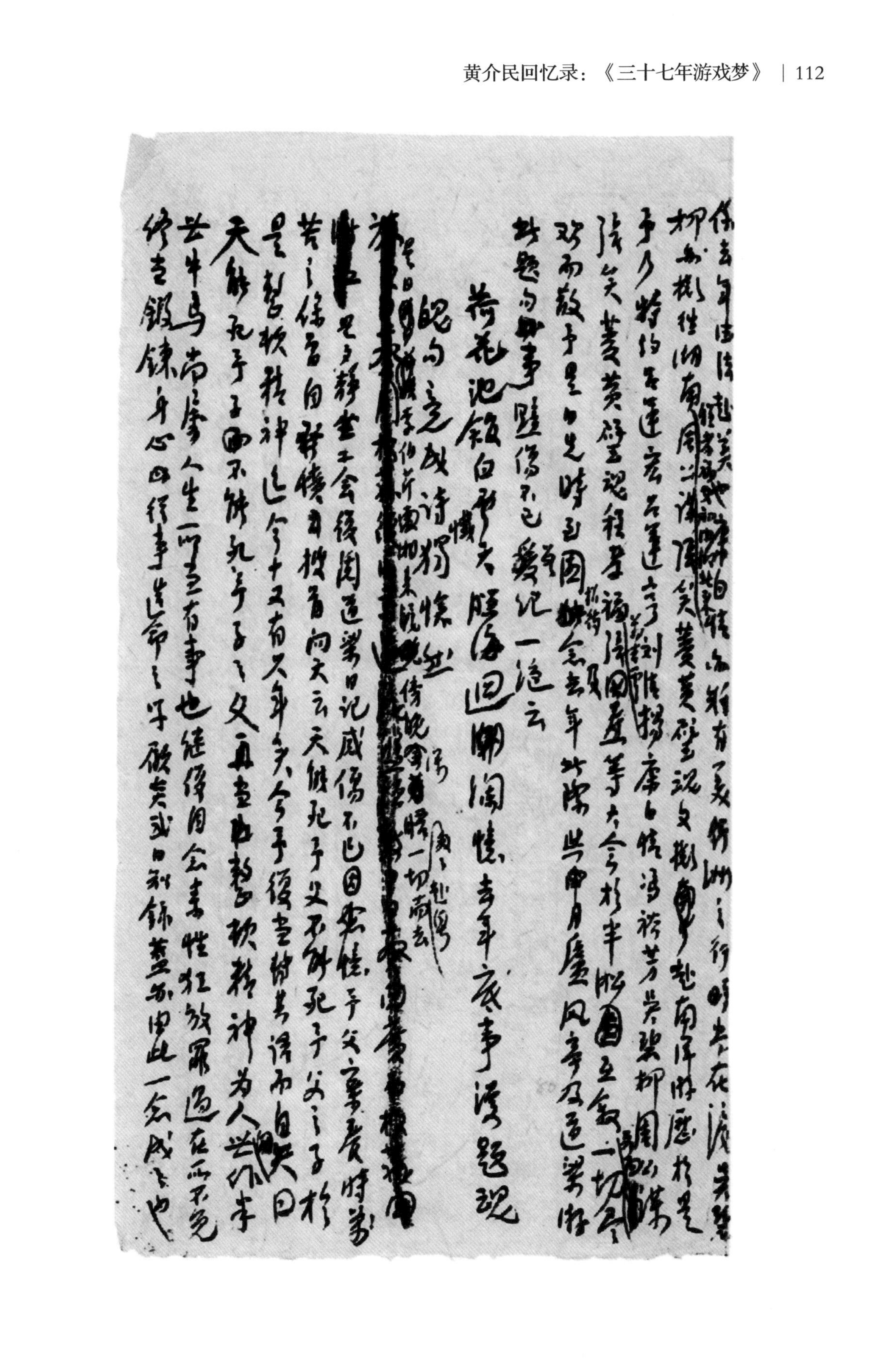

予署袁海萍花园江东花园时，曾发频书日记，检粤滇百频中有夫去候日録之句

后从中[illegible]一人之及四书，引以为恨。日今日纪果印行道梁所记处，白馈而书

之，一以补过，一以自新，未敢非虚假欺事也。道后敢恳为吾兄撮管直书

以为事之是为道梁所改，二月四日印，七月廿八也。

后[illegible]委用校正，后随同由此宗来沪，相与磋校默稿数日。日蔡回广西校

萍回浙江，过上海候黄季生由庐山回沪，后约同往西湖烟霞洞静养数十日，

一面与季生商大计，一面草反袁纪谋同志往过，一面藉山水灵气与师

后作会。师后粤人[illegible]时后革命，后往事[illegible]革命，静心无对守之

义，每所发挥，[illegible]强主义以死孤壤[illegible]在烟霞洞也。乃忽接母氏罪论

书，并师长迭出，从祖家中已同道梁商好，许氏归[illegible]状云予乃

准备办理行缓急了问，以必无理，惟为比较，遂决计回粤一行，乃以二会

事[illegible]就道赴泰州与日民救民一时望白

后与教民乘车赴宿，改乘轿过九江，后换车并直抵梓树，随过驼

弟家一[illegible]以印到家，与家中亲相见，悔痛自不待言。予后向予父责还

像前样[illegible]数日[illegible]不禁之泣，如小孩[illegible]以泻物[illegible]乱之衷思。妣予

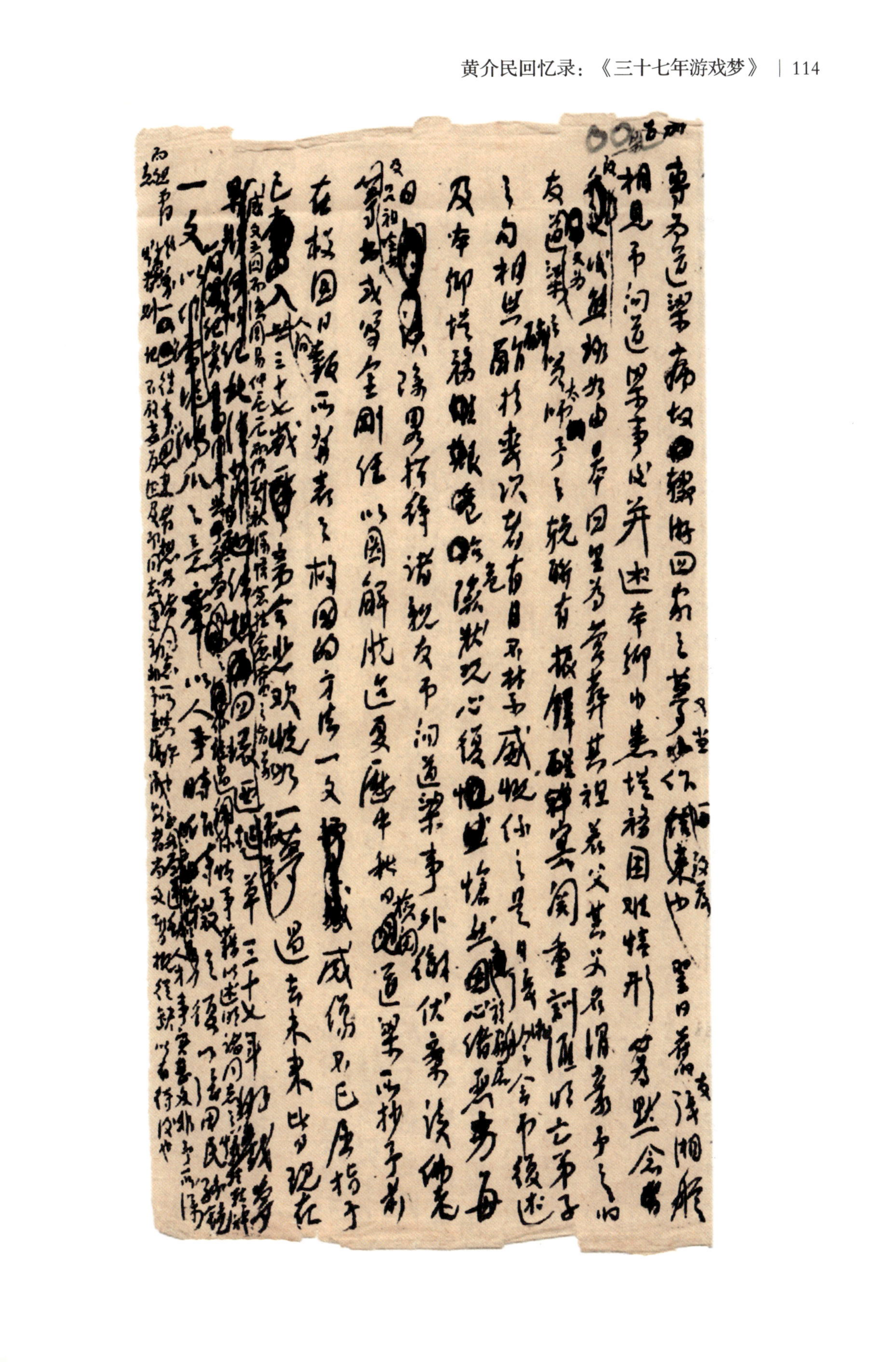

至平民学校会商另筹筹商编辑印刷诸事，遂于旧年九月一日
来稿则有吕[illegible]出[illegible]计画书一本，同事共筹，一切由民经入乱々々々
镜[illegible]纷入々々像纷感怀，尤为叙，大同计画又遂陈文英诸叙
加入盟于前日我与镜至民校围棋，或闲话，尔斯素借[illegible]遂
意欲返家，张卿雁林子居，遂迎[illegible]办[illegible]福，已依静韩子居[illegible]
数北师至方遂至约[illegible]商[illegible]福，并[illegible]黄八蔽帆夫人往[illegible]君病故[illegible]
插旅即以诗一诗云

冷露四垂秋风起，了然送我夫人纪君有郑谊灵八十年节
感怀横生不能已，以当书年幼葆帆，我丁外艰君先理哭才
旅怀书遣天涯四七美年，袁黄浦绊无兄弟与春豪高
量[illegible]鸣力握手，遂[illegible]去，然重青义已夫人往此楼穷

[illegible]澄近日身体[illegible]一样好极，千万莫挂[illegible]喜[illegible]

郭[illegible]公郭[illegible]德[illegible]剩[illegible]大夫人[illegible]命良[illegible]哀[illegible]

[illegible]选公德雅雨[illegible]十六年[illegible]一日[illegible]霜[illegible]节操有为

此海外[illegible]来[illegible]人亲收殷勤[illegible]钱母[illegible]事情[illegible]部

一行为[illegible]夫人[illegible]姊妹去年[illegible]辛一相[illegible]我复[illegible]

[illegible]表子[illegible]诸方[illegible]相同[illegible]华

[illegible]衰[illegible]同[illegible]年来服[illegible]

[illegible]夫人[illegible]痛[illegible]秋[illegible]三纲[illegible]丈夫

[illegible]用[illegible]用节操[illegible]有[illegible]称[illegible]新

[illegible]说[illegible]贞节[illegible]未有[illegible]勤[illegible]山[illegible]一

[illegible]遇[illegible]夫人[illegible]贵鹤诵

民復與林卿五方于長田雅緒及赴清江務械会和事商，提楊是在

五師撫公多緒未達，里未[illegible]雅三月多時睡中[illegible]一切[illegible]

無為[illegible]師弟十數年来[illegible]向後会之大紀念日也[illegible]

暇與[illegible]予長諸胥雨游去梦思力争，與寺僧[illegible]深[illegible]亦饒風味

隨園袁詩仙詩得有同責一斛之家書功名花上露[illegible]

下禄草間有[illegible]飲会於這客滿座數[illegible]預與湘卿子

長諸友駐[illegible]象稀厚一番[illegible]務[illegible]與子前

比夢境依稀彷彿，若有不可思議之幻象歟？虞也者，動土闡

五月[illegible]一曲[illegible]文家[illegible]木土二神云

[illegible]

伏以本這衛[illegible]破豐生色一秋雁

恍見樊[illegible]飢鴉出火末珠摩桂十室九空[illegible]

何以本歲凶歉[illegible]十年来木有[illegible]大[illegible]人[illegible]

抑又天意有数耶？若自憾不敢怨尤，[illegible]
[illegible]
以成城何夏[illegible]千尺一方亦中国[illegible]南北[illegible]
等一面[illegible]下相率为先子弟往事于[illegible]第三役也
[illegible]神主我为小[illegible]之司命，我[illegible]之权[illegible]
[illegible]自毋搅扰者[illegible]见置[illegible]北园[illegible]御人之
所[illegible]想亦我神主所[illegible]遂许[illegible]于此间[illegible]日[illegible]
神人一理成[illegible]
[illegible]
[illegible]
女[illegible]遂[illegible]三十七年游戏梦[illegible]在夏历
庚申[illegible]前一日即阳历十二月廿一日[illegible]年上海成
上本节第二大纪念日之前一星期也，遂录以[illegible]一词云

醉花阴

飘零[illegible]华[illegible]，[illegible]道[illegible][illegible]阔[illegible]决。半年风味[illegible]然绝。今日临风生死伤离别。

[illegible]一梦原鸣咽。同人济济[illegible]肝胆，千秋[illegible]存魂魄。游戏尘寰聊作[illegible][illegible]。还未成归[illegible]

此文为原稿，[illegible]修正

[illegible]加[illegible][illegible][illegible][illegible][illegible]中代[illegible][illegible]

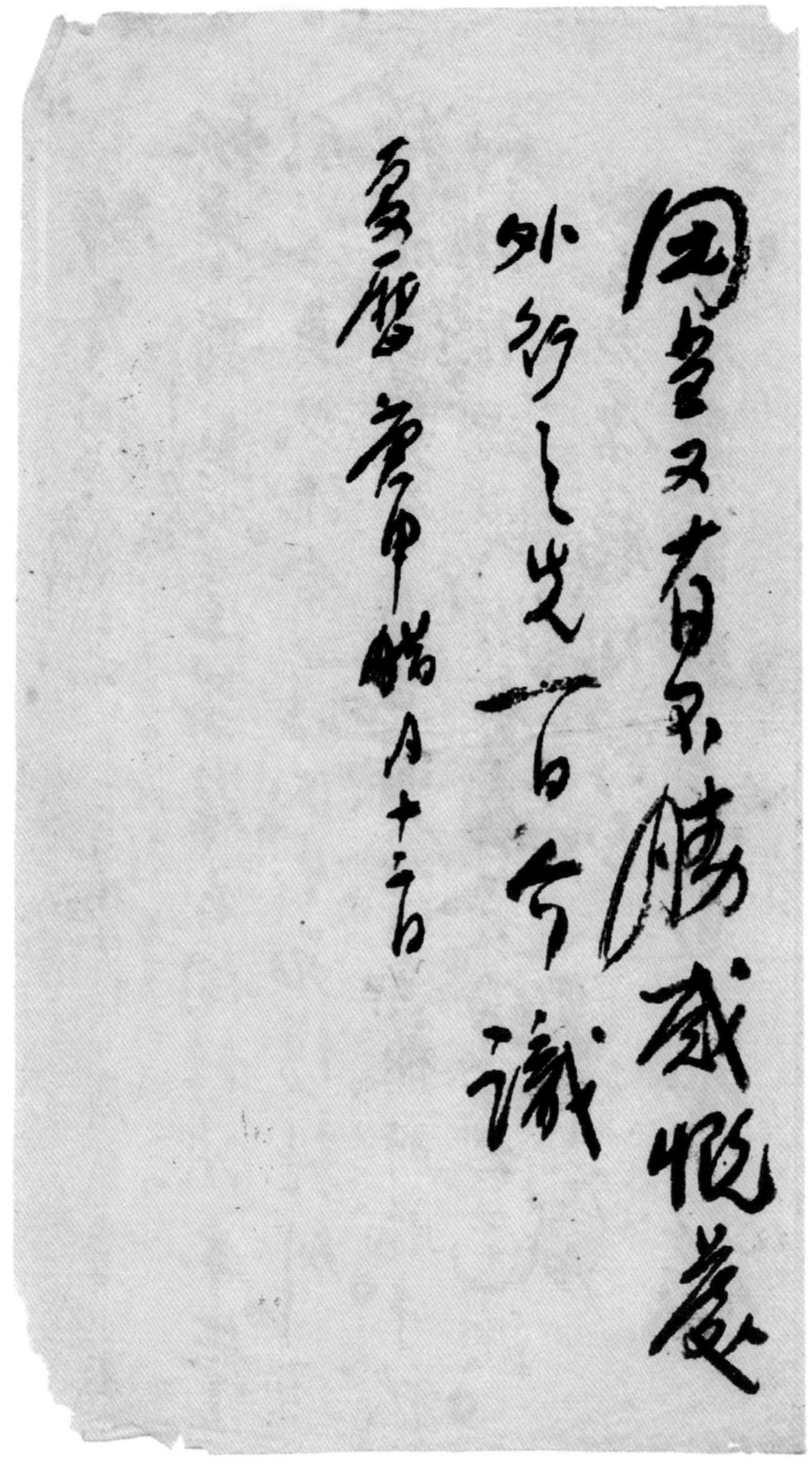

黄介民信稿选

致南昌杨赓笙周贯虹书

昨由贯虹仁兄台接田氏君信■转述雅意欲某回任水利局长，刻在阁下自是竭力援引，曷胜感激。但某现在正与旅沪诸同志同乡君作救省运动，时现颇紧，每不可摆脱。虽欲为桑梓服务，此时实有未便。无已，赖为改选，否即回省任水利（杨小楣兄亦我高足），此时（且某不来）即令某任一厅长，中心亦未敢以为得意。非他，为个人保人格，为我人尊气节故也。若谓热心问题无

致南昌杨赓笙、周贯虹书

程野马尔珠月道诗云鸥鸽喈喈高飞然并有不清高气之鸥鸽翱翔非鸥鸽乎答之道畔饮小醉先华辛后不眠不眠

黄介民 一月四日

琢南兄 张田民如

田民方来书曾言吾更非能如某者耶何遽其不能清息復收發二君為郭猷震復某君見表也 馀作太息为何言哉今

民兮启 一月四日

致南昌邹绍庭书

今午接到手示诵到来函语到微醺之意味真之句不禁击节惊佩之黄昏小饮各节辞意且饮且阅日余矣诗其中年好酒谈因而所想到曩岁与吾兄游南京三台洞有题壁一绝予贺首二句云宰家风云雨知己满怀热泪洒天寒寄之来后对云销磨未尽英雄气都寄把吴钩且那解今别来新稽根章江万垒

已接大作分呈年后有游林陵一诗

内有敬与云台今年更悟彭郎但三笑

洞壁后题诗水流日月去悠悠

予怀于树低诵一遍思家如呜咽袁民

此在对于国计民生殊有相当补益实体

所服膺记矣一良友我万万库张升已逝

悲意者在中无惠相为故领德有加蔼

目时艰不无兴废之感何如死於

珍眺伊始

介民手启首之

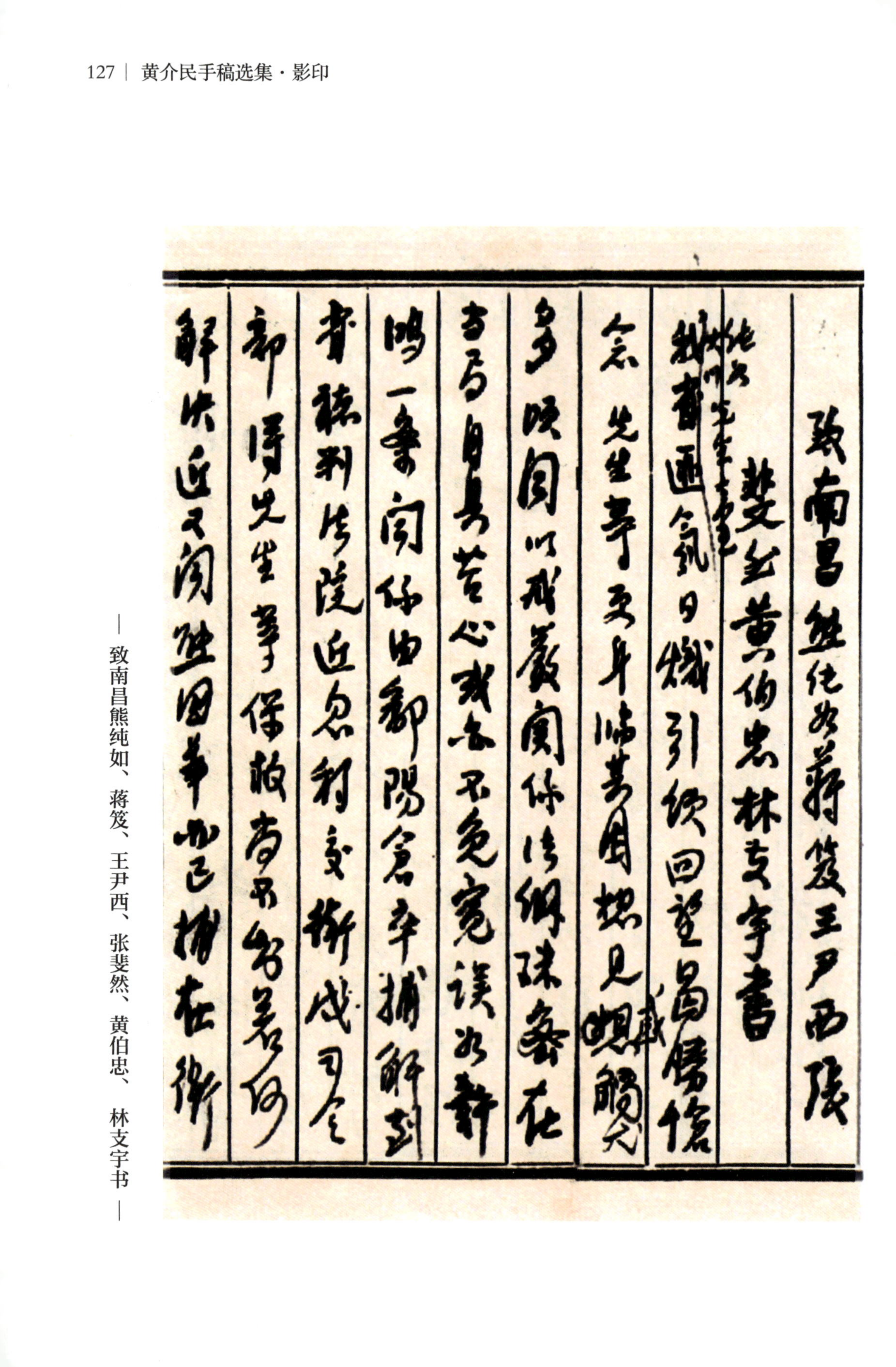

—致南昌熊纯如、蒋笈、王尹西、张斐然、黄伯忠、林支宇书—

[illegible]之部先生等亦已[illegible]保校
云云。润之甚为[illegible]中共许[illegible]
并二君皆为友年，拟及保为其所
去国事，磋是故使未见其有越轨
行动，即令有共党嫌疑，亦宜
保完其性命，[illegible]不得轻易处以
死刑。古语云：罪疑惟轻，功疑为重。
许[illegible]二君对国均为相当有功之士，
则其罪[illegible]立当是问题。
[illegible]
我为友谊计，为国家计，特为[illegible]

君先生再坚协同，特生函告裴氏并
伯忠诸君持许然二者均提交本社
务会议郑重讨论，务希全体
从宽开释。想军事当局亦当
本议而全人命，最刻乱杀戮以
止杀。然非事理不许，中无官守
无言责，冒昧陈辞，尚希谅宥
为幸。然未获复，特生函告裴
并伯忠诸先生均此问候，未一一

八月十六日中黄介民敬覆

致許崇灝書　　今在濱城

公武仁兄左右：讀大隱廬詩草，欽佩久之。

[illegible]什無畏二律，尤見雄心，老驥伏櫪，志在

千里。登古稀年，壯心未已，更當以之責吾

國青年是望，望之。　辛卯七夕一首奉上

郢正為荷。　弟介民拜　廿六年　前十日

讀許公武老兄大隱廬詩草賦此

春回律轉驚新夢，百草千花各暗

送，郵筒遙到詩百篇，高樓兀坐迴

環誦詩人愿是老將軍 平生從武並儒
文 中原萬里烽烟重 縱横奇氣慎風
雲 者番出塞籌邊去 佳作佳山千萬
篇 不羨周公夢武侯 詩壇自爲廣傳
名句 渝都重見意悠然 展宴傾談懷
去年 乾旋坤轉閱人事 相期猶著祖
生鞭

致许崇灏书　骏马卿寄重庆

公武我兄台鉴：前月二十日来示，祇悉一切。行示集敬公前句三绝，均蕴感慨，咏叹感慨忧愤，直抒胸臆，古人之诗未之为，今人写照。重读四绝，诵至"行如是蹀躞中剑，重趋江陵十万师"一联，尤为悲壮叹服。以先贤历气概出之，时识宜作马革裹尸之想，坐看河山残破，徒效放翁一卷诗鸣世耶，中原之大不幸也，幸

致许崇灏书（四封）·其三

建從實際進行，到必要時，再我亦可代覓之。至健兄臨先題策也，要鉄備人。幸明善珍攝。我輩無論處何時何境，不生與廉從事與續舊有爲淡然氣方並出大地矣。然高明自當同文雖猛勇精進爲禱

弟黄介民拜

十一月二日

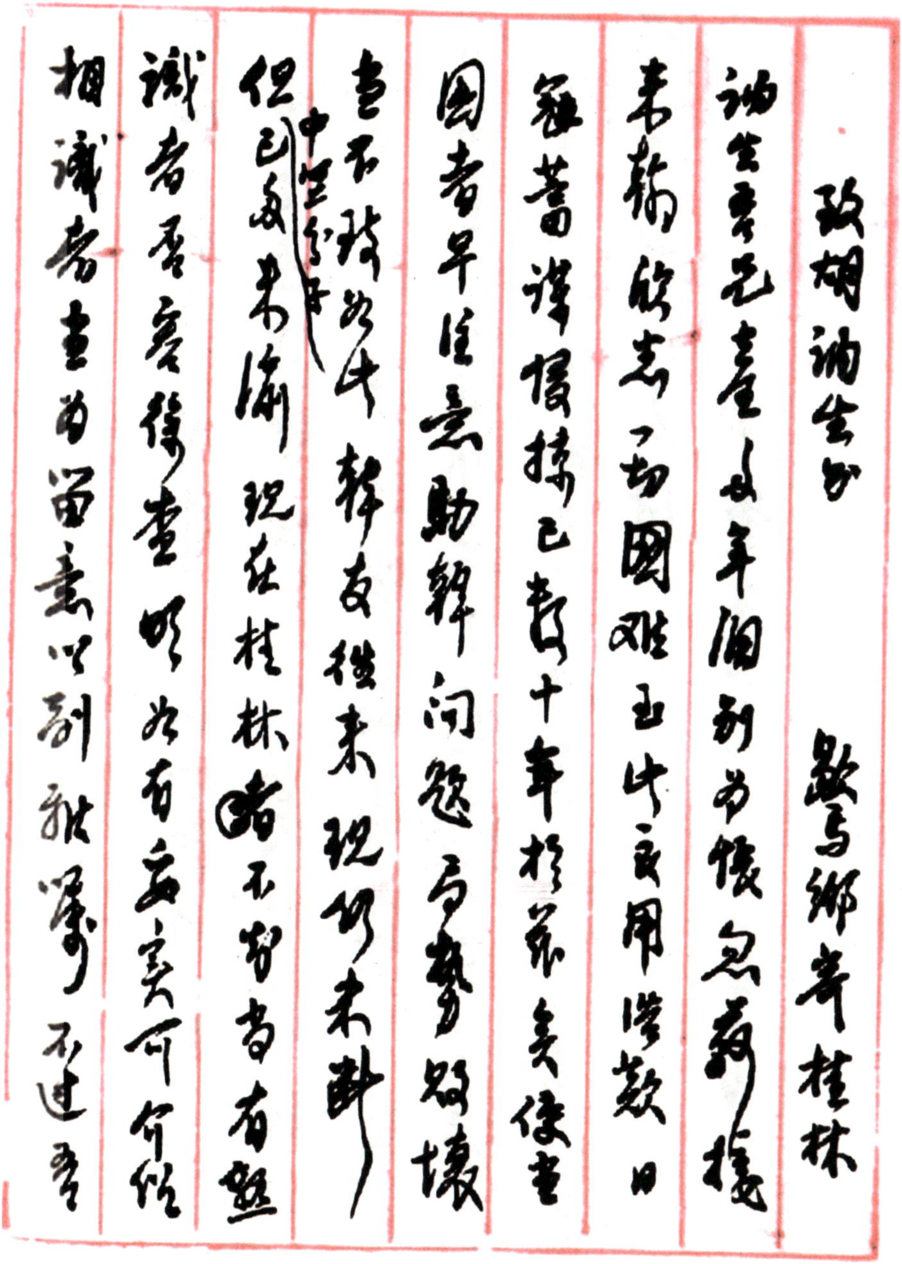

— 致胡讷生书（二封）·其一 —

業共轉友從來纔值能識相見以人
類平等之大同主義相助諸君爲是
若能以此前因視之或僅以外交手腕
相對聯結致利用一時實爲錯誤若論
主義而實行互助則於舉發步以
現抗日論吾國自當積極助韓獨
立爲中韓第一戰畧無奈韓人
不能覺悟前進者是在吾國者
以大力開導之改正之 張繼

弟前留居……之為之 所能發揚蹈厲
吾尚有力者宜亟竞業以主義前仆
自宜隨機聯絡擁進一切事宜以
為此次寒城小紀念品山村一時著
未見得來依此近作小詞一首奉
覽為我商之修筋通訊社分……於
樹色良友尚國新聞用其事務以
頌……即頌冬綏
紹先老弟切時擾云 介民扎 八月三日

霞缪敏收

南昌市寄本市

缪敏先生：日前接来信，据云方志敏的朋友谈我在上海时方志敏同志常到我那里玩，并且照有照片，其接触时言谈品质方面，嘱我写些材料给你，因你已写方志敏同志一生事迹一书云云，甚佩甚佩。我细想与方志敏同志互谈为好友确是事实，互换照片亦事有之，惜我多年来行踪飘泊，亦被迷失。但与方志敏同志接触时，总觉他忠贞坚强，言论切要，深为感佩。如因再发见与志敏同志有关事件文件，当随时奉告，以副雅嘱。即致

敬礼

黄介民

一九五五年四月二十日

复缪敏书

黄介民文稿选

金若山傳

金若山姓金名若山朝鮮人〇〇年予在上海由大韓民國臨時政府秘書長兼外交部長趙素昂同志介紹同來見云此青年是韓國志士請予加入大同黨予便欣然欢迎履行手續入黨時年甫未二十後數日復来向予云欲学進炸弹请予介绍教师予遂与同春易梅園商洽梅園遂介紹其老友周平卿並介紹平卿加入大同黨遂約平卿

與金若山詳商後乃由平卿與金若山往東北奉天山中租一小屋共居密教造炸彈法約教十日學成回滬後若山見予總表敬意與朝鮮獨立黨同志一致運動頗具熱誠又後數年金若山另具隻眼與朝鮮青年多人組織朝鮮共產黨予聞之不以為怪以為未嘗不可但其後與朝鮮獨立黨積極衝突鬥爭予則不盡以為然如對朝鮮獨立黨甚有大力之中奎植並為大同

黨同志竟被金若山種々威迫氣
憤而死是也後又某年日本田中大
將由上海轉台灣金若山一日告予云
彼已定計由滙山碼頭暗刺田中若
失敗請注意陶教日田中上滙山碼頭
果有刺客擊田中一鎗恰有一西
洋婦人走過代田中受鎗即倒地斃
命田中幸免被去即捕獲刺客二
人處死後金若山共同志三人脫險逃出
予遂藏同志黃頂琦家中數十日

方設法免難。與金若山一特別大計
失敗也。後又某年朝鮮獨立黨又為大同
黨同志為大韓民國臨時政府第三屆
大總統之金九被金若山在上海擊一槍，
幸未中要害，醫治數十日方愈。旅
抗日戰事發動，京滬不守，國民政府
遷都重慶，金九、金若山均先後到
重慶。予遂設宴邀集金九、金若山、
趙素昂、樸純等等諸朝鮮同志，
予遂唱導現在彼此都在危難

患難中無論朝鮮獨立黨、朝鮮共產黨同受日本宰割，當以反日為第一要義，彼此當協誠合作，不當互相仇視。又同為大同黨同志，特為此建議，黨中一致贊成。此重大建議金九首肯，金若山未首肯，其二人心中果為何困難，斷定除開。金若山至參加金九臨時政府，除陸軍部長云。此又一段經過事實也。從此時局好轉，朝鮮臨時政府

今欲還回漢城予曾餞別（予亦[illegible]）國民政
府咨領袖回南京不久予年已六十
五自請退休回清江家中遂與各
方面友於少通消息在南時有友人
閲讀報告予云金若山為朝鮮新
年元帅金日成之參謀長已死金
日成屢向其重任陳賡云想系事
實傷嘆之之此予實知金若山大概情
事其他經過詳情查明再續件以
請曰
之子縱橫氣 舞劍恨天低 亦何不長壽
使我涕沾衣

黄介民诗词录

渤海輪中讀秋俠遺集感賦

曩歲嘗聞秋女士成仁取義邁男子秋雨秋風愁煞人七字遺詩足千古後到西湖覽風物復訪秋墳拜芳骨岳于蘇白共湖山一律流傳儀表率——人生生死本悠悠駒隙韶光幾度秋無限男兒恨——木蘭難為易敗難為優勝感羨風久

嘆息又卧滄波讀遺集行間字
裏見精誠沉酣哀艷生花筆
倚聲教學滿江紅七樸中江戰趣
壁寶刀寶劍烈士歌風雨為驚
鬼神泣我讀終篇海天暮秋声
淅瀝穿窗户予懷無著處聊
藉長吟瀉胸臆
怵影吹髮靜卧至天曉

黄花冈七十二烈士二十四周年殉难纪念日独游玄武湖坐览胜楼感赋

黃花岡七十二烈士二十四週年殉難
紀念日獨游玄武湖坐覽勝樓
感賦
江南氣暖春方半桃李花開柳垂綫
鍾山掩映玄武湖一日風雲千萬變可
堪清絶是今朝烈士英魂處處招民
族英雄應繼起金甌尚缺恨难銷吁
嗟手念回春秋為電掣黃花岡上雲
千疊心香一瓣寄長吟恍若淬犀
趨天末

滿庭芳（前韓）　蓬萊舊事

讀罷正擬天涯遙矚高樓勝友
如雲櫻花看士女鬧紛紛漫道
神倦眷侶頻攜手滿引金墫
回顧鶯啼燕語幾度欲銷魂
昏昏功利重成王敗寇蟻磨空存
念興亡有責極目人羣敢計鷄
蟲得失識心在一掃妖氣長驅
出戰平有日醉眼看乾坤

沁园春·苏联十月革命三十六周年纪念日章门遣兴

沁園春 蘇聯十月革命卅六週年紀念日章門遣興

零亂髮鬚眉、重返章門、寒露初交。微軀頑健，杖節緩步，心源向處、物與民胞。逐日觀書、依時論事、珍貴光陰肯妄拋。風雨緊、應隨機進退、匪日伸豪。

琴音流水高山、舒笑咏當知非繫匏。看辛勤馬列、堅強意志、情殊迫切、語不牢騷。剖解危機、清除大敵、一一分明奏寶刀。何須慮、怕狂瀾莫挽、天下滔滔。

憶少年

憶昔少年時。胆粗心不怕。出言能起行。勤勞無晝夜。一年復一年。漸漸成老大。如今更衰朽。一場大笑話。百事無一能。理應常遭罵。青鬢貴不常青。少年真無價。吁嗟乎。青鬢貴不常。常青少年真無價。

三八七八歲言

書生策馬事征東。慷慨悲歌唱大同。死別生離千百感。不安魂夢一宵中。

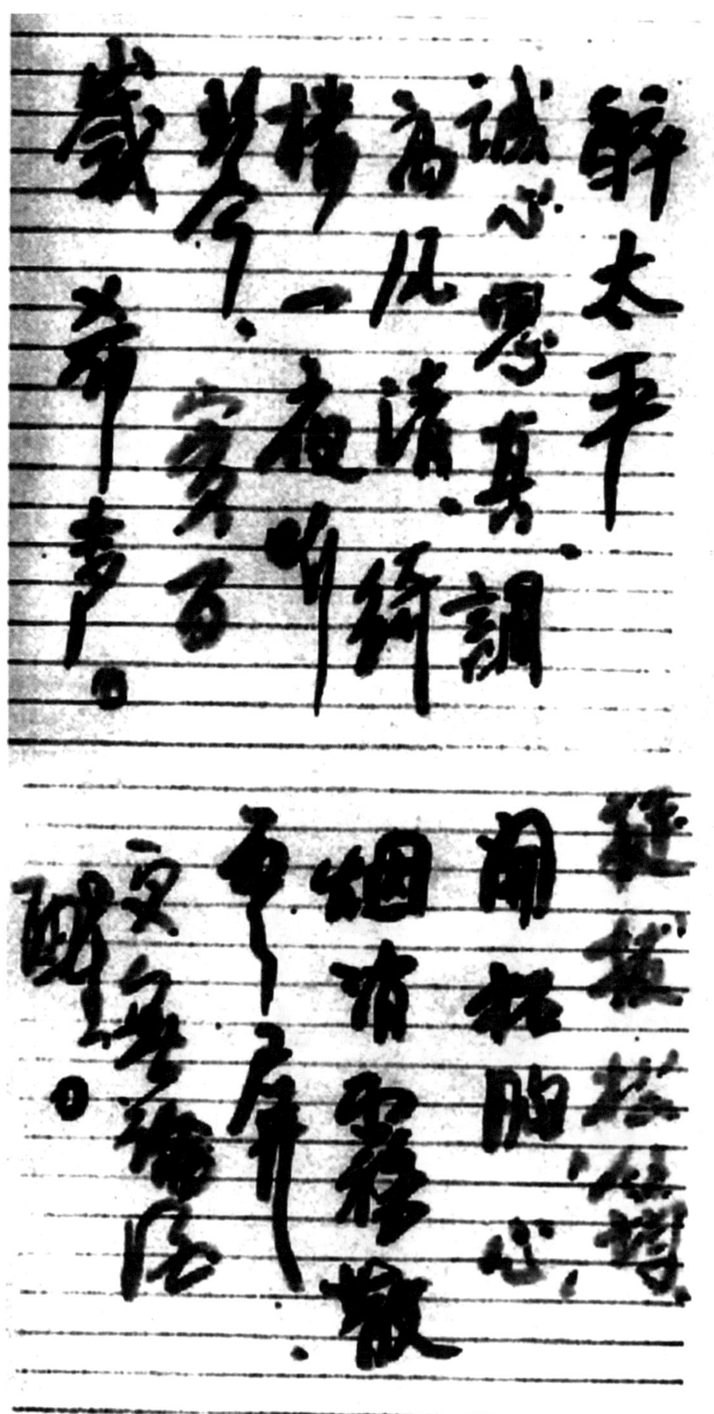

醉太平

—六月六日　可哂　大乐观—

黄介民书法及用印

黄介民书法及用印说明

1927年国共分裂之后至1934年期间，黄介民辞去国民党内外一切职务，旅居上海，并无固定职业和收入，但仍未停止大同党的活动，并继续支持朝鲜志士的反日独立运动。数年中，在宁、沪一带以『卖字』所得聊补生活和活动所需。他的书法精湛，朴拙自然，别具高格。现在已无法从购藏者手中去寻找他的书法作品，但从这次影印的文字中可略见一斑。这里收录了黄介民可以称得上是『书法』的两件作品。一是他退休还乡后约于1949年书赠『志安学友』的对联。张志安（1930—2010），曾是黄志良的同学及好友，后成为江南知名的画家，这副对联曾印在他的画集前面。二是1952年他在汉口任中南军政委员会参事时，同事并好友许凌青用一本宣纸小册子来请他抄些古诗词留念。他乘兴写了几首，这里选录了两首。1953年黄介民调回南昌工作，小册子未及交还给许凌青。他在卖字时常用的印章还存数枚，从『边款』得知，其中一枚姓名章是张大千所刻，一枚闲章是徐文镜所刻，都是当时的名家，今收入书中也有纪念意义。另外，在遗稿中发现夹了几张『卖字』广告，写明『壬申（1932）秋月重订』，既是『重订』，说明之前还有广告，可以作为他『卖字』的佐证。

漫掃白雲看鳥跡

志安學友 玩正

閑鋤明月種梅花

黄介民

黄介民书法·赠张志安的对联

别意

樽前拟把归期说
未语春容先惨咽
人生自是有情痴
此恨不关风与月

啾啾吟

智者不惑仁不忧君
胡戚戚眉双愁信步
行来皆坦道凭天
降下非人谋用之则

用镯镂君不见东
家老翁防虎患
虎夜入室衔其头
西家儿童不识虎
执竿驱虎如驱牛

离歌且莫翻新
阕一曲能教肠寸结
直须看尽洛城花
始共春风容易别

介书古词

舍即休此身浩荡
浮虚舟丈夫落落
掀天地岂顾束缚
如穷囚千金之珠
弹鸟雀掘土何须

家人因咽遂废食
愚者畏溺先自投
人生达命自洒落
忧谗避毁徒啾啾

介琛书古诗

黄介民书法·赠许凌青的手抄古诗词

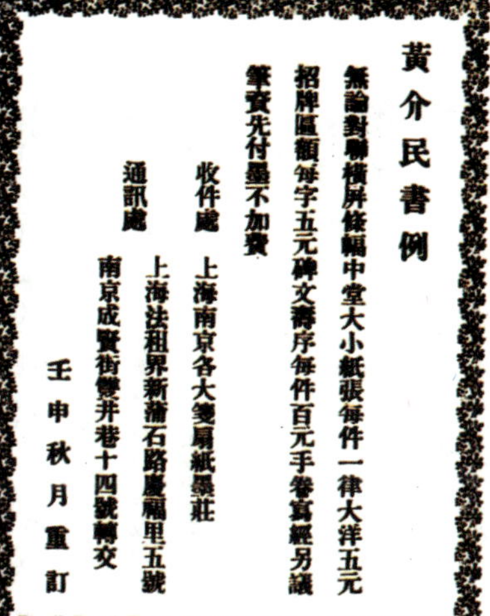

黃介民書例

無論對聯橫屏條幅中堂大小紙張每件一律大洋五元
招牌匾額每字五元碑文壽序每件百元手卷寫經另議
筆資先付墨不加資

收件處　上海南京各大箋扇紙墨莊

通訊處　上海法租界新橋石路慶福里五號
南京成賢街雙井巷十四號轉交

壬申秋月重訂

壬申（1932年）年『卖字』广告

介哥正之
大千

二十二年十月六日 刻寄介老先生书家指正 金佛作

介老
伯平

久慕 介老先生道德文章 刻奉此印以作贽礼 即希指正 晚生曾铮

日常使用之牙章

红叶满千山 白云在空谷 此介民先生游棲霞句也 妙手巨然恐难写此 乙亥四月 文镜记

—黄介民用印—